新时代新理念职业教育教材·机车车辆类
职业教育"互联网+"新形态立体化教材
职业教育校企合作开发教材

电力机车电气设备检修

主　编　陈燕萍　郑学贤
副主编　张　磊　陈培珠　曹　霞

北京交通大学出版社
·北京·

内 容 简 介

本书为高职铁道机车运用与维护专业的新形态教材，依据国家专业教学标准，对接机车检修、电力机车司机岗位，融入机车电工技能等级证书、电力机车驾驶证以及行业大赛的内容，"岗课赛证"融通，重构课程内容。全书共分 4 个模块，共 17 个学习任务，以 SS_{9G} 直流传动客运电力机车、HXD_3、HXD_{1C} 交流传动货运电力机车为代表机型，介绍电力机车低压电器、高压电器、变流装置、变压器、电机的检修，将电机与电器的基础理论融入每个模块。本书引入现场真实检修工艺和故障案例，体现"教、学、做"一体化的思想，同时将现场检修工作任务转化为学习型任务，采用模块化形式编写教材。本书除作高校教材外，也可作为铁路机务系统司乘人员、整备和检修技术工人的岗位培训教材。

图书在版编目（CIP）数据

电力机车电气设备检修 / 陈燕萍，郑学贤主编. —北京：北京交通大学出版社，2023.8
（2024.8 重印）

ISBN 978-7-5121-5057-7

Ⅰ．① 电…　Ⅱ．① 陈…　② 郑…　Ⅲ．① 电力机车–电气设备–设备检修
Ⅳ．① U264

中国国家版本馆 CIP 数据核字（2023）第 148795 号

电力机车电气设备检修
DIANLI JICHE DIANQI SHEBEI JIANXIU

策划编辑：张　亮　责任编辑：吴嫦娥
出版发行：北京交通大学出版社　　　　电话：010-51686414　　http://www.bjtup.com.cn
地　　址：北京市海淀区高梁桥斜街 44 号　　邮编：100044
印 刷 者：北京鑫海金澳胶印有限公司
经　　销：全国新华书店
开　　本：185 mm×260 mm　　印张：16　　字数：410 千字
版 印 次：2023 年 8 月第 1 版　　2024 年 8 月第 2 次印刷
定　　价：49.00 元

本书如有质量问题，请向北京交通大学出版社质监组反映。对您的意见和批评，我们表示欢迎和感谢。
投诉电话：010-51686043，51686008；传真：010-62225406；E-mail：press@bjtu.edu.cn。

前　言

本书为高职铁道机车运用与维护专业新形态教材，依据国家专业教学标准，对接机车检修、电力机车司机岗位，融入机车电工技能等级证书、电力机车驾驶证以及行业大赛的内容，"岗课赛证"融通，重构课程内容。

本书在内容上采用新型活页式教材的编写方式，教学内容主要以 SS_{9G} 型电力机车低压电器为基础，以 HXD_3、HXD_{1C} 型电力机车高压电器为代表，学习任务对接现场机车电气设备检修的实际工作任务，将现场的新工艺、新技术、新设备融入教学内容。本书学习任务体现完整的工作过程：任务准备—任务实施—任务评价。其中任务实施环节，将任务转换为详细的操作步骤，工作过程与工艺流程完全一致，让学生在解决问题的过程中获得理论知识与实践知识，同时注重职业素养的培养。

一、教材特色

（1）"岗课赛证"融通。学习任务选自机车检修岗位的实际工作任务，课程内容对接机车电工技能等级证书考核大纲和职业技能大赛的内容，考核标准对接证书考核要求，贴近现场岗位实际需求。

（2）任务驱动，有利自学。以现场真实的工作任务作为教学载体，以完成某项工作任务为目标，引导学生自主学习，使学生掌握相关的知识与技能，同时培养学生良好的职业操作规范，以及爱岗敬业、团结协作等综合素质。

（3）数字化教学资源丰富。为了更好地理解各类电器的结构、原理及检修标准，配套有2D、3D 动画资源，以及高压电器检修实操视频与拓展阅读文档资源，其中实操视频检修过程完全与企业工作流程一致。

二、教材内容

模块 1　低压电器检修。介绍 SS_{9G}、HXD_3、HXD_{1C} 典型电力机车车内常用低压电器，主要包括电磁接触器、自动开关、继电器、司机控制器的结构、工作原理、主要技术参数等，通过完成低压电器检修任务，具备低压电器检修专业技能。

模块 2　高压电器检修。介绍 SS_{9G}、HXD_3、HXD_{1C} 型电力机车典型高压电器，主要包括电空接触器、二位置转换开关、受电弓、主断路器等，掌握高压电器的功能、结构、工作原理、主要技术参数等，通过完成高压电器检修任务，具备高压电器检修专业技能。

模块 3　变流装置检修。主要介绍 SS_{9G} 型电力机车整流装置及和谐型电力机车车变流装置的作用、结构、工作原理、主要技术参数等，通过对基本知识的学习，具备电力机车变流装置检修专业技能。

模块 4　电机与变压器检修。主要介绍 SS_{9G}、HXD_{1C} 型电力机车牵引电动机、辅助机组与牵引变压器的作用、结构、工作原理、主要技术参数等，通过对基本知识的学习和完成检修任务，具备电力机车电机与变压器检修专业技能。

　　本书由湖南铁路科技职业技术学院陈燕萍、湖南高速铁路职业技术学院郑学贤任主编，新疆铁道职业技术学院张磊、广州铁路职业技术学院陈培珠和成都工业职业技术学院曹霞任副主编。具体编写分工如下：陈培珠编写模块 1 任务 1.1、任务 1.2；张磊编写模块 1 任务 1.3、任务 1.4、任务 1.5；陈燕萍编写模块 2 任务 2.1、任务 2.2、任务 2.3、任务 2.4；湖南铁路科技职业技术学院范刚编写模块 2 任务 2.5；湖南铁路科技职业技术学院谭香玲编写模块 3；湖南铁路科技职业技术学院管俊杰编写模块 4；郑学贤编写模块 1 的精读资料；湖南高速铁路职业技术学院王小刚编写模块 2 的精读资料；曹霞编写模块 3 和模块 4 的精读资料。在编写过程中，还得到了广州铁路（集团）公司株洲机务段刘炜工程师、董志超工程师、汪泽纯工程师及南昌铁路局南昌机务段徐水平工程师等有关现场技术专家的大力支持和帮助，在此表示衷心感谢！

　　由于编者水平有限，缺陷和不当之处在所难免，恳请广大读者批评指正。

编　者

2023 年 6 月

目　录

模块 1　低压电器检修

本模块介绍 SS_{9G}、HXD_3、HXD_{1C} 典型电力机车车内常用低压电器，主要包括电磁接触器、自动开关、继电器、司机控制器的结构、工作原理、主要技术参数等，通过完成低压电器检修任务，具备低压电器检修专业技能。

学习目标

（1）描述电磁接触器、继电器等低压电器的功能；
（2）复述电磁接触器、继电器等低压电器的结构；
（3）分析电磁接触器、继电器等低压电器的工作原理；
（4）练习电磁接触器、继电器等低压电器解体与组装；
（5）会做电磁接触器、继电器和自动开关动作性能试验并进行参数调整；
（6）能够按照电磁接触器、继电器等低压电器的检修工艺进行操作实践；
（7）具备规范意识、质量意识，养成精检细修的职业素养。

任务 1.1　电磁接触器检修

学习活动 1　任务介绍

1. 任务描述

电磁接触器是电力机车辅助电路中非常重要的控制电器之一，其性能好坏直接影响到机车辅助电路的工作状态，因此需要定期对电磁接触器进行检修。电磁接触器检修是机车检修岗位的主要工作任务之一，检修人员需要按照检修工艺文件（或作业指导书）完成对电磁接触器的检查与修理，主要包括工具准备、清洁、解体、检查、组装及试验等几个步骤，整个作业过程对检修人员的规范意识、质量意识有很高的要求。

2. 任务要求

（1）描述机车用电磁接触器的功能及结构；
（2）分析电磁接触器的工作原理；
（3）能对电磁接触器进行解体与组装；
（4）能对电磁接触器做动作性能试验并进行参数调整；
（5）正确使用各测量工具测量电磁接触器各参数；
（6）会使用游标卡尺、万用表、兆欧表等常用电工工具；
（7）养成遵章守纪、规范操作的职业素养。

学习活动 2　任务准备

（1）什么是电磁接触器？电磁接触器的作用是什么？

（2）查阅相关学习资料或现场参观电力机车，写出电力机车采用的电磁接触器有哪些。以其中一种车型为例，将电磁接触器的型号、数量、安装位置、类型与作用记录在表 1-1-1 中。

表 1-1-1　电磁接触器在机车上的使用情况

车型				
型号				
数量				
安装位置				
类型				
作用				

学习活动 3　任务实施

根据中修工艺文件（或作业指导书），对 6C180/AF185 型电磁接触器进行检修，并填写检修记录单。

AF185 型电磁接触器检修.mp4

1. 工具准备

工具准备和工具明细表分别见图 1-1-1 和表 1-1-2。

图 1-1-1　工具准备

表 1-1-2　工具明细表

序号	名称	数量	是否完好
1			
2			
3			

序号	名称	数量	是否完好
4			
5			
6			
7			
⋮			

2. 安全防护准备

防护工具及检查内容见表 1-1-3。

表 1-1-3　防护工具和检查内容

防护工具	检查内容

3. 任务单

电磁接触器检修记录单见表 1-1-4。

表 1-1-4　电磁接触器检修记录单

检查人姓名：	班级：		质检员：

电磁接触器型号：

序号	检修步骤（项目）	操作内容	结果记录
1	外观检查	接触器外观检查无破损，各部件齐全，用 200 kPa 压缩空气吹扫干净（口述）	
2	解体	（1）用右手拇指按下辅助触头锁扣，轻轻提起辅助触头，将其取下放好 （2）松开接触器上盖螺丝（逆时针旋转90°），将接触器上下两部分分开；再逆时针旋转上盖螺丝180°，取下上盖；撬开 E 形衔铁卡扣，取出上部 E 形铁芯（待制作专用工具）；将桥式整流器（线路板）和控制线圈同时向上轻轻取出，将桥式整流器和控制线圈一起单另放置 （3）取出下部 E 形铁芯，用左手拇指下压动触头的弹力支板，依次取下 3 对动触头并按顺序摆好，取下 3 组动触头反力弹簧并按顺序摆好 （4）将动触头安装支架和中部支架分解并放好	

序号	检修步骤（项目）	操作内容	结果记录
2	解体	（5）取出下部两个压缩弹簧，取出 6 个灭弧栅组按顺序摆放好，从背面松开静触头固定螺丝，取下 6 组静触头、外接母线、U 形隔弧板（3 个件一起不需要分解），按顺序放好 （6）摆放好下部塑料支架	
3	检查与修理	（1）用酒精清洗上盖、动触头塑料支架、中部支架、下部支架（口述） （2）用豆包布擦拭塑料连锁和上部 E 形铁芯，擦拭整流器与控制线圈的塑料骨架，擦拭灭弧栅组 （3）测量线圈阻值［应为（20±2）Ω］并记录 （4）检查辅助连锁，表面无裂损，锁扣和传动机构动作灵活，接线螺丝齐全良好，测量阻值≤200 mΩ（如没有低电阻测试仪，用数字万用表蜂鸣挡测量） （5）检查上盖，无裂损、变形，螺丝齐全，状态良好；上部 E 形铁芯外壳无裂损，铁芯无锈蚀、尘土；线圈无烧损，支架无裂纹，接线无破损，线耳无过热、变色 （6）下部 E 形铁芯胶垫应及时更新，铁芯无锈蚀、尘土；动触头及弹簧片检查，触头无过热、变色，厚度符合要求，弹簧片无裂纹、变形 （7）动触头反力弹簧盒无裂纹、变形，弹簧高度符合要求（弹簧原形高度 40 mm）；动触头支架无裂纹、变形；中部支架无裂纹、变形；灭弧栅组无烧损、电蚀、变形；压缩弹簧无裂纹、变形，高度符合要求（弹簧原形高度 80 mm） （8）静触头、外接母线、U 形隔弧板检查，触头无过热变色，厚度符合要求，外接母线无烧损、变形，丝扣良好，U 形隔弧板无烧损、变形；下部支架检查无裂纹、变形；各部螺丝无变形滑方，丝扣良好	
4	组装	（1）安装静触头，紧固安装螺丝 （2）安装压缩弹簧，将动触头支架安装在中部支架上 （3）安装动触头反力弹簧盒，用拇指按下弹簧盒安装动触头 （4）安装下部 E 形铁芯（注意胶垫不要叠放），安装桥式整流器和控制线圈 （5）安装上盖，顺时针旋转上盖螺丝 180°，上盖应与中部支架密贴无缝隙；将接触器上半部安装到下半部上（注意压缩弹簧），顺时针旋转上盖螺丝 90°，锁紧上下两部分 （6）安装辅助连锁	

序号	检修步骤（项目）	操作内容	结果记录
5	试验	（1）用 500 V 兆欧表测量接触器线圈对地绝缘电阻值应不小于 3 MΩ，用 500 V 兆欧表测量各主触头对地及相互间绝缘电阻值应不小于 3 MΩ，用 500 V 兆欧表测量接触器线圈对主触头之间绝缘电阻值应不小于 3 MΩ	
		（2）在试验台上用 $110\ \mathrm{V}^{+10}_{-20}$ ％ 直流电压，检查接触器闭合、断开情况，闭合、断开均应可靠，动作灵活，无卡滞，测量主触头接触电阻应不大于 50 mΩ，线圈无过热现象（口述）	

学习活动 4　任务评价

任务实施质量评分表见表 1-1-5，职业能力评分表见表 1-1-6。

表 1-1-5　任务实施质量评分表

评分项	分值	完成要求	评分标准	得分
任务分析	10	明确任务描述及任务要求	基本了解工作任务要求，扣 3 分	
任务准备	10	回答问题清晰准确，能够紧扣主题，没有明显错误	对照标准答案，错误一项扣 5 分，扣完为止	
任务实施	70	有具体实施方案，各步骤清晰正确，过程完整，数据正确	每个错误点扣 2 分	
其他	10	检修记录单填写详细，能够反映实际工作过程	没有填或者填写太过简单，每项扣 2 分	
合计得分				

表 1-1-6　职业能力评分表

评分项	评价等级	质量要求	等级
知识评价	A/B/C	A：能够完整准确地回答任务准备的所有问题，准确率在 90％以上 C：对基础知识掌握较差，任务准备准确率在 50％以下	
能力评价	A/B/C	A：熟悉各个环节的实施步骤，能够独立完成任务，并有能力辅助其他同学完成规定的工作任务，工作实施快速，准确率高（在 85％以上） C：未完成或只完成了部分任务，有问题但没有积极地向老师和其他同学请教，工作不积极，各部分的准确率在 50％以下	
素质评价	A/B/C	A：不迟到、早退，自主学习，具有较强信息搜集能力；具有质量意识、规范意识和安全意识；具有团结协作精神；工作台整洁有序 C：有迟到、早退现象，需要老师全程监督才能自主学习；规范意识和安全意识不足；不能配合小组其他成员完成工作任务；工作台凌乱	

注：作答结果介于 A、C 之间的，等级评定为 B。

学习资源

知识点 1.1.1　接触器基础知识

一、接触器的定义和基本特点

接触器是在工业控制中应用非常广泛的一种电器，在电力机车上是用来频繁地接通或切断带有负载的主电路、辅助电路或大容量的控制电路。与其他开关电器相比，它具有可动作频繁、能通断较大电流、可以实现一定距离控制等特点。

二、接触器的组成

接触器一般由以下几部分组成。

1. 触头装置

触头装置分主触头和联锁触头。主触头一般由动静主触头等组成，用以直接控制相应电路的通断；联锁触头用以控制其他电器、信号或电气联锁等。

2. 传动装置

传动装置包括驱使触头闭合的装置和开断触头的弹簧机构以及缓冲装置，用来可靠地驱使触头按规定要求动作。在电力机车电器上主要采用的是电磁传动装置和电空传动装置，其次还采用了手动、机械式传动装置，个别的还采用了电动机传动（如调压开关）。

3. 灭弧装置

灭弧装置一般与主触头配合使用。在主触头断开电路产生电弧时，用来及时地熄灭电弧，切断电路并保护触头。根据电流的性质、灭弧方法和原理，可以制成各种灭弧装置。

4. 安装固定装置

安装固定装置属于非工作部分，用以合理地安装和布置电器各部件。

三、接触器的分类

接触器的用途很广，种类繁多，一般有以下几种分类方法。

1. 按传动方式

按传动方式进行分类，有电磁接触器和电空接触器。电磁接触器采用电磁传动装置，电空接触器采用电空传动装置。电磁接触器一般应用于机车的辅助电路中，电空接触器一般应用于主电路中。

2. 按通断电流的种类

按通断电流的种类进行分类，有交流接触器和直流接触器。这里指的是从主触头通断电流的种类来进行分类的，与传动方式无关。例如，主触头通断的是交流电，则不管它采用的是直流电磁机构传动、交流电磁机构传动，还是电空传动，都称为交流接触器。

3. 按主触头所处的介质

按主触头所处的介质进行分类，有空气式接触器、真空式接触器和油浸式接触器。空气式接触器的主触头敞在大气中，采用的是一般的、常用的灭弧装置。真空式接触器的主触头密封在真空装置中，它利用的是真空灭弧原理，具有很高的切换能力。油浸式接触器主要由触头、线圈、油池等组成。油池主要是用来冷却和隔离触头和线圈的，油池中充满的绝缘油具有降低接触器温度、稳定工作环境的作用。由于采用了油浸式绝缘方式，油浸式接触器不容易受到环境因素的影响，具有较高的可靠性和稳定性。

4. 按接触器同一传动机构所传动的主触头数目

按接触器同一传动机构所传动的主触头数目进行分类，有单极接触器和多极接触器。单极接触器只有一对主触头；多极接触器有两对以上的主触头，它们分别用于控制单相和多相电路。

四、电磁接触器的分类

电磁接触器种类繁多，电力机车上一般可按以下分类。

1. 按主触头通断电流的性质

按主触头通断电流的性质进行分类，有交流接触器和直流接触器。不管控制线圈电流是何种性质，只要主触头通断的是交流电，就称为交流接触器；只要主触头通断的是直流电，就称为直流接触器。SS 系列电力机车中，某型电磁接触器的控制线圈是直流电控制，其主触头用来控制辅助电机（三相异步电机）供电电路的通断，此类接触器仍然称为交流接触器。

2. 按主触头所处的环境

按主触头所处的环境进行分类，有空气式接触器和真空式接触器。主触头处于空气环境下的电磁接触器，称为空气式接触器。一般没有特别说明的，默认其属于空气式接触器，如6C180 型交流接触器。主触头处于真空包内的电磁接触器称为真空接触器，如 EVS700/1-110DC 型真空接触器。

3. 按主触头的数量

按主触头的数量进行分类，有单极接触头和多极接触头。只有一对主触头的接触器称为单极接触器；有两对及以上主触头的称为多极接触器，如 6C 系列和 AF 系列电磁接触器均有3 对主触头，均为多极接触器。

五、电磁传动装置的基本组成和工作原理

电磁传动装置是一种通过电磁铁把电磁能转变成机械能来驱使电器触头动作的机构。

电磁传动装置实际上就是一个电磁铁。它的形式有很多，比如螺管式、直动式、E 形、U 形等，但它们的基本组成和工作原理却是相同的。

电磁铁主要由吸引线圈和磁系统两部分组成。磁系统一般由铁芯、磁轭和衔铁 3 部分组成。其中，衔铁又称为动铁芯，铁芯和磁轭又称为静铁芯。

下面以直流接触器和继电器常用的拍合式电磁铁为例，说明其工作原理和各组成部分的用途。

图 1-1-2 所示为一个直流拍合式电磁铁的结构。线圈（3）套装在铁芯（4）上，极靴（2）与衔铁（1）之间的空气隙称为工作气隙，磁轭（5）与衔铁（1）之间的气隙称为棱角气隙。

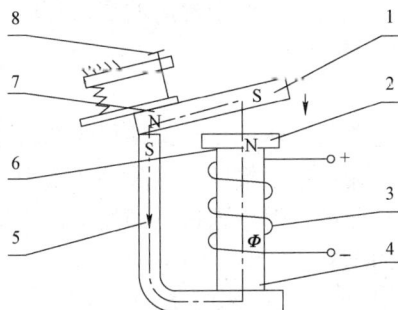

1—衔铁；2—极靴；3—线圈；4—铁芯；5—磁轭；6—非磁性垫片；7—反力弹簧；8—调节螺钉

图 1-1-2　直流拍合式电磁铁的结构

极靴（2）用来增大气隙磁导，并可以压住线圈。非磁性垫片（6）用来减少剩磁通，以防线圈断电后衔铁被剩磁吸力吸住而不能释放。由于非磁性材料的磁导率和空气的磁导率很接近，故可认为是一个空气隙，称非工作气隙。

其工作原理是：在线圈未通电时，衔铁在反力弹簧的作用下，处于打开位置，衔铁与极靴之间保持一个较大的气隙。当线圈接通电源后，线圈中产生磁势，在磁系统和工作气隙所构成的回路中产生磁通，其流向用右手螺线管法则确定（如图 1-1-2 中虚线所示）。根据磁力线流入端为 S 极，流出端为 N 极的规定，在工作气隙两端的极靴和衔铁相对的端面上产生异性磁极。由于异性磁极相吸，于是在铁芯和衔铁间产生电磁吸力。当电磁吸力产生的转矩大于反力弹簧反作用力产生的转矩时，衔铁被吸向铁芯，直到与极靴接触为止，并带动触头动作。这个过程称为衔铁的吸合过程，衔铁与极靴接触的位置称为衔铁闭合位置。此时，衔铁与极靴之间仍有一个很小的气隙。

当线圈中的电流减小或中断时，铁芯中的磁通变少，吸力也随之减小，如果吸力小于反力弹簧的反力（归算后），衔铁在反力弹簧的作用下返回至打开位置，并带动触头处于另一工作位置。这个过程称为衔铁释放过程。

由此可见，只要控制电磁铁吸引线圈电流（或电压）就能通过触头来控制其他电器。

当线圈失电时：触头若是打开的，称为常开触头（也称动合触头）；触头若是闭合的，则称为常闭触头（也称动断触头）。

六、接触器的基本参数

接触器的基本参数除额定电压和电流外，还有以下几种。

1. 切换能力

切换能力又称开闭能力、通断能力，是指接触器的主触头在规定条件下能可靠地接通和分断的电流值。在此电流值下通断负载时，不应发生熔焊、电弧和过分的磨损等现象，保证接触器能在较恶劣的条件下可靠地工作。

2. 动作值和释放值

对于电磁接触器来说，主要是指电压和电流的动作值、释放值。对于电空接触器来说，包括电空阀的动作电压（即气缸相应的气压值）。

3. 操作频率

操作频率指接触器在每小时内允许操作的次数。接触器的操作频率越高，每小时开闭的次数就越多，触头及灭弧室的工作任务也就越重。对于交流接触器来说，线圈受到的冲击电流及衔铁铁芯受到的冲击次数也就越多。对于常用的交、直流接触器来说，操作频率常采用每小时 150，300，600，1 200 次的规定。

4. 机械寿命和电气寿命

机械寿命指的是接触器在无负载操作下无零部件损坏的极限动作次数。电气寿命指的是接触器在规定的操作条件下，且无零部件损坏的极限动作次数。目前，接触器的机械寿命一般可达数百万次到千万次以上；而电气寿命则按不同的使用类别和不同的机械寿命级别有一定的百分比，一般为机械寿命的 1/5 左右。

5. 动作时间、释放时间

动作时间（又称闭合时间）是指从电磁铁吸引线圈通电瞬间时起，到衔铁完全闭合所需要的时间；释放时间（又称开断时间）是指从电磁铁吸引线圈断电瞬间起，到衔铁完全打开所需要的时间。为了对有关电路能准确可靠地进行控制，对接触器的动作时间也有一定的要求，如：直流接触器的闭合时间一般为 0.04～0.11 s，开断时间为 0.07～0.12 s；交流接触器的闭合时间一般为 0.05～0.1 s，而开断时间为 0.1～0.4 s。

接触器除应满足以上基本参数的要求外，还应满足在 85%额定控制电压下保证接触器正常工作。

另外，在选择电磁接触器时还应考虑工作制的要求。

知识点 1.1.2 电力机车常用电磁接触器

一、6C 系列三相电磁接触器

在 0049～0080 号 SS₉ 改进型电力机车辅助电路中，曾使用奇胜公司的 6C 系列三相电磁接触器用于劈相机和各辅助电机的通断控制。

6C 系列三相电磁接触器控制电压可以是交流电，也可以是直流电；SS 系列电力机车上采用的控制电源为直流。6C 系列（6C110、6C180、6C250）接触器各符号的意义如下：

6——产品设计序号；

C——接触器；

110、180、250——主触头额定电流（A）。

1. 结构

6C 系列接触器的结构为模块组合形式，各配件形成系统化、标准化、通用化。例如，主触头、辅助触头、线圈、桥式整流器及灭弧罩等均为组合式标准配件。6C 系列采用立体布置方式，即主触头置于传动装置之上，便于对易损坏的主触头进行维修、更换，且安装所占用面积小。6C 系列三相接触器的外形和线圈组件结构如图 1-1-3 所示。

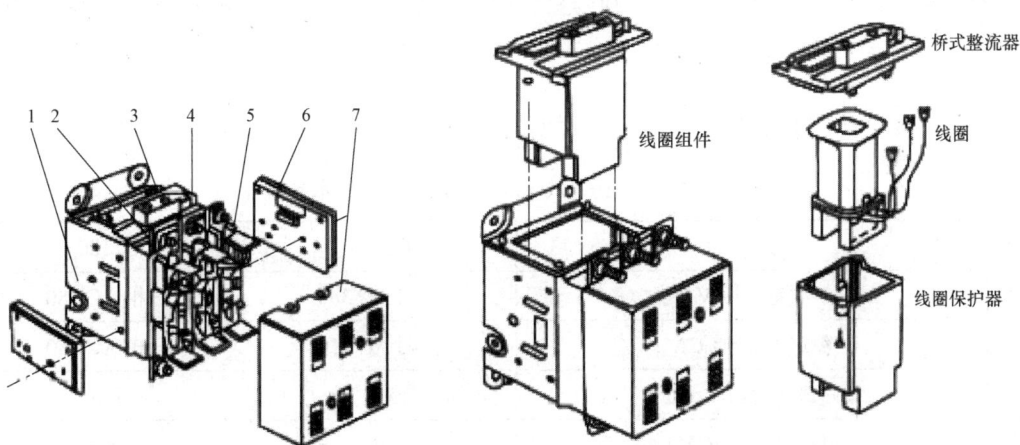

1—底座；2—静触头；3—桥式整流器；4—接线柱；5—动触头；6—辅助触头；7—灭弧罩

图 1-1-3 6C 系列三相接触器的外形和线圈组件结构

1）触头装置

有 3 对常开主触头，采用直动桥式双断点结构，动静触头间采用面接触，动触头为船形结构，因而具有较高的强度和较大的热容量。6C180 型接触器在外侧下方配置两个辅助触头组件，各有 3 对常开、3 对常闭联锁触头。

2）传动装置

磁系统为单 E 形直动式电磁铁。因为采用了直流控制，为使电磁铁获得与交流电磁铁的吸力特性相似的、比较平坦的吸力特性，便于电磁铁的释放，所以控制线圈由起动线圈和保持线圈并联组成。其中，起动线圈电阻远远小于保持线圈阻。控制线圈通电后，起动线圈和保持线圈同时工作，在接触器快吸合时，起动线圈断开，只有保持线圈工作。起动线圈的分断由接触器自身一常闭联锁触头完成。

当输入电源是交流时，通过串联一个桥式整流器整流，使最终输入至电磁铁线圈的控制电源为直流。整流器输入、输出端都加有压敏电阻进行过电压保护。

3）灭弧装置

灭弧罩采用高强度耐弧塑料制成，罩内设有割弧栅片。

6C180 型接触器的灭弧室与触头支持件之间设有机械联锁装置，当灭弧罩取下后，其联锁装置即将触头支持件销住，此时即使有人操作，触头系统也不会动作，能可靠地保证维修人员的安全。在控制线圈引线边有一红色指示器，指示接触器的闭合或断开。

2. 动作原理

当 E 形直动式电磁铁线圈得电（不得低于额定控制电压的 70%，也不得高于额定控制电压的 105%）时，衔铁克服反力的作用，带动绝缘支架向铁芯运动，由绝缘支架带动主触头及联锁触头动作。3 对常开主触头接通相关的三相供电电路。同时，常开联锁触头接通相关的控制电路，常闭联锁触头断开相关的控制电路。

当电磁铁线圈失电或控制电压低于其最小释放电压值时，电磁铁的反力大于吸力，衔铁释放，带动绝缘支架返回初始位置，由绝缘支架带动主触头及联锁触头动作。3 对常开主触头切断相关的三相供电电路。同时，常开联锁触头切断相关的控制电路，常闭触头接通相关的控制电路。在主触头分断过程中，利用交流电弧过零自然熄灭这一特性，采用金属栅片进行灭弧。

3. 参数

6C110、6C180 型接触器主要技术参数见表 1-1-7。

表 1-1-7　6C110、6C180 型接触器主要技术参数

	型号	6C110	6C180
主触头	额定电压/V	三相 AC 380	三相 AC 380
	额定工作电流/A	三相 AC 110	三相 AC 180
	短路最大电流 1 min/A	550	750
	分断能力（<440 V）/A	1 300	1 800
	环境温度/℃	−40～85	−40～85
联锁触头	额定电压/V	DC 110	
	额定电流/A	1.5	
	约定发热电流/A	15	
	接线导线最大截面/mm²	2.5	

型号		6C110	6C180
控制线圈	额定电压/V	DC 110	
	额定电流/A	103～120	
	20 ℃时绕线电阻/Ω	闭合，46；吸持，1 240	
	闭路电感/H	14.7	
	质量/kg	0.8	

二、AF 系列三相电磁接触器

自 0081 号 SS_9 改进型电力机车开始，机车上安装的均为 ABB 公司的 AF 系列三相电磁接触器。HXD_3 型机车在辅助电路中也是采用 ABB 公司的 AF 系列三相电磁接触器。AF 系列三相电磁接触器控制电压可以是交流电，也可以是直流电。SS 系列电力机车和 HXD_3 型电力机车上采用的控制电源为直流。AF 系列（AF95-30-11、AF185-30-11、AF260-30-11、AF400-30-11、AF110-30-11）接触器型号的意义如图 1-1-4 所示。

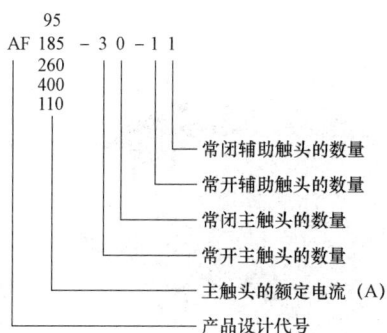

图 1-1-4　AF 系列接触器型号的意义

电磁接触器在 SS_9 改进型机车上的用途见表 1-1-8。

表 1-1-8　电磁接触器在 SS_9 改进型机车上的用途

序号	电路代号	型号	用途
1	201KM、202KM	AF185-30-11	劈相机
2	203KM、204KM	AF185-30-11	压缩机
3	205KM、206KM、207KM、208KM	AF185-30-11	牵引风机
4	209KM、210KM	AF185-30-11	制动风机
5	211KM、212KM	AF95-30-11	变压器油泵、风机
6	213KM	AF260-30-11	劈相机启动电阻
7	240KM、241KM	AF95-30-11	列车供电风机
8	284KE	A45-22-00	接地接触器

注：A45-22-00 型三相电磁接触器也是 ABB 公司的产品，有 2 对常开、2 对常闭主触头。

1. 结构

AF 系列三相接触器采用立体布置方式，电磁传动装置在主触头之上，其外形结构如图 1-1-5 所示。

1）触头装置

主触头采用桥式双断点结构，采用面接触，动主触头为船形结构。

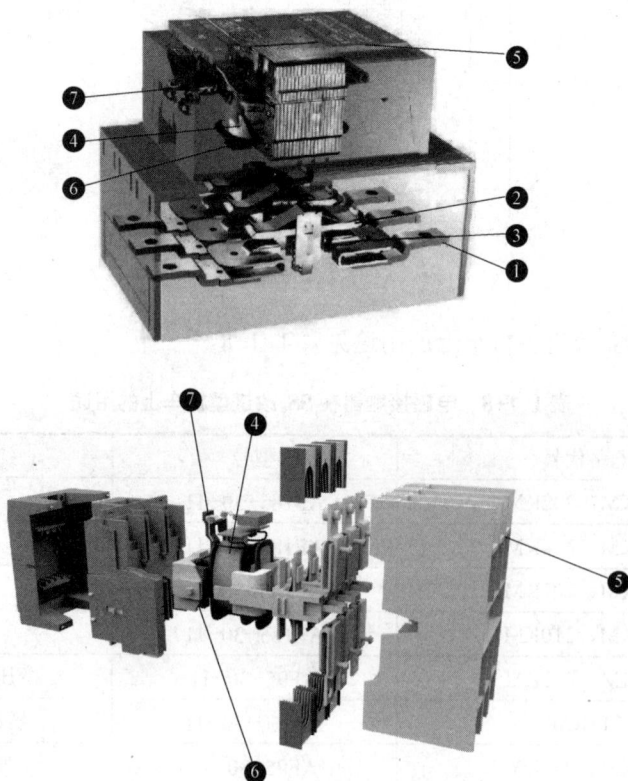

辅助触头采用模块化，一个模块具有一对常闭辅助触头（在前），一对常开辅助触头（在后）。辅助触头也是采用桥式双断点结构，根据需要可装配在接触器的左侧或右侧。

2）传动装置

AF 系列交流接触器采用直动式 E 形电磁铁，有分磁环，铁芯为硅钢叠片而成。为了减少有害振动，在静铁芯和罩盖间用橡胶垫进行缓冲，在静铁芯和线圈骨架底部间用橡胶垫进行缓冲。

接触器内置一电子线路板。使用此电子线路板后，线圈的控制电压范围可以很宽，交直流均可控制。在 A1 及 A2 端子上施加一个稳定电压（此电压是在线圈额定电压范围内），从而使接触器动作。A1 及 A2 端子接着电子线路板，因此不能直接测出线圈电阻。

3）灭弧装置

采用金属栅片灭弧罩进行灭弧。

1—端子排；2—动触头；3—静触头；4—线圈；5—罩盖；6—铁芯；7—线圈端子

图 1-1-5　AF 系列接触器外形结构

2. 动作原理

与 6C 系列接触器动作原理相似。吸合时的控制电压范围为 77%～100%额定控制电压，释放时的最大控制电压为 55%额定控制电压。

三、CZT 系列直流接触器

SS_9 改进型电力机车中对头灯和辅助压缩机的通断进行控制，电路代号为 439KM、440KM、441KM、442KM。

CZT 系列（CZT-20、CZT-20B）接触器型号的意义如下：

C——接触器；

Z——直流；

T——铁路用；

20——负载级别（A）；

B——主接点构成（2 对常开，1 对常闭）；

无 B——主接点构成（2 对常开）。

1. 结构

CZT-20 型直流接触器结构外形如图 1-1-6 所示。

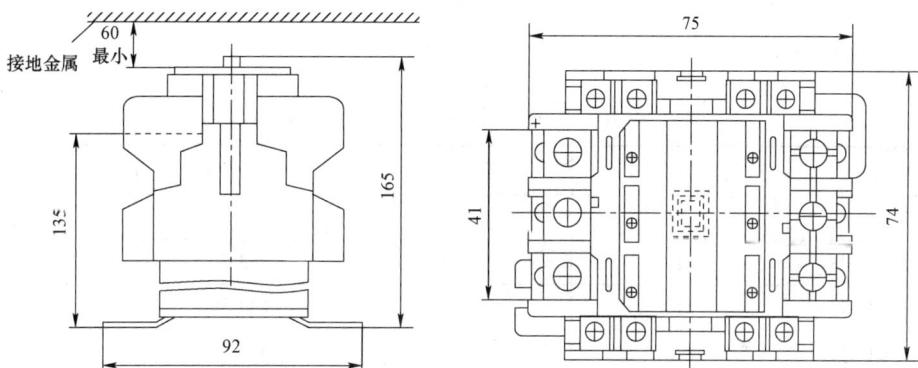

图 1-1-6　CZT-20 型直流接触器结构外形

1）触头装置

主触头采用桥式双断点形式，增加断开点，从而减小开距；在静触头 U 形弯中间缝隙处安装导磁片，能很好地将分断时产生的电弧吹离触头，并迅速将之熄灭，能达到提高触头寿命的效果。辅助触头采用斜滑道自摩擦结构，在触头闭合过程中，动触头和静触头接触后，产生相对滑动摩擦，使触头的灵敏度和可靠性都有大幅度提高，可以用于 24 V、10 mA 的电路中。

主触头可通断额定电压 440 V 的直流电路，主触头端子有"+""−"极性，要按标志接线。

2）传动装置

CZT-20 型和 CZT-20B 型直流接触器采用装甲螺管式结构，其吸力特性较平坦，起始力巨大，漏磁可充分利用。采用该结构使接触器投影面积减小，为克服直动螺管式电磁铁结构机械寿命低的缺点，在套管内采用了内衬聚四氟乙烯套，由于聚四氟乙烯材料的高耐磨性和特有的自润性，加之将衔铁用无心磨精加工，使其摩擦力降至最小，从而大大提高了接触器的机械寿命。

3）灭弧装置

CZT 系列直流接触器灭弧系统的设计，是保证主回路分断性能的重要部分，采用永久磁铁灭弧方式。为了获得较高的磁场强度，同时防止高温和长期使用造成磁场强度衰减的问题，比较各种磁性材料性能后，采用铸造磁钢铝镍钴合金材（ALNiCo8），牌号为 LNGT60。这种合金磁性材料具有性能稳定、居里温度高等特性。经过型式试验及安装在内燃机车上试验运行 30 万 km（中修期）测试磁钢的表面磁场强度，衰减微乎其微。由于永久磁钢的表面磁场强度恒定，它同时克服了利用磁吹线圈灭弧时触头临界分断困难的现象。

灭弧室不能装反，不要拆除灭弧室内的磁铁。

2. 动作原理

其工作原理类同电磁铁工作原理：当吸引线圈得电时，衔铁吸合，带动常开触头闭合，常闭触头打开；当吸引线圈失电时，衔铁在反力弹簧作用下打开并带动常闭触头闭合，常开触头打开，常开主触头上的电弧被灭弧装置熄灭。

外加控制电源时，A1 接 "+"，A2 接 "−"。

知识点 1.1.3　AF 系列电磁接触器检修工艺

一、基本技术要求

接触器接线端子力矩要求见表 1-1-9。

表 1-1-9　接触器接线端子力矩要求　　　　　　　　　　　　N·m

接触器型号	主端子螺孔	主端子力矩	线圈端子螺孔	线圈端子力矩
AF260-30-11	Ml0	28.0	M3.5	1.0
AF185-30-11	M8	18.0	M3.5	1.0
AF145-30-11	M8	18.0	M3.5	1.0
AF110-30-11	M8	6.0	M3.5	1.0
AF95-30-11	M8	6.0	M3.5	1.0
AF45-30-11	M6	4.0	M3.5	1.0

二、设备、工具及材料

压缩空气装置、可调直流电源、测力计、电器钳工常用工具、力矩扳手、兆欧表、毛刷、汽油（或电器清洗剂）、清洁软布。

三、操作步骤

1. 外观检查

在确认断电的情况下进行以下项目的检查维护。

（1）对接触器外部进行清理，将尘垢拭去，应无油污。

（2）检查接触器外表，应完整、无破损或异常。

（3）检查三相输入/输出端、线圈接线端、辅助触点接线端，应接触牢固。

（4）检查接触器本体，安装应牢固，无松动现象。

2. 解体

按图 1-1-7 所示步骤进行解体。

（1）用一字螺丝刀插入主端子孔内螺栓，然后按逆时针用力旋转 90°，有弹开感觉后，依次把其他三孔螺栓也松开。向外取出动主触头及传动装置，如图 1-1-7（a）所示。

（2）再一次用一字螺丝刀插入主端子孔内螺栓，然后按逆时针用力旋转 180°；其他三孔螺栓也同样如此操作。取出罩盖，如图 1-1-7（b）所示。

（3）用两把一字螺丝刀插入动铁芯的外罩孔（图 1-1-8），然后往中间方向用力，松开静铁芯外罩和动铁芯外罩锁扣，向外用力取出动铁芯，如图 1-1-7（c）所示。

（4）取出线圈，如图 1-1-7（d）所示。

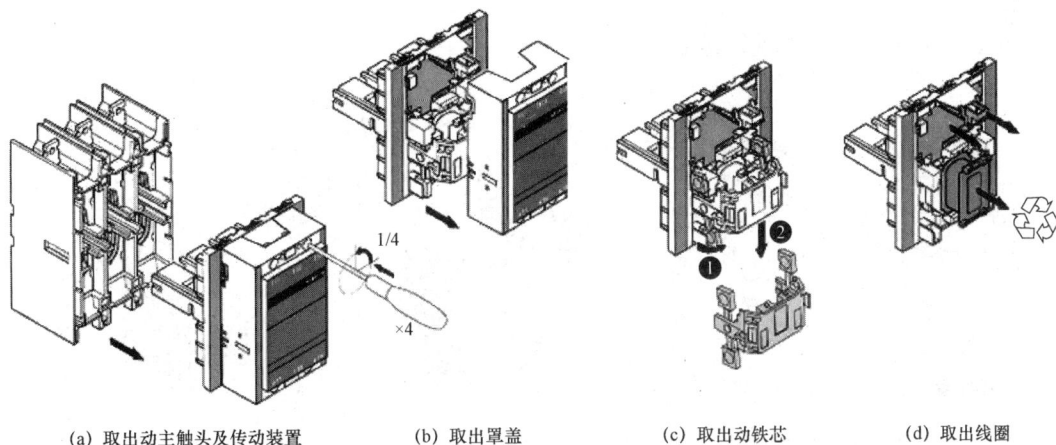

(a) 取出动主触头及传动装置　　　(b) 取出罩盖　　　(c) 取出动铁芯　　　(d) 取出线圈

图 1-1-7　AF 系列接触器解体步骤示意图

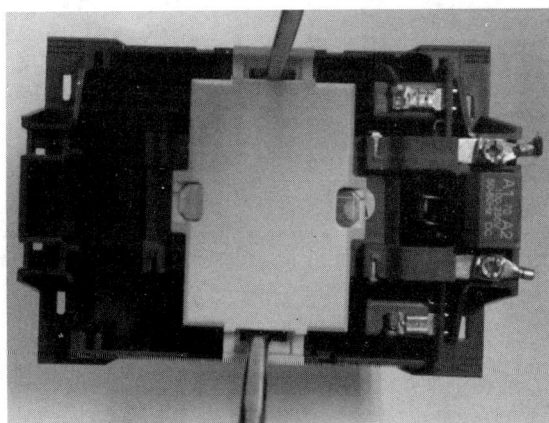

图 1-1-8　动铁芯的外罩孔

3. 检修

1）灭弧装置

（1）用清洁软布清理动触头支架和灭弧罩上的黑色碳粉。

（2）检查灭弧罩及灭弧栅片，发现有破损或裂痕或有脱落等现象，应立即更换。

2）触头装置

（1）外观检查主触头情况。主触头磨损严重或灼伤严重时应全套更换，不能单独更换其中一组或两组。

（2）用低电阻测量仪测量辅助触头的接触电阻不大于 1 Ω。若超过 1 Ω则可采用分断 1 A 左右的感性电流的方法，消除触点的氧化膜，或更换新的辅助触头配件。

注意：不能用砂布、锉刀等对接触器动触头、静触头接触面进行修磨。

3）传动装置

（1）取出线圈，用清洁软布清理铁芯极面的尘垢。

（2）检查电子线路板，不得有开焊、松脱等异常现象。

4. 组装

按图 1-1-9 所示步骤进行组装。

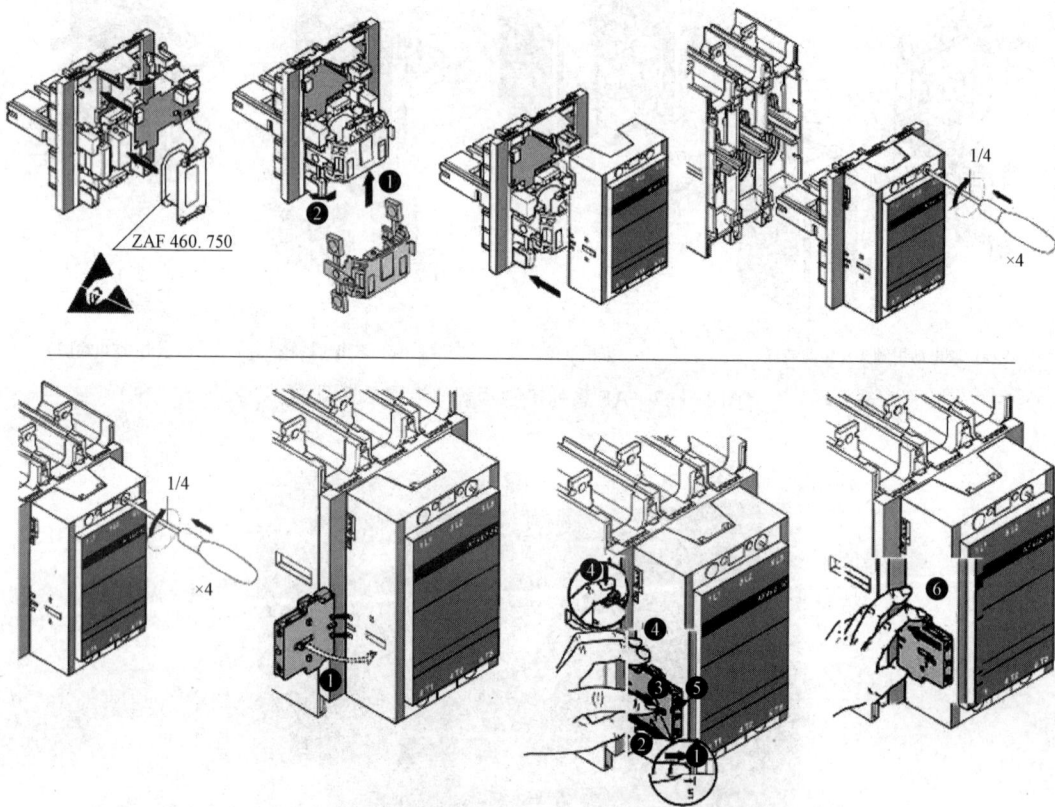

图 1-1-9　AF 系列接触器组装步骤示意图

5. 调整与试验

（1）用量块和塞尺测量主触头开距与超程，（有条件时）用测力计测量主触头压力。

主触头开距：14.4 mm（1±4%）；

超程：3.7 mm（1±4%）；

主触头压力：37.86 N（1±8%）。

（2）用低电阻测量仪测量联锁触头模块相关的接触电阻不大于 1 Ω。

（3）用 500 V 兆欧表测量接触器线圈对地绝缘电阻值应不小于 3 MΩ，用 500 V 兆欧表测量各主触头对地及相互间绝缘电阻值应不小于 3 MΩ，用 500 V 兆欧表测量接触器线圈对主触头之间绝缘电阻值应不小于 3 MΩ。

（4）试验：在试验台上用110 V$^{+10}_{-20}$%直流电压，检查接触器闭合、断开情况，闭合、断开均应可靠，动作灵活，无卡滞，测量主触头接触电阻应不大于 50 mΩ，线圈无过热现象。

试验完毕后，所有破封处用红漆固封，并填写相应的合格证、记录等。

任务 1.2　自动开关检修

学习活动 1　任务介绍

1. 任务描述

自动开关用于电力机车低压电路的控制、隔离和保护。自动开关检修是机车检修岗位的主要工作任务之一，检修人员需要按照检修工艺文件（或作业指导书）完成对自动开关的检查与修理，主要包括工具准备、外观检查、试验等几个步骤，整个作业过程对检修人员的规范意识、质量意识有很高的要求。

2. 任务要求

（1）复述机车用自动开关的功能及结构；

（2）分析自动开关的工作原理；

（3）能正确对自动开关进行外观检查；

（4）能正确操作自动开关；

（5）能对自动开关进行动作、脱扣试验；

（6）养成遵章守纪、规范操作、精检细修的职业素养。

学习活动 2　任务准备

（1）什么是自动开关？自动开关的作用是什么？

（2）查阅相关学习资料或现场参观电力机车，写出电力机车采用的自动开关有哪些。以其中一种车型为例，将自动开关的型号、数量、安装位置、类型与作用记录在表 1-2-1 中。

表 1-2-1　自动开关在机车上的使用情况

车型				
型号				
数量				
安装位置				
类型				
作用				

学习活动 3 任务实施

按照中修工艺文件（或作业指导书），对 TO 系列或其他型号自动开关进行检修。

（1）作业前准备。

（2）外观检查。

（3）动作试验。

（4）脱扣试验。

学习活动 4 任务评价

任务实施质量评分表见表 1-2-2，职业能力评分见表 1-2-3。

表 1-2-2 任务实施质量评分表

评分项	分值	完成要求	评分标准	得分
任务分析	10	明确任务描述及任务要求	基本了解工作任务要求，扣 3 分	
任务准备	10	回答问题清晰准确，能够紧扣主题，没有明显错误	对照标准答案，错误一项扣 5 分，扣完为止	
任务实施	70	有具体实施方案，各步骤清晰正确，过程完整，数据正确	每个错误点扣 2 分	
其他	10	检修记录单填写详细，能够反映实际工作过程	没有填或者填写太过简单，每项扣 2 分	
合计得分				

表 1-2-3 职业能力评分表

评分项	评价等级	质量要求	等级
知识评价	A/B/C	A：能够完整准确地回答任务准备的所有问题，准确率在 90% 以上 C：对基础知识掌握较差，任务准备准确率在 50% 以下	
能力评价	A/B/C	A：熟悉各个环节的实施步骤，能够独立完成任务，并有能力辅助其他同学完成规定的工作任务，工作实施快速，准确率高（在 85% 以上） C：未完成或只完成了部分任务，有问题但没有积极地向老师和其他同学请教，工作不积极，各部分的准确率在 50% 以下	
素质评价	A/B/C	A：不迟到、早退，自主学习，具有较强信息搜集能力；具有质量意识、规范意识和安全意识；具有团结协作精神；工作台整洁有序 C：有迟到、早退现象，需要老师全程监督才能学习；规范意识和安全意识不足；不能配合小组其他成员完成工作任务；工作台凌乱	

注：作答结果介于 A、C 之间的，等级评定为 B。

学习资源

知识点 1.2.1　自动开关基础知识

一、自动开关的定义和分类

自动开关又称自动空气断路器，是一种结构较为复杂、动作性能较为完善的配电保护电器。它能自动切断短路、严重过载、电压过低等故障电路，有效地保护接在它后面的电气设备；同时也可用它来手动非频繁地接通和分断正常电路。

和其他开关电器相比较，自动开关具有以下特点：

① 能开断较大的短路电流，分断能力较高；

② 具有对电路过载、短路的双重保护功能；

③ 允许操作频率低；

④ 动作值可调，动作后一般不需要更换零部件。

自动开关种类繁多，可按以下方式进行分类。

（1）按用途分：保护配电线路用自动开关、保护电动机用自动开关、保护照明电路用自动开关和漏电保护用自动开关等。

（2）按结构形式分：框架式（也称万能式）自动开关和塑料外壳式（也称装置式）自动开关。

框架式自动开关为敞开式结构。一般选择型自动开关、自动快速开关特别是大容量自动开关多为框架式自动结构，主要用作配电网络的保护开关。

塑料外壳式自动开关的结构紧凑、体积小、重量轻，且具有安全保护用的塑料外壳，使用安全可靠，适于单独安装，除了可用作配电网络的保护开关外，还可用作电动机、照明电路及电热器电路等的控制开关。

（3）按极数分：单极自动开关、两极自动开关、三极自动开关和四极自动开关。

（4）按限流性能分：一般不限流型自动开关和快速限流型自动开关。

（5）按操作方式分：直接手柄操作式自动开关、杠杆操作式自动开关、电磁铁操作式自动开关和电动机操作式自动开关。

二、自动开关的基本结构

各类自动开关的共同功能，使它们在结构上必然具备以下几个基本部分。

1. 触头系统

触头系统是自动开关的重要部件，主要承担电路的接通、分断任务。

对触头系统的一般要求是：能可靠接通和分断一定次数的极限短路电流及额定电流以下的任何电流；具有一定的电气寿命，不需要经常更换触头；要有足够的热稳定性和电动稳定性，不会因长期使用后触头接触不良导致温升过高或不能经受极限短路电流的冲击而自动弹开。

因此，自动开关的触头系统比接触器的触头结构和触头材料要求都要高得多。

2. 灭弧系统

灭弧系统主要有纵窄缝灭弧装置和去离子栅灭弧装置两种。

各类灭弧装置的灭弧方法可概括为长弧熄弧法（将电弧冷却、拉长）和短弧熄弧法（将电弧分割成串联短弧，利用直流电弧的极旁压降或交流电弧的近阴极效应来熄弧）两种。

对于灭弧系统而言，一般应具备下列功能：短时间内应可靠熄弧，并保持良好的绝缘性能；喷出的电弧火花距离小，以免造成相间飞弧；有足够的热容量，使之在电弧高温作用下不致产生变形、碎裂或灭弧室及栅片严重烧伤；有足够的机械强度，保证受高温、合闸或冲击振动及运输过程中不会碎裂、缺损。

3. 传动机构

传动机构用于操纵触头的闭合或断开。传动机构有手操纵直接传动式、手操纵通过弹簧传动式、电磁铁传动式、电动机传动式、压缩空气传动式等几种。

4. 自动脱扣机构

自动脱扣机构与触头系统和保护装置相联系，通过自由脱扣机构的作用可使触头自动断开。"自动脱扣"是指人为操纵手柄处于闭合位置，当手还未离开手柄就发生短路、过载和欠电压等故障时，保护装置作用于自动脱扣机构，自动开关也能自动断开，起保护作用。

5. 脱扣器

脱扣器用于检测故障并作用于操作机构，使其脱扣，带动自动开关的触头断开。

自动开关通常采用电磁脱扣器和热脱扣器两种。

电磁脱扣器分为欠电压脱扣器和过电流脱扣器，它们实际上是一个小型电磁机构。若装以电压线圈即为欠电压脱扣器，装以电流线圈即为过电流脱扣器。

现以过电流脱扣器说明其动作原理。当被保护电路发生过载或短路故障，电流增加并达到整定值时，衔铁吸合，使脱扣杆钩子与主杠杆脱扣，自动开关断开，切除过载或短路故障，保护电气设备不受损坏。电磁脱扣器的动作电流值可根据需要调整反力弹簧来整定，它具有动作电流大、调节范围宽、动作时间短（一般为 $10\sim40$ ms）等优点，可用作短路保护。

热脱扣器由热元件和双金属片等组成。电流通过热元件产生电阻损耗而发热，其温度升高以加热双金属片。双金属片是一个将热能转换为机械能的元件，如图 1-2-1 所示。它由两种不同膨胀系数的金属片焊接而成，其中，膨胀系数较大的金属片贴近热元件。双金属片一端固定，另一端处于自由状态。当热元件由于间接加热或直接通电流加热时，即将热能传递给双金属片，双金属片受热后温度升高。由于两种金属片膨胀系数不同，迫使双金属片向着膨胀系数较小的一侧弯曲。双金属片弯曲时产生作用力作用于脱扣杆的钩子上，使之脱扣，自动开关断开，即可保护电气设备不因过载而损坏。由于双金属片是因受热而弯曲，所以双金属片弯曲时作用于脱扣机构的动作时间与过载电流大小有关。电流大动作时间短，电流小动作时间长，即动作时间与电流大小近似成反比。

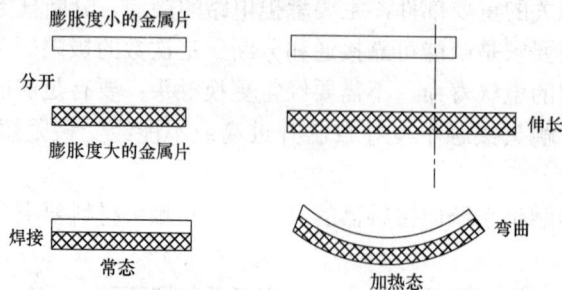

图 1-2-1　双金属片工作原理

三、自动开关的工作原理

自动开关的主触头靠操作机构（手动或电动）合闸，自由脱扣机构是一套连杆机构。当主触头闭合以后主触头锁在合闸位置，其工作原理如图 1-2-2 所示。

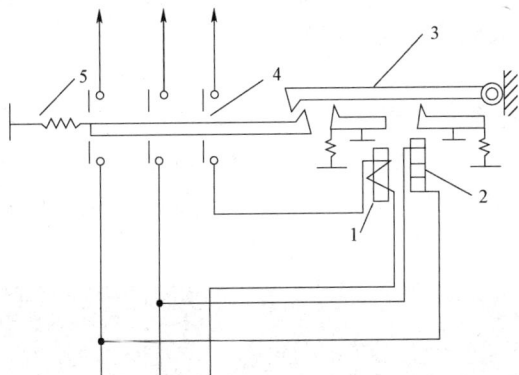

1—过电流脱扣器；2—失压脱扣器；3—自由脱扣机构的锁钩；4—主触头；5—开断弹簧

图 1-2-2 自动开关工作原理图

在正常工作情况下，自由脱扣机构的锁钩（3）扣住触头杆，使主触头（4）保持在合闸位置。

过电流脱扣器（1）的电磁线圈与被保护电路串联，在正常电流下，脱扣器的弹簧力使衔铁释放；当过载或短路时，强大的电磁吸力使衔铁吸合，带动衔铁另一端的顶杆向上运动，顶开自由脱扣机构的锁钩（3），在开断弹簧（5）的作用下，主触头（4）迅速开断，将故障电路分断。

失压脱扣器（2）的电磁线圈与被保护电路并联。在正常电压下，衔铁吸合，自由脱扣机构的锁钩（3）不脱扣；当失压时，电磁吸力很小，在失压脱扣器弹簧力的作用下，衔铁释放，其顶杆顶开自由脱扣机构的锁钩（3），主触头（4）在开断弹簧（5）的作用下迅速开断，切断电路。

知识点 1.2.2 电力机车常用自动开关

一、TO 系列自动开关

SS$_9$ 改型电力机车采用 TO-100BA 型和 TO-225BA 型三相自动开关作为各辅助电机走单相、堵转、过流及短路等故障保护元件。

1. 自动开关型号的意义及分类

1）型号的意义

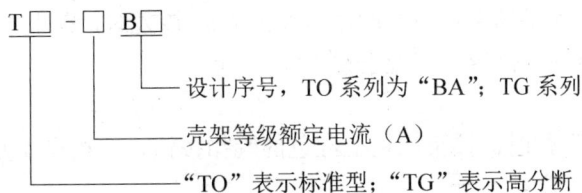

设计序号，TO 系列为"BA"；TG 系列

壳架等级额定电流（A）

"TO"表示标准型；"TG"表示高分断

2）分类

（1）按接线方式分为板前接线、板后接线和插入式接线三种。

（2）按过电流脱扣器型式分为热动-电磁脱扣器、电磁脱扣器两种。

（3）按附属装置分为带附属装置和不带附属装置两种。附属装置分内部附属装置和外部附属装置两类。内部附属装置有分励脱扣器、欠压脱扣器、辅助开关、报警开关四种。

2. 结构

如图 1-2-3 所示，TO 系列三相自动开关由操作机构、脱扣装置、灭弧装置及触头系统等组成。三个动触头通过支架固装于同一个绝缘方轴上，三个动触头同时开断。每相都有一独立灭弧室，灭弧罩采用铁栅片式。采用热动-电磁脱扣器作为过载和短路保护的执行机构。

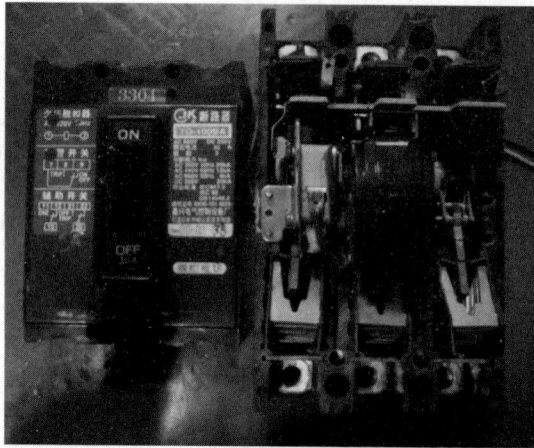

图 1-2-3   TO 系列三相自动开关

3. 动作原理

1）开关原理

人工扳动三相自动开关的操作手柄，把它置"ON"位，自动开关的主触头闭合，并被锁住，接通电路；人工扳动三相自动开关的操作手柄，把它置"OFF"位，自动开关的主触头分断并保持，断开电路。

2）保护原理

TO-100BA 型自动开关在 SS$_9$ 改型电力机车辅助电路作辅助机组过电流保护时，自动开关的三相触头依次串接在电机的三相绕组中，当电机中出现相间短路或绕组匝间短路时，故障引起电机电流上升，延时数秒以后，自动开关中的热敏元件动作，使热动-电磁脱扣器脱扣，其触头切断电机电源，达到保护电机、防止故障恶化的目的。

当保护动作后，操作手柄保留在中间位（脱扣位）。恢复时，需人工扳动三相自动开关的操作手柄，把它置"OFF"位后，再把它置"ON"位。

3）试验原理

操作手柄在"ON"位时，按下面板上红色的脱扣按钮，三相自动开关会自动跳扣。

4. 主要技术参数

TO 系列三相自动开关主要技术参数见表 1-2-4。

表 1-2-4 TO 系列三相自动开关主要技术参数

型号	TO-100BA	TO-225BA
额定电压/V	AC 600 V 以下，DC 250 V 以下	
额定壳架电流/A	100	225
额定频率/Hz	50（或 60）	
脱扣器额定电流/A	15，20，30，40，50，60，75，100	125，150，175，200，225
脱扣器型式	热动-电磁脱扣器	
短路分断能力	AC 380 V，50 Hz；18 kA $\cos\varphi=0.3$	AC 380 V，50 Hz；25 kA $\cos\varphi=0.25$

二、TH-5SB 型自动开关

SS₉ 改型电力机车采用 TH-5SB 型自动开关作为辅助电路单相负载以及控制电路中控制电源各输出负载的过载和短路保护元件。

TH-5SB 型塑壳式单极自动开关由手柄、操作机构、脱扣装置、灭弧装置及触头系统等组成。全部结构除接线处外均装于塑料外壳内，外壳上仅露出作为"分""合"闸的操作手柄。接触系统采用银锡触头，装有带灭弧铁栅片的灭弧室。操作机构采用四连杆机构，正常分闸和脱扣器跳闸时，其反作用力不作用在同一零件上，故能提高开关寿命。自动开关采用热双金属片式脱扣器，作为过载和短路保护执行机构。

TH-5SB 型单极自动开关主要技术参数见表 1-2-5。

表 1-2-5 TH-5SB 型单极自动开关主要技术参数

额定电压/V	DC 110，AC 380
脱扣器类别	热双金属片式
脱扣器额定电流/A	10，15，20，30，40，50
短路通断电流/A	1 000（DC 125 V） 3 000（AC 240 V）

知识点 1.2.3 自动开关检修工艺

一、三相自动开关小辅修

根据现行 SS₉ 改进型电力机车段修管理规程，小辅修修程间隔为三辅一小制（小修—辅修—辅修—辅修—小修）。小修：9 万～12 万 km，辅修：3 万 km（1±10%）。其中，自动开关在每次辅修中需检查自动开关状态，小修时增加下车校验三相自动开关项目。

三相自动开关小辅修工艺见表 1-2-6。

表 1-2-6　三相自动开关小辅修工艺

项目	方法	要求	备注
（1）车上外观检查	外观检查各部接线及操作扳钮	各紧固螺丝无松动，端子无过热烧损痕迹，导线与线鼻压接处断股不超过原形的10%，外壳无裂纹	辅修
（2）开关动作	（1）手柄置"ON"位 （2）手柄置"OFF"位	各操作扳钮断开时，动作灵活，闭合时无卡滞现象	辅修
（3）脱扣试验	按动脱扣按钮	自动开关能跳动中间位，试后能恢复	辅修
（4）下车检验	拆下接线及安装螺丝，下车检修	参见中修工艺	小修

二、三相自动开关中修工艺

1. 基本技术要求

1）检修要求

① 塑壳式断路器（自动开关）的绝缘件不许有破裂、烧损，安装牢固，外壳完好，接线及弹簧状态良好。

② 各触头清洁，不许有烧痕、断裂及变形，其烧蚀面积不超过原形的 1/3。触头压力正常。

2）试验要求

① 动作灵活，位置正确，自复、定位及联锁机构作用良好。

② 塑壳式断路器（自动开关）脱扣性能良好，通断作用可靠。

③ 联锁触头接触可靠，不许有变形、过热现象。

2. 设备、工具及材料

直流电桥，一字、十字螺丝刀（150），试验台，酒精（或电子板清洗液），棉丝，毛刷，白布，细砂纸。

3. 工艺过程

（1）清洁、解体。

① 外观检查自动开关无裂损、放电灼伤及烧痕，手动分合闸试验良好。

② 松开外盖上的 4 个安装螺丝，拆下外盖，取出手柄和 3 个灭弧室、隔弧板。

注意：拆下外盖之前需在自动开关上做好识别、标记，以便在组装时对号入座，防止外盖型号装错。自动开关其他部件暂不分解。

③ 用毛刷和白布清除自动开关的尘埃、污垢。

（2）检查。

① 目测其动、静触头磨损情况，银合金厚度应基本一致，将静触头、导板支架、引弧片等螺丝紧固。如果发现其中任一触头磨损严重，或动、静触头接触有明显偏差时更新自动开关。

② 检查导线、软连线完好，无断股、过热、变色，软连线安装螺丝紧固，无松动、过热、变色现象。（双金片有过热、变色现象为正常现象）

③ 合、断自动开关，检查各弹簧传动机构，动作灵活，无卡滞。

④ 紧固辅助触指接线盒螺丝。

⑤ 用细砂纸打磨铜排表面，使其接触面光洁，不许有氧化。

（3）组装。

按照分解相反的顺序组装：装好 3 个隔弧板、灭弧装置和手柄，盖上外盖，将外盖上的 4 个安装螺丝拧紧。

（4）试验。

① 合、断自动开关，检查各弹簧传动机构，动作灵活，无卡滞。

② 自动开关在闭合（ON）状态下按动脱扣按钮，以检查其能否脱扣。

③ 测量辅助触指的通断情况。

（5）以上检查试验不合格者，更新自动开关。

（6）填写检修记录。

4. 其他

（1）自动开关在安装前，应注意检查铭牌所示技术参数是否符合要求，尤其是同一等级额定壳架电流规格取定不同脱扣器额定电流时，必须符合电路规定的要求；若不符合应调换自动开关。

（2）安装时，电源线应接自动开关标牌"ON"的上端，负载线接于标牌"OFF"的下端，不得倒装或倒接。连接导线的截面积必须与脱扣器额定电流相适应，以免因导线截面积选择不当而影响脱扣特性。

任务 1.3　电磁继电器检修

学习活动 1　任务介绍

1. 任务描述

电磁继电器是电力机车电气电路中非常重要的控制电器之一，其性能好坏直接影响到机车电路的工作状态，因此需要定期对电磁继电器进行检修。电磁继电器检修是机车检修岗位的主要工作任务之一，检修人员需要按照检修工艺文件（或作业指导书）完成对继电器的检查与修理，主要包括工具准备、清洁、解体、检查、组装及试验等几个步骤，整个作业过程对检修人员的规范意识、质量意识有很高的要求。

2. 任务要求

（1）描述机车用电磁继电器的功能及结构；

（2）能够分析电磁继电器的工作原理；

（3）能对电磁继电器进行解体与组装；

（4）能对电磁继电器做动作性能试验并进行参数调整；

（5）会测量电磁继电器的线圈电阻值、绝缘电阻值等主要技术参数；

（6）养成遵章守纪、规范操作的职业素养。

学习活动2　任务准备

（1）什么是电磁继电器？电磁继电器的作用是什么？

（2）查阅相关学习资料或现场参观电力机车，写出电力机车采用的电磁继电器有哪些。以其中一种车型为例，将电磁继电器的型号、数量、安装位置、类型与作用记录在表1-3-1中。

表1-3-1　电磁继电器在机车上的使用情况

车型					
型号					
数量					
安装位置					
类型					
作用					

学习活动3　任务实施

根据中修工艺文件（或作业指导书），对TJJ2型电磁继电器进行检修，并填写检修记录单。

1. 工具准备

工具明细表见表1-3-2。

表1-3-2　工具明细表

序号	名称	数量	是否完好
1			
2			
3			
4			
⋮			

2. 安全防护准备

安全防护工具及检查内容见表1-3-3。

表1-3-3　安全防护工具及检查内容

防护工具	检查内容

3. 任务单

电磁继电器检修记录单见表 1-3-4。

表 1-3-4 电磁继电器检修记录单

检查人姓名：	班级：		质检员：
电磁继电器型号：			
序号	检修步骤（项目）	操作内容	结果记录
1	外观检查	继电器外观检查无破损，各部件齐全，用 0.2～0.3 MPa 压缩空气吹扫干净（口述）	
2	解体	（1）取下铁芯两个固定螺丝 （2）取下吸引线圈、反力弹簧杆螺母、衔铁定位座固定螺母 （3）取下定位盖 （4）取下衔铁、常开常闭静触头固定螺母、动静触头反力弹簧、测量机构联锁接线柱螺母、恢复线圈固定罩及线圈，按顺序放好 （5）用 0.2～0.3 MPa 压缩空气吹扫尘垢 （6）用汽油和白布清除衔铁及铁芯表面污垢	
3	检查与修理	（1）检查框架、铁芯、衔铁，不许有松动、裂纹、变形，衔铁动作灵活，定位螺栓安装牢固，丝扣良好（口述） （2）检查清洗触头盒及导杆，触头不许有过热、烧痕，可用什锦锉锉修 （3）测量联锁触头开距、超程、压力，应符合限度要求，否则进行调整或更换。开距：常开不小于 4 mm，常闭不小于 3.5 mm，超程不小于 1.5 mm （4）检查并清扫线圈，无过热、变色、烧损，各连接导线应完好，断股大于原形 1/10 者应更换，线圈引出端子牢固，若有松动，用环氧树脂修补加固 （5）用万用表测量线圈阻值，线圈电阻值为： 吸合线圈 R（20 ℃）=120 Ω（1±5%） 恢复线圈 R（20 ℃）=205 Ω（1±5%） （6）指示件机构动作可靠，无卡滞、失去弹力，锁钩良好，不得误动作（口述） （7）检查清洗各部螺钉、防缓件、弹簧等。螺钉不许有松动现象，弹簧状态良好，不许有过热、变形、疲劳现象，否则更换（口述）	
4	组装、调整	（1）组装过程是解体的反过程，必须注意各电线路间不得短路（口述） （2）组装衔铁：衔铁装入孔内后，装上指示件，轻轻按动指示件，不许有卡滞现象，拉力弹簧弹性良好，各部螺钉紧固	

序号	检修步骤（项目）	操作内容	结果记录
4	组装、调整	（3）调整触头开距、超程：TJJ2 型开距不小于 4.0 mm，超程不小于 1.5 mm （4）组装触头：触头接触面良好，压力适当	
5	试验	（1）绝缘检查：用 500 V 兆欧表测量各带电部分，对地绝缘电阻值不小于 5 MΩ （2）调整整定值： ① 调节衔铁反力弹簧和初始气隙，测量吸合电压和吸合电流整定值。接地继电器为 18 V（1±5%）（口述） ② 调整返回系数为 0.75	

学习活动 4　任务评价

任务实施质量评分表见表 1-3-5，职业能力评分表见表 1-3-6。

表 1-3-5　任务实施质量评分表

评分项	分值	完成要求	评分标准	得分
任务分析	10	明确任务描述及任务要求	基本了解工作任务要求，扣 3 分	
任务准备	10	回答问题清晰准确，能够紧扣主题，没有明显错误	对照标准答案，错误一项扣 5 分，扣完为止	
任务实施	70	有具体实施方案，各步骤清晰正确，过程完整，数据正确	每个错误点扣 2 分	
其他	10	检修记录单填写详细，能够反映实际工作过程	没有填或者填写太过简单，每项扣 2 分	
合计得分				

表 1-3-6　职业能力评分表

评分项	评价等级	质量要求	等级
知识评价	A/B/C	A：能够完整准确地回答任务准备的所有问题，准确率在 90%以上 C：对基础知识掌握较差，任务准备准确率在 50%以下	
能力评价	A/B/C	A：熟悉各个环节的实施步骤，能够独立完成任务，并有能力辅助其他同学完成规定的工作任务，工作实施快速，准确率高（在 85%以上） C：未完成或只完成了部分任务，有问题但没有积极地向老师和其他同学请教，工作不积极，各部分的准确率在 50%以下	

续表

评分项	评价等级	质量要求	等级
素质评价	A/B/C	A：不迟到、早退，自主学习，具有较强信息搜集能力；具有质量意识、规范意识和安全意识；具有团结协作精神；工作台整洁有序 C：有迟到、早退现象，需要老师全程监督才能学习；规范意识和安全意识不足；不能配合小组其他成员完成工作任务；工作台凌乱	

注：作答结果介于 A、C 之间的，等级评定为 B。

学习资源

知识点 1.3.1　继电器基础知识

一、继电器的定义及组成

继电器是一种根据某一输入量来换接执行机构的电器，用于控制电路。继电器也可认为是传递信号的电器。在电力机车控制电路中，继电器具有控制、保护或转换信号的作用。

任何一种继电器，不论它的动作原理、结构形式、使用场合如何千差万别，都是根据外界输入一定信号来控制电路中电流的"通"与"断"的，这就是继电器的共性。这种共性说明，任何一种继电器为了完成它的特定使命，一般都应由测量机构、比较机构和执行机构等部分组成，其原理组成方框图如图 1-3-1 所示。

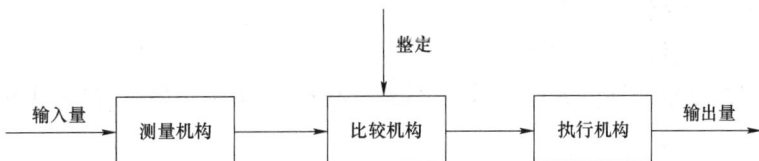

图 1-3-1　继电器原理组成方框图

对于大部分继电器来说，输入量可以是电量，如电压、电流、阻抗、功率等，也可以是非电量，如压力、速度、温度等。输入量可以是一个量，也可以是两个或多个量。

测量机构是反应继电器输入量的装置，用于接收输入量，并将其转换成继电器工作所必需的物理量。比如电磁继电器，测量机构是线圈和铁芯构成的磁系统，用来测量输入电量的大小，并在衔铁上将电量的大小转换成相应的电磁吸力。

比较机构的作用是将输入量（或转换量）与其预设的整定值进行比较，根据比较结果决定执行机构是否动作。例如电磁继电器的反力弹簧：当电磁力大于反力时，衔铁吸合，接点动作；当电磁力小于反力时，衔铁不吸合，接点不动作，没有输出。一般可以在比较环节上调整（整定）继电器的动作值。

执行机构是反应继电器输出的装置，它作用于被继电器控制的相关电路中，以得到必需的输出量。执行机构根据比较的结果决定是否动作：有触点继电器中触点的分、合动作，无触点继电器中晶体管的饱和、截止两种状态，都能实现对电路的"通""断"控制。

输出量是根据比较结果来决定有无的。不管输入是何物理量，输出量往往是电量。

需要说明的是，对于有触点继电器来说，也可按前面电器基本理论所述，由触头装置和传动装置（一般没有灭弧装置）组成。

电磁继电器的组成如图1-3-2所示，其测量机构是由一拍合式电磁铁担任，执行机构是一对常开联锁触头。当输入量达到其动作值时，该电磁铁将输入量转变为衔铁的吸合动作，并带动常开联锁触头由原来的断开状态转变为闭合状态，从而接通被其控制的相关电路，得到一个输出电压；反之，当输入量达到其释放值时，电磁铁将输入量转变为衔铁的释放动作，并带动触头由闭合状态转变为断开状态。它具有工作可靠、结构简单、易于制造等特点。

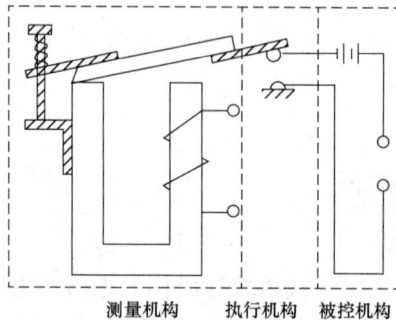

图1-3-2 电磁继电器的组成

二、继电器的分类

继电器的用途很广，种类繁多，对不同类型的继电器要求不同，有时对同一类型的继电器，也需要从不同的方面去说明它的特性。因此，继电器有很多种分类方法，下面仅根据目前电力机车上使用的情况来分类。

（1）按用途分：控制继电器和保护继电器。

（2）按输入物理量的性质分：电磁继电器（反应电量的继电器）、机械式继电器（反应非电量的继电器）。

（3）按执行机构的种类分：有触点继电器和无触点继电器。

（4）按输入电流的性质分：直流继电器和交流继电器。

（5）按作用分：电流继电器、电压继电器、时间继电器、中间继电器、压力继电器等。

三、继电器的特点

在电力机车上，继电器一般不直接控制主电路或辅助电路，而是通过接触器或主电路、辅电路中的其他电器对主电路及辅助电路进行控制的。同接触器相比较，继电器具有以下特点：

① 继电器触头容量小，采用点接触形式，没有灭弧装置，体积和重量也比较小；

② 继电器的灵敏度要求极高，输入量、输出量应易于调节；

③ 继电器能反应多种信号（如各种电量、速度、压力等），其用途很广，外形多样化；

④ 继电器不能用来开断主电路及大容量的控制电路。

四、继电器的动作原理和继电器特性

继电器的输入量与输出量之间有一特定的关系，这就是继电器最基本的输入-输出特性，也称继电特性。

继电特性可以通过分析继电器的工作过程来得到。下面分析继电器的工作过程。

图1-3-3所示为具有常开接点继电器的继电特性，输入量用 X 来表示，输出量用 Y 表示。

当输入量 X 从零增加时，在 $X<X_{dz}$ 的过程中，衔铁不吸合，常开接点保持打开，继电器不动作，输出量 $Y=0$；当输入量达到 $X=X_{dz}$ 时，继电器立即动作，衔铁吸合，常开接点闭合，输出量由 0 跃变，即达到了 $Y=Y_1$，继续增加 X 到 X_e（额定输入量），继电器保持该状态不变，输出仍为 Y_1（常开接点继续闭合）。当输入量 X 从 X_e 减少时，在 $X>X_{fh}$ 过程中，继电器仍然保持该状态不变，常开接点继续闭合，输出还是 Y_1。只有当输入量减少到 $X=X_{fh}$ 时，输入量产生的吸力不足以吸合衔铁，衔铁释放，常开触头打开，继电器返回，输出量 Y 由 Y_1 跃变到 0，继续减少输入量 X 到零，输出均保持在 $Y=0$ 的状态。

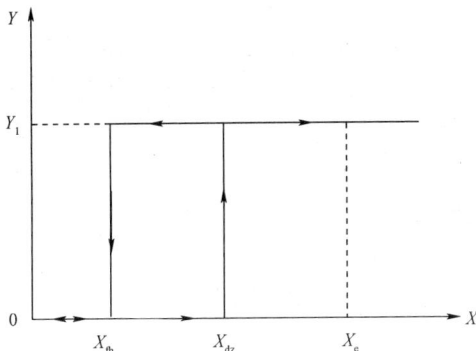

图 1-3-3　具有常开接点继电器的继电特性

可见，继电特性由连续输入、跃变输出的折线组成，只要某装置有该输入-输出特性就能称为继电器。图中 X_{dz} 称为继电器的动作值，X_{fh} 称为继电器的返回值。

五、继电器的基本参数

1. 额定参数

额定参数是指输入量的额定值及触点的额定电压、额定电流等。

2. 动作值

动作值是指使继电器吸合动作所需要的最小物理量的数值，如电流继电器的动作电流，电压继电器的动作电压，风压继电器的动作风压等。动作值有时也称整定值。

3. 返回值

返回值是指使接点打开所需要的最大物理量的数值。

需要注意的是，衔铁的释放值不一定是继电器的返回值（如常闭接点）。

4. 返回系数

返回系数是指继电器输入量的返回值 X_{fh} 与动作值 X_{dz} 之比，用 K_{fh} 表示，即：

$$K_{fh} = \frac{X_{fh}}{X_{dz}}$$

返回系数是继电器的重要参数之一。对于继电器来说，一般 $K_{fh}<1$。K_{fh} 越接近 1，继电器动作越灵敏，但抗干扰能力就差，所以返回系数也不完全是越高越好。对于控制继电器来说，返回系数要求不高；对于保护继电器来说，要求有较高的返回系数。

5. 动作值的调整

继电器的动作值（或返回值）的调整，也称继电器参数的整定。电磁继电器的整定，可通过改变反力弹簧和工作气隙来实现。对于电子继电器来说，可改变比较环节的电位器的阻值等来实现。

六、继电器在电路中的表示方法

继电器和接触器的符号表示方法，在电路图中一般都有说明，同一电器的输入（如线圈）和输出（如接点）往往不画在一起，但代号是相同的，以表示控制和被控制的关系。不同车型的代号编制方法是不同的。另外，国产车和进口车的常开、常闭接点的表示方法一般也相反。国产电力机车的电器接点表示方法为"上开下闭，左开右闭"。

知识点 1.3.2　电力机车常用电磁继电器

在 SS_{9G} 型电力机车上，由于采用无节点逻辑控制，取消了传统机车上采用的时间继电器，但在 SS_{9G} 型电力机车控制电路中，仍采用了一些继电器作为机车保护措施，其中电磁继电器主要有接地继电器和过流继电器。

一、接地继电器

1. JZ15-44Z 型中间继电器

1）型号的意义

SS_{9G} 型电力机车上装有 1 个 JZ15-44Z 型中间继电器，作辅助接地保护作用。其中：

J——继电器；

Z——中间；

15——设计序号；

44——前一个 4 为常开接点数，后一个 4 为常闭接点数；

Z——直流控制。

2）作用

该型继电器用在直流控制电路中，用来控制各种控制电器的电磁线圈，以使信导放大或用一个信号控制几个电器。

3）组成

如图 1-3-4 所示，JZ15-44Z 型继电器主要由传动装置和触头（接点）装置组成。

（1）传动装置：由直流螺管式电磁铁构成。铁芯和线圈布置在继电器中央，为了获得较平坦的吸力特性和足够的开距，铁芯采用锥形衔铁，继电器的反力特性依靠动触头支架上的一对拉伸弹簧调节；衔铁上还有手动按钮，以供检查及故障操作之用。

（2）触头装置：接点（联锁触头）为 8 对桥式，可根据需要任意组合成 2 开 6 闭、4 开 4 闭、6 开 2 闭的方式，但必须注意两个触头盒中的常开、常闭接点数应对称布置。为了防尘和便于观察接点，继电器带有透明的防尘罩。

该型继电器的接点容量为 10 A，为了既实现体积小、结构紧凑，又保证大电流分断能力，静接点下采用永磁钢，以使电弧拉长熄灭。

该型继电器还用在功率因数补偿装置（PFC）中，用来控制并联电阻，使电容尽快放电，结构要求有些不同，也称为放电接触器，型号为 JD15D-22ZF 型。

2. TJJ2-18/21 型接地继电器

1）型号的意义

TJJ2-18/21 型接地继电器。其中：

T——铁路；

JJ——接地继电器；

2——设计序号；

18——动作整定电压值（18 V）；

2——主触头数；

1——联锁触头数。

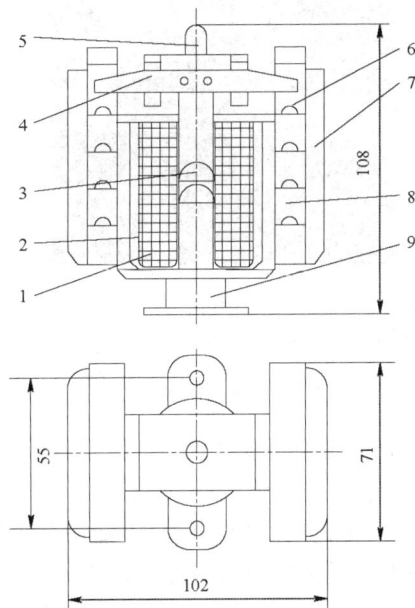

1—线圈；2—磁轭；3—铁芯；4—衔铁；5—按钮；6—触头组；7—防尘罩；8—反力弹簧；9—支座

图 1-3-4   JZ15-44Z 型继电器结构（单位：mm）

2）作用

该继电器用作主电路接地保护。机车上共装有两个该型继电器，分别装在 1、2 号高压柜内，对 1、2 架主电路进行接地保护。

3）组成

如图 1-3-5 所示，TJJ2 系列接地继电器主要由传动装置、触头装置、指示装置和机械联锁等组成，组装在由酚醛玻璃纤维压制成的底板上，外面装有防尘的有机玻璃透明外罩。

（1）传动装置：由拍合式电磁铁构成，带有吸引线圈。

（2）触头装置：有两对主触头和一对联锁触头，均为桥式双断点，主触头由衔铁控制，联锁触头由指示杆带动。

（3）指示装置：带有恢复线圈、螺管式电磁铁和指示杆。

（4）机械联锁：由钩子和扭簧组成。

4）工作原理

正常工作状态下，红色指示杆埋在罩内，继电器处于无电释放状态，指示杆被钩子勾住，接地继电器的联锁触头处于常开位置。当机车主电路发生接地故障时，在电磁力的作用下，衔铁被吸合，主触头进行分合转换，开闭有关控制电路，使主断路器分断切断机车总电源，从而达到保护目的。与此同时，衔铁压下钩子的尾部，迫使钩子克服扭簧的作用力转开，不

1—接线端子；2—底板；3—主触头；4—恢复线圈；5—联锁触头；6—指示器；7—钩子；8—扭簧；9—外罩；
10—衔铁；11—反力弹簧；12—支座；13—非磁性垫片；14—吸引线圈；15—铁芯

图 1-3-5　TJJ2 系列接地继电器结构

再钩住指示杆，使红色指示杆脱扣并在弹簧作用下跳出外罩，显示机械式动作信号，同时联锁触头相应闭合，在司机台显示故障信号。

当故障消除后，衔铁在反力弹簧作用下返回原位，但此时红色指示杆不能恢复原位（即回复至罩内），机械信号仍保持；司机台上信号也不能立即消除。只有通过按主断路器"合"按钮，使恢复线圈短时得电，才能使指示杆吸合进入罩内，指示杆重新被钩子勾住，联锁触头也随之断开，于是接地继电器发出的机械信号和电信号一起消失，恢复至正常状态。

5）使用注意事项

TJJ2 型电磁继电器在使用过程中必须注意两点：一是该型继电器的指示杆正常时应能被钩子可靠勾住，以防信号错乱；二是该继电器的恢复线圈只能短时得电，其持续时间不得超过 1 min，以免过热而烧损。

二、电流继电器

1. 型号及符号意义

JL14-20J 型。其中：

J——继电器；

L——电流；

14——设计序号；

2——常开触头数；

0——常闭触头数；

J——交流控制。

2. 作用

该型号交流继电器是作为主电路原边过流保护和辅助电路过流保护之用。

主电路原边过流保护采用 JL14-20J/5 型交流继电器，辅助电路过流保护采用 JL14-20J/1200 型交流继电器。

3. 组成及工作原理

1）原边过流继电器

原边过流继电器采用 JL14-20J/5 型交流电流继电器，作牵引变压器原边过电流保护，其额定电流为 5 A，动作电流整定值为 10 A（1±10%）。

JL14 系列继电器结构简图如图 1-3-6 所示。它的电磁系统是由呈角板形的磁轭、固定在磁轭上的圆形铁芯、套装在铁芯上的吸引线圈及平板形衔铁组成。衔铁可绕磁轭的棱角支点转动，形成拍合式动作。磁轭棱角的左下方装有反力弹簧，继电器失电时，衔铁可借助反力弹簧的反力而打开。电磁系统右侧安装触头组，触头支架与衔铁支件相连，衔铁动作时，可带动触头支架作相应的动作，使联锁触头开闭。在铁芯端的衔铁上装有非磁性垫片，用以防止剩磁继续吸引衔铁而出现不释放现象。

1—磁轭；2—反力弹簧；3—衔铁；4—非磁性垫片；5—极靴；6—触头组；7—铁芯；8—线圈

图 1-3-6 JL14 系列继电器结构简图（单位：mm）

改变非磁性垫片的厚度，可调节继电器的释放电流值；改变反力弹簧的压力，可调节继电器动作电流的整定值。

2）辅助过电流继电器

辅助过电流继电器选用的是额定电流为 1 200 A 的 JL14-20J/1200 型交流电流继电器，它直接接在辅助电路中（即电磁系统的吸引线圈就是辅助电路的母线），作辅助电路过电流保护，其动作电流的整定值为 2 800 A（1±10%）。

该型继电器与原边过电流继电器结构基本相同，如图 1-3-7 所示。根据励磁的需要，它的电磁系统由磁轭和分磁板组成矩形框架，吸引线圈就是穿过矩形方框的方形铜排，即母线，由它取代了铁芯骨架。分磁板的作用是将短路或过载电流产生的磁通分为相位不同的两部分，以保证铁芯对衔铁的合成吸力消除过零点，并保持在一定的范围内，从而减小电流电磁铁处于闭合状态时的振动和噪声。

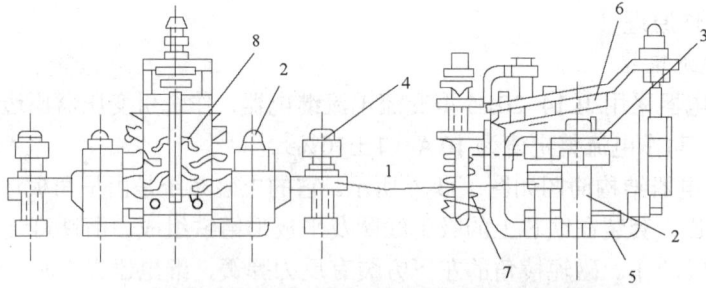

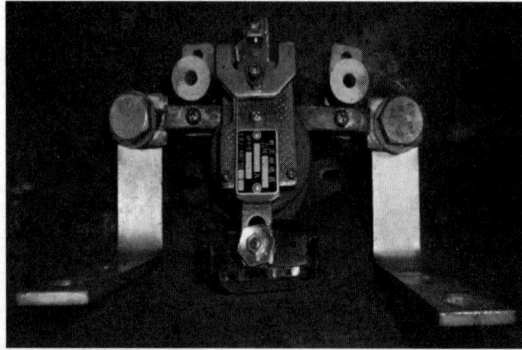

1—母线；2—支架；3—分磁板；4—螺栓；5—磁轭；6—衔铁；7—反力弹簧；8—触头组

图 1-3-7 JL14-20J/1200 型交流电流继电器结构简图

当辅助电路工作正常时，母线中通过的电流小于动作值，衔铁在反力弹簧的作用下处于打开状态。若辅助电路出现过载或短路故障，衔铁即在电磁吸力的作用下吸合，带动触头组中的联锁触头作相应的分合转换。

三种常见电磁继电器的主要技术参数见表 1-3-7。

表 1-3-7 三种常见电磁继电器主要技术参数

	型 号	JZ15 系列	JL14 系列		TJJ2 系列
	数量	8 对	2 对常开		2 对常开，1 对常闭
触头	额定电流/A	10	5		5
	开距/mm	≮3	≮2.5		≥4
	超程/mm	≮2	≮1.5		1.5
	初压力/N	0.7			0.9
	终压力/N	0.9	0.25		1.4
吸引线圈	额定电压、电流	DC 110 V	5 A	1 200 A	
	线径	ϕ0.16			ϕ0.29
	匝数	13 100	216	1	4 000
	阻值/Ω	1 000	0.417	≈0	120
复复线圈	线径/mm				ϕ0.12
	匝数				3 000
	阻值/Ω				205
	整定值		YGJ 为 10 A	FGJ 为 2 800 A	ZJDJ 为 18 V

知识点 1.3.3　电磁继电器检修工艺

一、基本技术要求

电磁继电器主要尺寸限度见表 1-3-8。

表 1-3-8　电磁继电器主要尺寸限度

序号	名称	型号	整定值	开距/mm	超程/mm
1	中间继电器	JZ15 系列	≤77 V	≥3.0	≥2.0
2	网侧过流继电器	JL14-20J	10 A（1±5%）	≥2.5	≥1.5
3	辅助过流继电器	JL14-20J	2 800 A（1±5%）	≥2.5	≥1.5
4	接地继电器	TJJ2	18 V（1±5%）	≥4	≥1.5

二、设备、工具及材料

压缩空气装置、电磁继电器综合试验台、大电流可调试验台、电器钳工常用工具、万用表、兆欧表（500 V、1 000 V）、测力计、什锦锉、毛刷、塑料带、玻璃丝带、绑扎带、胶布、白布、塑料线、汽油、砂布。

三、操作步骤

（一）JZ15 系列中间继电器

1. 解体、清扫

（1）拆下防尘罩衔铁，解体取出圆柱衔铁。

（2）用高压风吹扫尘垢，用毛刷和白布清除衔铁及铁芯表面污垢。

2. 检修

1）衔铁

外观检查圆柱形衔铁，表面应光洁，无偏磨、拉伤。

2）线圈

（1）用万用表测量线圈电阻值。电阻值为：R（20 ℃）=1 000 Ω（1±5%）。

（2）检查绝缘包扎情况及线圈引出端子。破损应用玻璃丝带包扎并补漆，线圈引出端子应牢固。

（3）检查各连接导线，导线应完好，断股大于 10%者更换。

3）联锁触头

用什锦锉清除触头电弧烧痕，并将接触面磨光，联锁接触电阻不大于 1 Ω；要求触头无烧痕，表面光洁。

4）触头框架

检查触头框架，框架应无裂纹，安装牢固。

5）弹簧

检查压力弹簧，弹簧应无过热，无永久变形，否则更换。

3. 组装调整

1）组装衔铁

将圆柱形衔铁装入孔内并装上指示件，轻轻按动指示件。应无卡滞，拉力弹簧弹性良好，各部螺丝紧固。

2）调整触头开距、超程

检查拉力弹簧性能，调整其开距、超程。开距 2.5（±0.5）mm，超程大于 1.5 mm。

4. 试验

用 500 V 兆欧表测量继电器带电部分对地绝缘电阻值。对地绝缘电阻值不小于 5 MΩ。

5. 调整整定值

调整最低动作电压不大于 77 V。

（二）TJJ2 系列电磁继电器

1. 解体、清扫

（1）取下铁芯两个固定螺丝，取下吸引线圈、反力弹簧杆螺母、衔铁定位座固定螺母，取下定位盖，取下衔铁、常开常闭静触头固定螺母、动静触头反力弹簧、测量机构联锁接线柱螺母、恢复线圈固定罩及线圈。

（2）用压缩空气吹扫尘垢，用汽油和白布清除衔铁及铁芯表面污垢。

2. 检修

（1）检查框架、铁芯、衔铁，不许有松动、裂纹、变形，衔铁动作灵活，定位螺栓安装牢固，丝扣良好。

（2）检查清洗触头盒及导杆，触头不许有过热、烧痕，可用什锦锉锉修。测量联锁触头开距、超程，应符合限度要求，否则进行调整或更换。开距：常开不小于 4 mm，常闭不小于 3.5 mm，超程不小于 1.5 mm。

（3）检查清扫线圈，无过热、变色、烧损，各连接导线应完好，断股大于原形 1/10 者应更换，线圈引出端子牢固，若有松动，用环氧树脂修补加固。测量线圈阻值，线圈电阻值为：吸合线圈 R（20 ℃）=120 Ω（1±5%）。恢复线圈 R（20 ℃）=205 Ω（1±5%）。

（4）指示件机构动作可靠，无卡滞、失去弹力，锁钩良好，不得误动作。

（5）清洗各部螺钉、防缓件、弹簧等。螺钉不许有松动现象，弹簧状态良好，不许有过热、变形、疲劳现象，否则更换。

3. 组装、调整

组装过程是解体的反过程，必须注意各电线路间不得短路，检查调整触头的开距、超程、应符合限度规定。触头接触线中心偏差不得大于 1.5 mm，调整锁钩机构及衔铁的定位螺丝的位置。

4. 试验

1）绝缘检查

用 500 V 兆欧表测量各带电部分，对地绝缘电阻值不小于 5 MΩ。

2）调整整定值

（1）调节衔铁反力弹簧和初始气隙，测量吸合电压整定值和吸合电流整定值。接地继电器为 18 V（1±5%）。

（2）调整返回系数为 0.75。

5. 漆封

检修完毕的继电器应做好漆封。

（三）JL14 系列电流继电器

1. 解体、清扫

（1）拆下触头盒，取下衔铁定位螺丝，拆下反力弹簧双螺母，取下反力弹簧及衔铁，拆开线圈底座固定螺丝，取下线圈。

（2）用高压风吹扫尘垢，用毛刷和白布清除衔铁及铁芯表面污垢。

2. 检修

（1）外观检查衔铁。衔铁棱形支点无过量磨耗。

（2）外观检查铁芯。

铁芯无裂纹，无断裂，状态良好。

① 用万用表测量线圈电阻值。电阻值为：R（20 ℃）=0.417 Ω（1±5%）。

② 检查绝缘包扎情况及线圈引出端子。破损应用玻璃丝带包扎并补漆，线圈引出端子应牢固。

（3）检查各连接导线。

导线完好，断股大于 10%者更换。

（4）用什锦锉锉修联锁触头，清除触头电弧烧痕，并将接触面磨光。触头无烧痕，表面光洁。

（5）检查触头框架，框架无裂纹，安装牢固。

（6）检查弹簧。弹簧无过热、永久变形，否则更换。

（7）外观检查各螺丝。螺丝无松动，弹簧状态良好。

3. 组装、调整

（1）按解体相反的顺序进行组装。

（2）调整触头的开距、超程，应符合限度表的规定。触头接触线中心偏差不大于 1.5 mm。

4. 试验

1）绝缘检查

用 500 V 兆欧表测量继电器各带电部分对地绝缘电阻应不小于 5 MΩ。

2）调试整定值

（1）调节衔铁反力弹簧和初始气隙，测量吸合电流整定值。一次侧过载继电器：10 A（1±5%）；辅助电路过载继电器：2 800 A（1±5%）。

（2）利用调整非磁性垫片的厚薄来调节继电器的释放值，即调整返回系数为 0.1～0.3。

5. 漆封

检修完毕的继电器应做好漆封。

四、安全注意事项

（1）工作认真、细致，严格按要求检验每一项。

（2）工具和各部件不能乱丢乱放，不能损伤配件。

（3）按操作规程文明作业，保证人身安全和设备安全。

（4）汽油等易燃品应存放好，使用汽油清洗部件时，严禁使用明火并注意室内通风。

（5）使用电源插头及插座必须完整，不得把线头直接插入插座孔内。

知识点 1.3.4　电磁继电器常见故障分析及处理

一、继电器的常见故障及处理

继电器在使用过程中，由于各种原因，如产品质量不高、使用不当、维修不好等，常常发生各种各样的故障。对于电子继电器，因目前机车上所用种类还少，其故障及处理以及检查、试验具有自己的特点。在此，主要介绍触点继电器的故障及处理。最常见的故障有以下几种。

1. 触头故障

（1）由于触头的机械咬合（触头上形成的针状凸起与凹坑相互咬住）、熔焊或冷焊而产生无法断开的现象。

（2）由于接触电阻变大和不稳定使电路无法正常接通的现象。

（3）由于负载过大，或触头容量过小，或负载性质变化等引起触头无法分、合电路的故障。

（4）由于电压过高，或触头开距变小而出现触头间隙重新击穿的故障。

（5）由于电源频率过高，或触头间隙电容过大而产生无法准确开断电路的故障。

（6）由于各种环境条件不满足要求而造成触头工作的失误。

（7）由于没有采用熄弧装置或措施，或参数选用不当而造成触头磨损，或产生不必要的干扰。

2. 线圈故障

（1）由于环境温度的变化（超过技术条件规定值）导致线圈温升超过允许值而引起线圈绝缘的损坏，由于潮湿而引起绝缘水平的严重降低，由于腐蚀而引起内部断线或匝间短路。

（2）由于线圈电压超过110%额定电压而导致线圈损坏。

（3）在使用或维修时，可能由于工具的碰伤而使线圈绝缘损坏，或引起线折断。

（4）由于线圈电压接错，如额定电压为110 V 的线圈接到220 V 的电源电压上，或将交流电压线圈接到同样等级的直流电压上而使线圈立即烧坏。

（5）交流线圈可能由于线圈电压超过110% 额定电压，或操作频率过高，或当电压低于85% 额定电压时因衔铁吸合不上而被烧坏。

（6）当交流线圈接上电压时，可能由于传动机构不灵或卡死等原因，衔铁不能闭合而使线圈烧坏。

3. 磁路故障

（1）棱角和转轴的磨损，导致衔铁转动不灵或卡死的故障。

（2）在有些直流继电器中，由于机械磨损或非磁性垫片损坏，衔铁闭合后的最小气隙变小，剩磁过大，导致衔铁不能释放的故障。

（3）交流继电器铁芯上分磁环断裂，或衔铁和铁芯表面生锈或侵入杂质时，引起衔铁振动，产生噪声。

（4）交流继电器 E 形铁芯中，由于两侧铁芯的磨损而使中柱的气隙消失时，产生衔铁黏住不放的故障。

4. 其他

如各种零件产生变形或松动，机械损坏，镀层裂开或剥落，各带电部分与外壳间的绝缘不够，反力弹簧因疲劳而失去弹性，各种整定值调整不当，产品已达额定寿命，等等。

继电器产生故障的原因很多，除要求生产厂家确保产品的质量外，正确使用和认真维修也是减少故障、保证可靠工作的重要环节。

二、继电器的维修

继电器是电力机车控制电路和监测保护系统的主要配件。电力机车运行时，当主电路和辅助电路中的电动机、电器或联接线路出现故障时，可通过相应监测保护系统的继电器，将故障转化为电信号，一方面反馈到主断路器的分闸线圈，使主断路器跳闸，切断电力机车总电源，对电力机车进行保护；另一方面反馈到信号装置（包括机械信号和电信号），使其显示不同的故障状态，指示电力机车乘务员及时而正确地处理故障。可见，继电器虽然不直接控制主电路和辅助电路，但在电力机车上的作用却是极其重要的。

由于电力机车电器的工作条件恶劣，各继电器及部件的性能与参数也随着工作任务与使用时间的改变而改变，而且还经常受到各种偶然因素的影响。因此，必须对这些情况进行经常监视和及时了解，对可能出现的各种异常现象及早提防；对某一继电器或继电器的某一部件产生的故障及时修理或更换，以确保各继电器的使用寿命，保证电力机车正常而可靠的工作。所以，坚持预防为主的方针，建立必要的维修制度，对继电器进行经常的和定期的维修是十分必要的。

尽管继电器型号不同，检修方法也有区别，但是在检修时都应按以下共同要求进行。

（1）继电器活动部分的动作应灵活、可靠，外罩及壳体应无损坏或缺少零件等情况。

（2）继电器线圈引出端子及外部连接线必须牢固、可靠，电磁继电器吸引线圈的阻值必须符合有关的技术规定。

（3）有指示件的继电器应检查指示件的自锁和释放作用，保证其正确、可靠。

（4）绝缘状态良好，磨耗件及易损件（包括胶木件、外罩、分磁环、非磁性垫片等）有缺损时应更新，各连接部分的紧固状态应良好。

（5）测量继电器触头厚度、开距、超程及终压力等技术参数，必须符合有关规程和工作文件的要求。

（6）调整继电器动作参数的整定值，并加漆封固定。有特殊要求时，还应测量继电器的返回系数。

继电器的检修工作除一般的清扫、检查外，主要内容是测量继电器的技术参数并调整其动作值的整定值，即上面提到的第（5）条和第（6）条。

电力机车上装有电磁继电器、机械式继电器和电子继电器。从继电器的输入、输出特性可知，继电器只有当输入量达到其规定的动作参数时才会动作，即电磁继电器在达到规定的电压、电流值，或机械式继电器达到规定的压力、速度时，继电器才动作，并带动相应的联锁触头接触或分断相应的控制电路，将故障或正常工况准确地显示出来。由此可见，继电器的动作参数是决定继电器准确动作的决定性因素，而调节继电器动作参数的过程，即对继电器的整定过程就显得尤为重要了。所以，在电力机车中修时，最主要的任务之一就是必须对全部继电器重新整定、校检。继电器整定值的调试应由专职人员在专用的试验台上进行。电磁继电器可借调整反力弹簧、初始气隙及非磁性垫片等措施来调整动作值。一般地，调整初始气隙可改变其动作值，调整非磁性垫片可改变其释放值，而调整反力弹簧则动作值和释放值都可改变。

注意：各继电器整定完毕后应铅封或漆封，以防错动而影响整定值。必要时，某些继电器在检修后还应作振动试验、触头压力及接触电阻测试。

任务 1.4　机械式继电器检修

学习活动1　任务介绍

1. 任务描述

机械式继电器的性能好坏直接影响机车正常工作状态，因此需要定期对机械式继电器进行检修。机械式继电器检修是机车检修岗位的主要工作任务之一，检修人员需要按照检修工艺文件（或作业指导书）完成对继电器的检查与修理，主要包括工具准备、清洁、解体、检查、组装及试验等几个步骤，整个作业过程对检修人员的规范意识、质量意识有很高的要求。

2. 任务要求

（1）描述机车用机械式继电器的功能及结构；

（2）能够分析机械式继电器的工作原理；

（3）能对机械式继电器进行解体与组装；

（4）能对机械式继电器做动作性能试验并进行参数调整；

（5）会测量机械式继电器触头对地的绝缘电阻值等主要技术参数；

（6）养成遵章守纪、规范操作的职业素养。

学习活动2　任务准备

（1）什么是机械式继电器？机械式继电器的作用是什么？

（2）查阅相关学习资料或现场参观电力机车，写出电力机车采用的机械式继电器有哪些。以其中一种车型为例，将机械式继电器的型号、数量、安装位置、类型与作用记录在表1-4-1中。

表1-4-1　机械式继电器在机车上的使用情况

车型				
型号				
数量				
安装位置				
类型				
作用				

学习活动 3　任务实施

根据中修工艺文件（或作业指导书），对 TJY3 型风压继电器进行检修，并填写检修记录单。

1. 工具准备

工具明细表见表 1-4-2。

表 1-4-2　工具明细表

序号	名称	数量	是否完好
1			
2			
3			
4			
⋮			

2. 安全防护准备

防护工具及检查内容见表 1-4-3。

表 1-4-3　防护工具及检查内容

防护工具	检查内容

3. 任务单

TJY3 型风压继电器检修记录单见表 1-4-4。

表 1-4-4　TJY3 型风压继电器检修记录单

检查人姓名：		班级：		质检员：

机械式继电器型号：

序号	检修步骤（项目）	操作内容	结果记录
1	外观检查	继电器外观检查，各部件外观检查良好，无破损、变形、裂纹，否则更换，各部件齐全（口述）	
2	解体	（1）选用合适工具拆下外罩 （2）选用合适螺丝刀和扳手拆下微动开关 （3）选用合适扳手拧下顶板机构螺丝，拆下顶板机构 （4）选用合适扳手拆下微动开关支架	

序号	检修步骤（项目）	操作内容	结果记录
2	解体	（5）按下定位键，拧下调压齿轮 （6）取出调压弹簧，测量弹簧自由高度，应符合限度要求 （7）取出定位键 （8）拆下底板螺丝，取下底板 （9）取下底座、膜板、活塞	
3	清洗、检查、修理	（1）用汽油清洗零部件（橡胶件除外），用0.2～0.3 MPa干燥压缩空气吹干，用白绸布擦净（口述） （2）更新微动开关 （3）更新膜板、橡胶件 （4）检查外罩，无裂损、变形 （5）顶板机构各部分无裂损、变形，弹簧作用良好（口述） （6）定位键无裂损，作用良好，弹簧作用良好（口述） （7）检查调压齿轮、调压弹簧，无裂损，齿轮螺纹完好（口述） （8）检查底座、活塞体，无变形、裂损	
4	组装	在定位弹簧、调压弹簧、膜板上均涂一层美孚脂，按解体相反顺序组装	
5	试验	（1）在继电器下部接调定压力（按继电器整定值调整） （2）活塞动作灵活，无卡滞 （3）用万用表测量微动开关联锁触头通断状态 （4）靠调压齿轮调整继电器整定值	

学习活动 4　任务评价

任务实施质量评分表见表 1-4-5，职业能力评分表见表 1-4-6。

表 1-4-5　任务实施质量评分表

评分项	分值	完成要求	评分标准	得分
任务分析	10	明确任务描述及任务要求	基本了解工作任务要求，扣 3 分	

续表

评分项	分值	完成要求	评分标准	得分
任务准备	10	回答问题清晰准确，能够紧扣主题，没有明显错误	对照标准答案，错误一项扣 5 分，扣完为止	
任务实施	70	有具体实施方案，各步骤清晰正确，过程完整，数据正确	每个错误点扣 2 分	
其他	10	检修记录单填写详细，能够反映实际工作过程	没有填或者填写太过简单，每项扣 2 分	
合计得分				

表 1-4-6 职业能力评分表

评分项	评价等级	质量要求	等级
知识评价	A/B/C	A：能够完整准确地回答任务准备的所有问题，准确率在 90% 以上 C：对基础知识掌握较差，任务准备准确率在 50% 以下	
能力评价	A/B/C	A：熟悉各个环节的实施步骤，能够独立完成任务，并有能力辅助其他同学完成规定的工作任务，工作实施快速，准确率高（在 85% 以上） C：未完成或只完成了部分任务，有问题但没有积极地向老师和其他同学请教，工作不积极，各部分的准确率在 50% 以下	
素质评价	A/B/C	A：不迟到、早退，自主学习，具有较强信息搜集能力；具有质量意识、规范意识和安全意识；具有团结协作精神；工作台整洁有序 C：有迟到、早退现象，需要老师全程监督才能学习；规范意识和安全意识不足；不能配合小组其他成员完成工作任务；工作台凌乱	

注：作答结果介于 A、C 之间的，等级评定为 B。

学习资源

知识点 1.4.1 机械式继电器

在 SS 系列电力机车上使用的机械式继电器有风道继电器、风压继电器、油流继电器等，以下分别加以介绍。

一、风道继电器

风道继电器安装在硅整流装置柜、制动电阻柜及牵引电机通风系统的风道里，用来反映通风系统的工作状态是否正常，以确保通风系统有足够的风量。SS$_{9G}$ 型电力机车的牵引风机和制动风机的风道里安装的是 TJY5A 型风道继电器。

1. 型号的意义

TJY5A-0.3/10 型风道继电器。其中：

T——铁路机车用；

J——继电器；

Y——压力型；

5A——设计序号；

0.3——动作整定风压值（kPa）；

1——1 个常开触头；

0——0 个常开触头。

2. 作用

在 SS₉ 改进型电力机车上，风道继电器安装在牵引电机、制动电阻柜的通风系统风道中，用来反映通风系统的工作状态，保护发热设备。

3. 组成及结构

TJY5A 型风道继电器外形为圆丘形，可分为触头装置和传动装置；也可分为测量机构、比较机构、执行机构。铸铝合金壳体，电器各部件封闭其内，如图 1-4-1 所示。其测量机构是膜片，比较机构为反力弹簧，执行机构是一对常开联锁触头。整个继电器封装在铸铝合金壳体内。取下继电器盖，在壳体上部铸有一筋条，筋条中间装有常开静触头。该静触头为螺栓状，拧入一塑料体中，塑料体安装在筋条上，可上下调节，故静触头对地绝缘，并可调节触头开距及压力大小。在筋条的一侧装有引线端子座，用于连接内部动触头接线与外部连线。

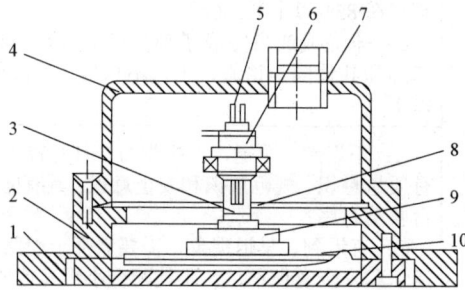

1—盖板；2—壳体；3—常开动触头；4—盖；5—常开静触头；6—塑料体；
7—出线环；8—反力弹簧；9—塑料座；10—膜式铝片

图 1-4-1　TJY5A 型风道继电器结构简图

风道继电器膜片为一很薄的尼龙编织制品，上、下铆以膜式铝片，起支承上部动触头和传递风压的作用。上铝片装有塑料座，塑料座上装有常开动触头；下铝片面对盖板，盖板上开有孔，用于传递风压。无风压时，膜片在反力弹簧的作用下处于平直状态，其常开触头断开。

风道继电器应垂直安装，即膜片处于垂直状态，安装位置可以比较灵活，可以不安装在风道上。

4. 动作原理

TJY5A 型风道继电器一般用于监视牵引电动机和制动电阻柜通风设备的工作情况。

牵引电动机和制动电阻柜是依靠牵引风机和制动风机吹入的压缩空气将热量带走而进行冷却的。TJY5A 型风道继电器的风压取自牵引风机、制动风机风道，为正压力。吹进牵引电动机或制动电阻柜的压缩空气从盖板的小孔经管道进入膜片下方的空腔内，当风机正常工作时，风道某处的压力达到继电器的动作值时，膜片下方与上方的压力差足以克服反力弹簧的反力，推动膜片向上移动，带动常开动触头与静触头闭合并保持一定的接触压力，接通相应的控制电路正常工作；当通风系统发生故障时，风量很小或为零，膜片下方与上方的风压差很小或为零，膜片在反力弹簧的作用下复位，使常开联锁触头断开，从而切断相应的控制电路。

5. 主要技术参数

主要技术参数见表 1-4-7。

表 1-4-7 主要技术参数

触头额定电压	DC 110 V
触头额定电流	3 A
触头数量	1 对常开
风压整定值	0.3 kPa（1±10%）
质量	0.75 kg

二、风压继电器

1. 型号的意义

TJY3-1.5/11 型和 TJY3A-4.5/11 型风压继电器。其中：

T——铁路机车用；

J——继电器；

Y——压力型；

3（3A）——设计序号；

1.5（4.5）——动作整定风压值（bar）；

11——常开常闭联锁触头数。

2. 作用

TJY3-1.5/11 型风压继电器是作为电力机车电阻制动和空气制动间的安全联锁，在电阻制动时，电制动力并非恒定，需加一点儿空气制动来限速。但空气制动力不能太强，以免车轮被抱死，造成滑行而擦伤车轮。

TJY3A-4.5/11 型风压继电器是作为主断路器的欠气压保护，避免在低气压下主断路器动作。

3. 组成及结构

两种型号的继电器结构基本相同，主要由传动装置和联锁触头组成（当然也可分为测量机构、比较机构和执行机构）。TJY3 型风压继电器结构简图如图 1-4-2 所示。

空气传动装置由橡胶薄膜、活塞、反力弹簧、调节螺母及拉力弹簧等组成。反力弹簧套装在铜质活塞上，其一端压装在基座上；另一端与调节螺母相接。可旋转调节螺母来调整反力弹簧对活塞的作用力，从而达到对该继电器的整定值的调整。调整完毕，止销弹出，防止调节螺母的误动作，影响该继电器的整定值。

联锁触头采用 LX19K 行程开关。

TJY3A-4.5 型风压继电器与 TJY3-1.5 型风压继电器的结构相似，只是行程开关换成微动开关，安装支架、反力弹簧和阀体也略有不同。

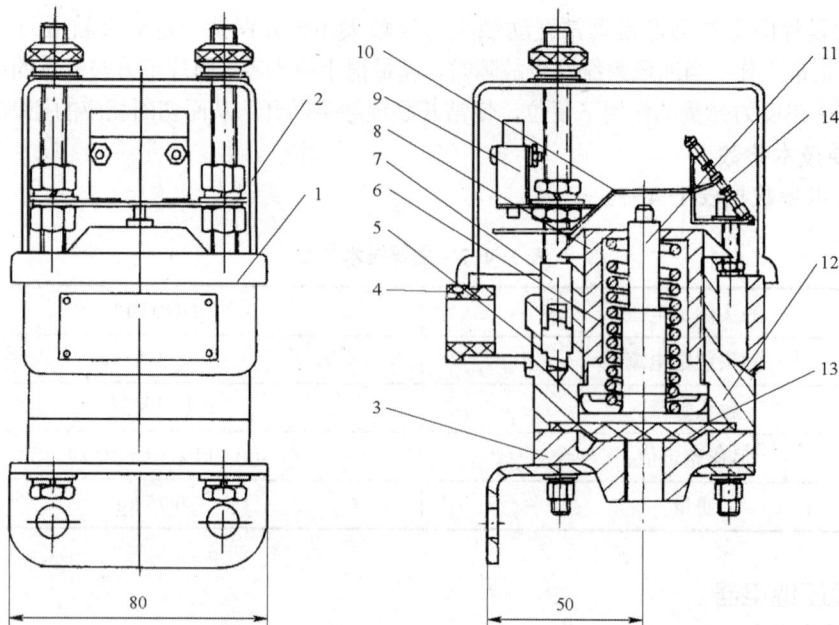

1—壳体；2—上盖；3—下盖；4—橡皮环；5—弹簧；6—反力弹簧；7—止销；8—调节螺母；
9—行程开关；10—支架组装；11—活塞；12—阀体；13—橡胶薄膜；14—拉力弹簧

图 1-4-2　TJY3 型风压继电器结构简图（单位：mm）

4. 动作原理

当气压达到动作值时，空气压力大于反力弹簧的反力，推动橡胶薄膜及活塞上行，通过传动件使接点动作。

1）TJY3-1.5 型风压继电器

当电力机车制动缸压力低于 150 kPa 时，在反力弹簧的作用下，空气压力不足以推动橡胶薄膜及活塞向上移动，行程开关的常闭联锁触头处于闭合状态，该继电器接通有关电阻制动电路。此时，电力机车使用的是电空联合制动来限制运行速度。

当司机操作空气制动，补充电力机车制动缸压力达到 150 kPa 及以上时，被视为补充制动力过大。此时，橡胶薄膜在空气压力的作用下，克服反力弹簧的作用力推动活塞上移，并通过支架组装带动行程开关动作，其常闭触头切断电阻制动中的励磁电路，电阻制动自动解除。

当制动缸压力下降到释放值（100 kPa）时，橡胶薄膜在反力弹簧的作用下复位，行程开关的常闭联锁触头恢复闭合状态，电阻制动电路重新接好，可再次施行电阻制动。

2）TJY3A-4.5 型风压继电器

当主断路器储风缸压力超过 450 kPa 时，该风压继电器动作，触头闭合，接通主断路器合闸电路，主断路器方能合闸。如果无此保护，主断路器就有可能在过低气压下动作，造成不能可靠合闸，烧坏主断路器合闸线圈；或者在过低气压下合闸后不能保证可靠分闸的危险，甚至造成更大的故障。现在，主断路器分闸电路也受此风压继电器控制，以确保主断路器能可靠动作，保证电力机车出现故障时能可靠分闸，切断机车总电源，防止故障范围扩大。

电力机车上安装的继电器及作用如下。

（1）TJY3-1.5/11 型风压继电器，是电阻制动和空气制动间的安全联锁。

（2）TJY3-4.5/11 型风压继电器，作主断路器的欠气压保护。

（3）TJY3-4.5/11 型风压继电器，用来检测机车蓄能制动器供风的停车制动风管的风压，当停车制动风管压力低于 450 kPa 时，蓄能制动器会上闸抱轮，若司机不注意就会引起动轮迟缓。它的作用是当停车制动风管风压低于 450 kPa 时，继电器触头闭合，司机台上"停车制动"信号灯亮，提醒司机风管压力偏低，应采取措施。

5. 主要技术参数

主要技术参数见表 1-4-8。

表 1-4-8 主要技术参数

触头形式	桥式双断点
触头数量	1 对常开，1 对常闭
触头额定电压	DC 110 V
触头额定电流	5 A
额定气压	900 kPa
触头接通风压	TJY3 型，150 kPa；TJY3A 型，（450～465）kPa
触头断开风压	TJY3 型，（100±10）kPa；TJY3A 型，（400～425）kPa

三、油流继电器

1. 型号的意义

YJ-100A 型油流继电器。其中：

YJ——油流继电器；

100——联管标称直径；

A——电力机车专用。

2. 作用

油流继电器是电力机车牵引变压器的附件，用来监视变压器循环系统的工作情况，当油流停止或不正常时，给司机发出警告信号。在牵引主变压器两端的循环油管内，各设置一个 YJ-100A 型油流继电器，启动值（50±5）m³/h，关闭值小于 30 m³/h。

3. 组成

如图 1-4-3 所示，YJ-100A 型油流继电器主要由叶片、扭簧和接线柱等组成。

其测量机构由绕球轴承转动的叶片和扭簧组成，执行机构为由叶片（3）和接线柱（9）组成的常闭联锁触头承担。

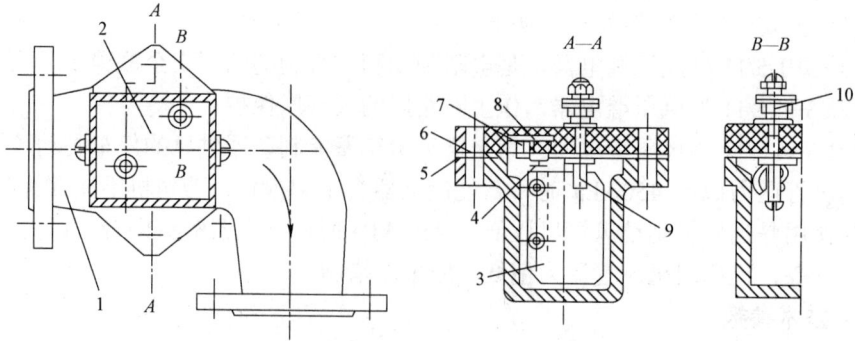

1—连管；2—外罩；3—叶片；4—扭簧；5—橡胶垫；
6—底板；7—球轴承；8—转轴；9、10—接线柱

图 1-4-3 YJ-100A 型油流继电器

4. 动作原理

当油流正常循环时，油流推动叶片克服扭簧的扭力而转动，使常闭联锁触头［叶片（3）和接线柱（9）］断开，司机台上无电信号显示；当油流停滞时，叶片（3）在扭簧作用下返回，同接线柱（9）接触，电信号电路经接线柱（9）、叶片（3）、扭簧（4）和接线柱（10）而接通，司机台上显示相应的电信号，表示油流不正常。

YJ-100A 型油流继电器管体上标有油流方向箭头，分左、右两方向，不能装错。

知识点 1.4.2 机械式继电器检修工艺

一、基本技术要求

1. 风压继电器的主要尺寸限度

风压继电器主要尺寸限度见表 1-4-9。

表 1-4-9 风压继电器主要尺寸限度

名称	原形	中修限度
调节弹簧自有高度	（58±2）mm	（58±2）mm

2. 风道继电器主要尺寸限度

风道继电器主要尺寸限度见表 1-4-10。

表 1-4-10 风道继电器主要尺寸限度

名称	型号	整定值
风道继电器	TJY5A	294 Pa（1±10%）

3. 油流继电器主要技术参数

油流继电器主要技术参数见表 1-4-11。

表 1-4-11　油流继电器主要技术参数

公称口径	$\phi 100$ mm
额定油流量	80 m³/h
动作油流量	45 m³/h
返回油流量	30 m³/h

（1）器体无裂损、变形。

（2）所有橡胶密封件全部更新。

（3）叶片不得有松动、变形，压装紧固。

（4）接线不得松动，动、静触片安装牢固，触头不得松动，动触片弹力合适，触头闭合时接触良好、可靠。

（5）油流指示器刻度盘清洁，刻度清楚，指针转动灵活可靠，无卡滞现象。

（6）接线柱对地及相互间绝缘电阻值应不小于 5 MΩ。

二、设备、工具及材料

油盘、毛刷、钳工常用工具、内径百分表、棉丝、白绸布、汽油、润滑脂。

三、操作步骤

1. TJY3 型风压继电器

1）外观检查

各部件外观检查良好，无破损、变形、裂纹，否则更换。

2）解体

（1）拆下外罩。

（2）用螺丝刀和扳手拆下微动开关（LX19k 型）。

（3）用扳手拧下顶板机构螺丝，拆下顶板机构。

（4）用扳手拆下微动开关支架。

（5）按下定位键，拧下调压齿轮。

（6）取出调压弹簧，测量弹簧自由高度符合限度要求。

（7）取出定位键。

（8）拆下底板螺丝，取下底板。

（9）取下底座、膜板、活塞。

3）清洗、检查、修理

（1）用汽油清洗零部件（橡胶件除外），用 0.2～0.3 MPa 干燥压缩空气吹干，用白绸布擦净。

（2）更新微动开关。

（3）更新膜板、橡胶件。

（4）检查外罩无裂损、变形。

（5）顶板机构各部件无裂损、变形，弹簧作用良好。

（6）定位键无裂损，作用良好，弹簧作用良好。

（7）检查调压齿轮、调压弹簧，无裂损，齿轮螺纹完好。

（8）检查底座、活塞体，无变形、裂损。

4）组装

在定位弹簧、调压弹簧、膜板上均涂一层美孚脂，按解体相反顺序组装。

5）试验

（1）在继电器下部接额定风压。

（2）活塞动作灵活，无卡滞。

（3）用万用表测量微动开关联锁触头通断状态。

（4）靠调压齿轮调整继电器整定值。

2. TJY5A 型风道继电器

1）解体

风道继电器下车后，用螺丝刀打开护板及后密封盖。

2）清扫、检修

（1）用汽油、棉丝、毛刷清洗表面污垢。

（2）外观检查壳体、护板及后盖，不许有裂损及变形。铭牌完好清晰。

（3）检查动、静触头接触应正常。膜片不许有裂损及变形。反力弹簧不许有歪斜、疲劳现象。各触头不许有烧痕，接线端子良好，接线正确。

3）组装

按动膜片，用万用表测量风道继电器常开联锁通断情况，要求开闭正确，接触良好。将风道继电器后盖及护板固定于风道继电器壳体上，要求紧固良好。

4）试验

（1）绝缘电阻的测量：用 500 V 兆欧表测量导电部分对地绝缘电阻值应大于 2 MΩ。

（2）性能试验：将风道继电器装在试验台上，调节风压，达到继电器整定值。

要求：风道继电器闭合、断开状态良好，动作灵活，不许有卡滞现象。

3. YJ-100A 型油流继电器

1）解体

（1）外观检查，器体无裂损、变形及漏油。

（2）卸下接线盒盖，拆下接线柱的外接线。

（3）卸下油流指示器的玻璃外盖，取下指针，拿下刻度盘。

2）检修

（1）检查胶木座无裂损，接线柱无松动、断裂。

（2）用手试动触片弹力，弹力合适，否则更换触片。

（3）检查动、静触头应紧固，无松动。

（4）检查叶片无裂损变形，压装紧固。

（5）拨动叶片，用万用表检查动、静触头作用良好可靠。

（6）将体内、刻度盘盒指示针擦拭干净，刻度盘清晰。

3）组装

（1）将刻度盘按原位置装好。

（2）压装指针，并使指针指零，指针压装牢固可靠。

（3）装上指示器玻璃外盖。

4）试验

（1）拨动叶片，检查油流指示器指针转动灵活可靠，无卡滞现象，指针指示正确。

（2）用 500 V 兆欧表检查接线柱对地及相互间绝缘电阻值应不小于 5 MΩ。

（3）装车后无漏油，作用符合原理要求。

四、安全注意事项

（1）工作认真、细致，严格按要求检验每一项。

（2）工具和各部件不能乱丢乱放，不能损伤配件。

（3）按操作规程文明作业，保证人身安全和设备安全。

（4）汽油等易燃品应存放好，使用汽油清洗部件时，严禁使用明火并注意室内通风。

（5）使用电源插头及插座必须完整，不得把线头直接插入插座孔内。

任务 1.5　司机控制器检修

学习活动 1　任务介绍

1. 任务描述

司机控制器是机车的主令控制电器，用来转换机车的牵引与制动工况，改变机车的运行方向，实现机车的起动和调速等工况。通过对和谐电力机车用 S640U 或 M3919b 型司机控制器检修，能描述司机控制器的结构组成，分析其工作原理、主要技术参数；通过对司机控制器的 C3 修工艺文件（或作业指导书）分析及实物拆装实践，学会测量相互绝缘的带电部分之间及对地绝缘电阻；能判断司机控制器的常见故障。

2. 任务要求

（1）描述司机控制器的功能及结构；

（2）能够分析司机控制器的工作原理；

（3）能对司机控制器进行 C3 修；

（4）会测量司机控制器相互绝缘的带电部分之间及对地绝缘电阻等主要技术参数；

（5）养成遵章守纪、规范操作的职业素养。

学习活动 2　任务准备

（1）什么是司机控制器？司机控制器的作用是什么？

（2）查阅相关学习资料或现场参观电力机车，写出电力机车采用的司机控制器有哪些。以其中一种车型为例，将司机控制器的型号、安装位置、类型与作用记录在表 1-5-1 中。

表 1-5-1　司机控制器在机车上的使用情况

车型					
型号					
数量					
安装位置					
类型					
作用					

学习活动 3　任务实施

按照 C3 修工艺文件（或作业指导书），对司机控制器进行检修，并填写检修记录单。

1. 工具准备

工具明细表见表 1-5-2。

表 1-5-2　工具明细表

序号	名称	数量	是否完好
1			
2			
3			
4			
⋮			

2. 安全防护准备

防护工具及检查内容见表 1-5-3。

表 1-5-3　防护工具及检查内容

防护工具	检查内容

3. 任务单

司机控制器检修记录单见表 1-5-4。

表 1-5-4　司机控制器检修记录单

检查人姓名：		班级：	质检员：
司机控制器型号：			
序号	作业内容	作业标准	结果记录
1	外观及性能检查	擦除表面污垢，司机控制器状态良好，各操作手柄（包括牵引制动手柄、方向转换开关及电钥匙）操作灵活，不许有过紧、卡滞或松旷现象；操纵手柄操作须正常，牵引制动手柄与方向转换开关之间的机械联锁可靠、准确；机械连锁作用正常	
2	插头接线及辅助触头状态检查	检查司机控制器插头插座紧固状态，各控制线路接线状态良好，检查司机控制器辅助触头安装状态良好	

学习活动 4　任务评价

任务实施质量评分表和职业能力评分表分别见表 1-5-5 和表 1-5-6。

表 1-5-5　任务实施质量评分表

评分项	分值	完成要求	评分标准	得分
任务分析	10	明确任务描述及任务要求	基本了解工作任务要求，扣 3 分	
任务准备	10	回答问题清晰准确，能够紧扣主题，没有明显错误	对照标准答案，错误一项扣 5 分，扣完为止	
任务实施	70	有具体实施方案，各步骤清晰正确，过程完整，数据正确	每个错误点扣 2 分	
其他	10	检修记录单填写详细，能够反映实际工作过程	没有填或者填写太过简单，每项扣 2 分	
合计得分				

表 1-5-6　职业能力评分表

评分项	评价等级	质量要求	等级
知识评价	A/B/C	A：能够完整准确地回答任务准备的所有问题，准确率在 90% 以上 C：对基础知识掌握较差，任务准备准确率在 50% 以下	
能力评价	A/B/C	A：熟悉各个环节的实施步骤，能够独立完成任务，并有能力辅助其他同学完成规定的工作任务，工作实施快速，准确率高（在 85% 以上） C：未完成或只完成了部分任务，有问题但没有积极地向老师和其他同学请教，工作不积极，各部分的准确率在 50% 以下	

续表

评分项	评价等级	质量要求	等级
素质评价	A/B/C	A：不迟到、早退，自主学习，具有较强信息搜集能力；具有质量意识、规范意识和安全意识；具有团结协作精神；工作台整洁有序 C：有迟到、早退现象，需要老师全程监督才能学习；规范意识和安全意识不足；不能配合小组其他成员完成工作任务；工作台凌乱	

注：作答结果介于 A、C 之间的，等级评定为 B。

学习资源

知识点 1.5.1　M3919b 型司机控制器

HXD$_{1C}$ 型电力机车采用的是 M3919b 型司机控制器，是机车的主令控制电器，用来转换机车的牵引与制动工况，改变机车的运行方向，设定机车运行速度，实现机车的起动和调速等工况。

一、主要技术参数

主要技术参数见表 1-5-7。

表 1-5-7　主要技术参数

司机控制器的机械寿命	$\geqslant 2 \times 10^6$ 次
辅助触头盒电气寿命	$\geqslant 2 \times 10^5$
司机控制器的质量	$\leqslant 9$ kg
辅助触头盒的防护等级	IP40（依照 IEC 60529）
辅助触头盒标称电压	110 V（DC）
辅助触头盒约定发热电流	5 A
最小电气间隙	>3 mm
最小爬电距	>4 mm
油浸电位器机械寿命	$\geqslant 1 \times 10^7$ 次

二、基本结构

M3919b 型司机控制器主要由油浸电位器、面板、有机玻璃标牌、牵引/制动单元手柄（调速手柄）、钥匙开关、方向手柄、辅助触头盒（S847W2A2B）和电连接器和连接电缆等，如图 1-5-1 所示。

M3919b 型司控器的
结构与工作原理.mp4

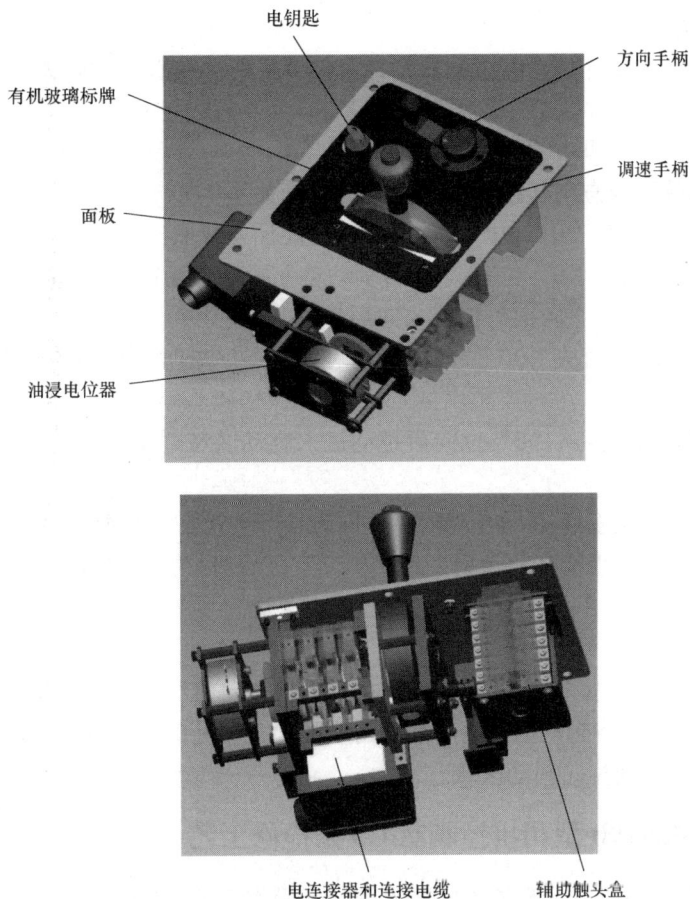

图 1-5-1   M3919b 型司机控制器结构图

三、工作原理

1. 牵引/制动单元

牵引/制动单元位于司机控制器左侧，用于调节机车的牵引和制动工况。可前后推动，有"牵引""0""制动"三个区域。牵引/制动单元手柄垂直时为"0"位，向前推进入"牵引"区，推动 55° 后到达"牵引"最大位；向后拉进入"制动"区，拉动 55° 后到达"制动"最大位。

2. 油浸电位器

牵引/制动单元手柄在各位置的手柄角度及油浸电位器输出值见表 1-5-8。

表 1-5-8   牵引/制动单元手柄在各位置的手柄角度及油浸电位器输出值

牵引/制动单元位置	手柄角度	电位器值
制动最大位	+55°	8.8~9 V
制动小零位	+7.5°	<0.15 V
0 位	0°	0 V
牵引小零位	−7.5°	<0.15 V
牵引最大位	−55°	8.8~9 V

3. 方向转换开关

方向转换开关有"向前""0""向后"三个位置，每个位置之间开关的转动角度为30°。

4. 钥匙开关

钥匙开关有"ON"和"OFF"两个位置。

5. 牵引/制动单元与方向转换开关之间机械联锁关系

（1）方向转换开关在"0"位时，转换手柄才能插入或取出。

（2）方向转换开关在"0"位时，牵引/制动单元手柄被锁在"0"位。

（3）方向转换开关在"向前"位或"向后"位时：

● 牵引/制动单元手柄从"0"位向前推动进入牵引区域时需按下该单元手柄头部红色警惕按钮；

● 牵引/制动单元手柄从"0"位向后拉动进入制动区域时不需按下该单元手柄头部红色警惕按钮。

（4）牵引/制动单元手柄在"0"位时，方向转换开关可在"向前""0""向后"之间转换。

（5）牵引/制动单元手柄在"牵引"或"制动"区域时，方向转换开关被锁在"向前"位或"向后"位。

四、使用操作

用钥匙打开钥匙开关，旋转方向转换开关，选择"向前"或"向后"，向牵引方向推动牵引/制动单元手柄，机车将起动，并随着推动角度的增大，机车速度将增大。机车需要制动时，可将牵引/制动单元手柄拉向制动区域。

知识点 1.5.2　M3919b 型司机控制器 C3 修检修工艺

（1）检查司机控制器外观整洁，安装紧固。各操作手柄（包括牵引/制动单元手柄、电钥匙、方向转换开关），状态良好，各手轮不许有过紧、卡滞或松旷现象，操作灵活，位置正确，不过位。操作力不大于 50 N。司机控制器主手柄在"0"位时，换向手柄才能取出；开操作台（司控器）面板，检查司机控制器各接线、微动开关、滚轮、电缆插头及其他可见部分状态良好。

（2）检查操纵手柄动作正常，牵引/制动单元手柄与方向转换开关之间的机械联锁可靠、准确，机械联锁作用正常。

① 方向转换开关在"0"时，转换手柄才能插入或取出。

② 方向转换开关在"0"位时，牵引/制动单元手柄被锁在"0"位。

③ 方向转换开关在"向前"位或"向后"位时：

● 牵引/制动单元手柄从"0"位向前推动进入牵引区域时需按下该单元手柄头部红色警惕按钮；

● 牵引/制动单元手柄从"0"位向后拉动进入制动区域时不需按下该单元手柄头部红色警惕按钮。

④ 牵引/制动单元手柄在"0"位时，方向转换开关可在"向前""0""向后"之间转换。

⑤ 牵引/制动单元手柄在"牵引"或"制动"区域时，方向转换开关被锁在"向前"位或"向后"位。

（3）检查电位器输出值符合表 1-5-9 要求。

表 1-5-9　牵引/制动单元手柄角度及电位器输出值

牵引/制动单元位置	手柄角度	电位器值
制动最大位	+55°	8.8~9 V
制动小零位	+7.5°	<0.15 V
0 位	0°	0 V
牵引小零位	−7.5°	<0.15 V
牵引最大位	−55°	8.8~9 V

（4）操作牵引/制动单元手柄，查询显示屏设定速度显示正确，显示值 0~120 km/h。

课后拓展

S640U-B 型司机控制器

S640U-B 型司机控制器是 HXD$_3$ 型电力机车司机用来操纵机车运行的主令控制器，是利用控制电路的低压电器间接控制主电路的电气设备，用来控制机车的运用工况和行车速度。S640U-B 型司机控制器实物图见图 1-5-2。

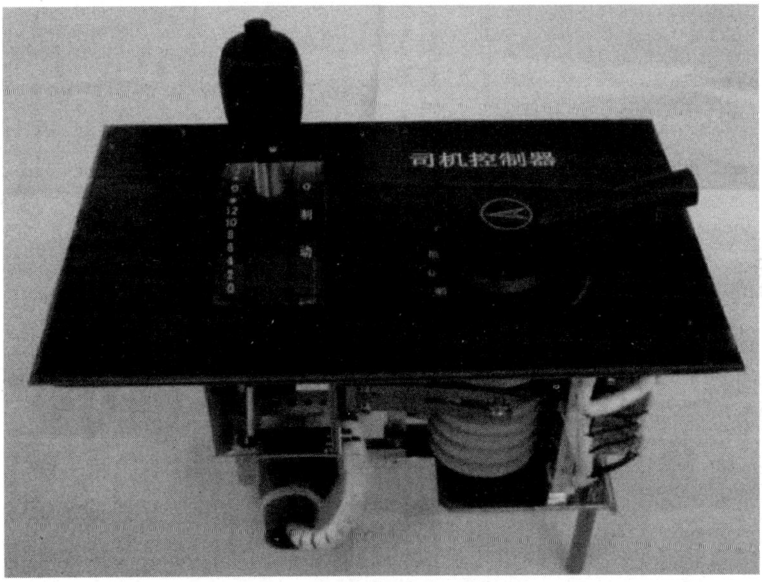

图 1-5-2　S640U-B 型司机控制器实物图

1. 基本结构

S640U-B 型司机控制器设有主手柄、换向手柄、牵引联锁按钮。主手柄设有"牵引"区域、"0"位、"制动"区域。S640U-B 司机控制器结构示意图见图 1-5-3。

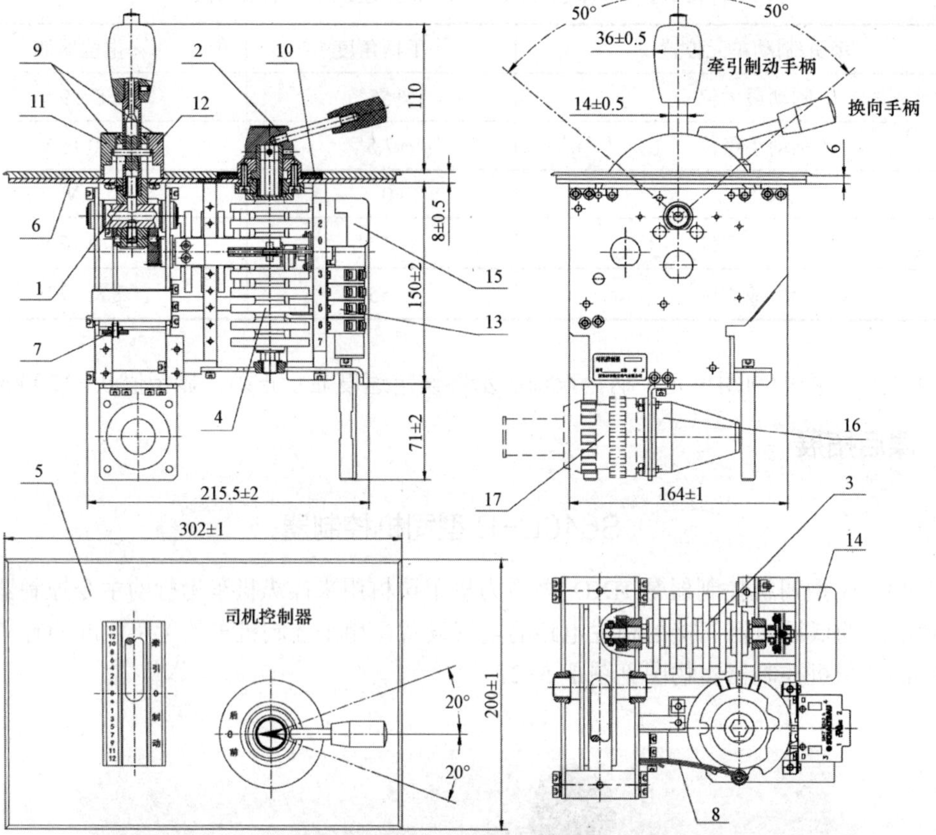

1—控制手柄座组件；2—换向手柄组件；3—控制凸轮组件；4—换向凸轮组件；5—面板；6—安装板；7—（控制侧）滚轮弹片组件；8—（换向侧）滚轮弹片组件；9—（控制侧）发光片；10—（换向侧）发光片组；11—左挡位支座；12—右挡位支座；13—速动开关 S847W2A2b；14—电位器；15—逆变器；16—20 芯插座 JL16-20ZY；17—20 芯插头 JL16-20TY

图 1-5-3　S640U-B 司机控制器结构示意图（单位：mm）

2. 工作原理

司机控制器的面板上有主手柄、换向手柄和牵引联锁按钮三种可操作机构。主手柄有"0"位、牵引指示挡位"*-2-4-6-8-10-12-13"和制动指示挡位"*-1-3-5-7-9-11-12"；换向手柄有"后""0""前"三个挡位。

司机控制器的主手柄挡位为无极调节，换向手柄在所有挡位有定位。在牵引工况下主手柄向前推，在制动工况下主手柄向后拉，通过齿轮传动带动电位器来调节输入电子柜的电压指令，从而达到调节机车牵引力和电阻制动的目的。换向手柄在每个挡位均定位，换向手柄稳定在相应的挡位中。

主手柄和换向手柄之间相互机械联锁，主手柄在"0"位自联锁。

主手柄是固定式，换向手柄是可取式（钥匙式），且只能在"0"位插入或取出。换向手柄同时也是辅助司机控制器的控制手柄，这样整台机车的司机控制器合用一只活动手柄（钥匙手柄），从而保证了机车在运行中只能操作一台司机控制器，其余均被锁在"0"位，不致引起电路指令混乱。

3. 主要特点

结构紧凑、体积小、重量轻、高可靠、长寿命、少维修或免维修。触头采用德国沙尔特宝公司先进的触头模块，触头为速动自净型、密封结构。司机控制器主手柄上设置警惕按钮。该司机控制器具有夜间挡位显示功能。

4. 主要参数

1）触头 S847W2A2b 参数

（1）额定电压（U_e）：DC 110 V。

（2）约定发热电流（I_{th}）：DC 10 A。

（3）额定电流（I_e）：DC 1.0 A。

2）触头特点

（1）接点为速动型。

（2）密封式结构。

（3）接点具有自净功能，可提高用作计算机信号时的可靠性。

3）电位器特性

输出电位器采用德国 FSG 公司原装进口电位器 PW70。

（1）电阻值：$R=2×1\,043\ \Omega$。

（2）线性度：1%。

（3）功率：4 W（20 ℃）。

（4）使用环境温度：$-50\sim+80$ ℃。

（5）绝缘电压：AC 550 V，50 Hz。

（6）机械寿命：$1×10^9$ 次。

4）手柄操作力

（1）主手柄操作力：不大于 49 N。

（2）换向手柄操作力：不大于 49 N。

5）防护等级（污染等级 3）

（1）整机：IP00。

（2）触头 S847W2A2b：IP00（接线部分）。

IP60（触点部分）。

6）逆变器输入电压

输入电压：DC 110 V。

7）寿命

（1）机械寿命：$>1×10^6$。

（2）电气寿命：$>1×10^5$。

8）质量

质量：约 10 kg。

9）接线方式

（1）触头（司控器内部）：M3 螺钉。

（2）司控器对外连接：

① 司控器内部（20 芯插座），JL16-20ZY-III；

② 操纵台（20 芯插头），JL16-20ZY-Ⅲ。

精读资料

电器基础知识一

电器触头的基础知识可通过扫描以下二维码学习。

电器触头的基础知识.pdf

电磁传动装置可扫描以下二维码学习。

电磁传动装置.pdf

电弧产生与熄灭过程可扫描以下二维码学习。

电弧产生与熄灭过程.pdf

模块2　高压电器检修

本模块介绍 SS₉G、HXD₃、HXD₁C 型电力机车典型高压电器，主要包括电空接触器、二位置转换开关、受电弓、主断路器等，掌握高压电器的功能、结构、工作原理、主要技术参数等，通过完成高压电器检修任务，具备高压电器检修专业技能。

学习目标

（1）描述受电弓、主断路器等高压电器的功能；
（2）复述受电弓、主断路器等高压电器的结构；
（3）分析受电弓、主断路器等高压电器的工作原理；
（4）能按中修工艺对电空接触器、转换开关进行检修；
（5）能按照 C3 修检修工艺对受电弓、主断路器进行检修；
（6）具备规范意识、质量意识、安全意识，养成精检细修的职业素养、精益求精的工匠精神。

任务 2.1　电空接触器检修

学习活动1　任务介绍

1. 任务描述

电空接触器在直流传动电力机车的主电路中用于通断牵引电动机电路。电空接触器检修是机车检修岗位的主要工作任务之一，检修人员需要按照检修工艺文件（或作业指导书）完成对电空接触器的检查与修理，主要包括工具准备、清洁、解体、检查、组装及试验等几个步骤，整个作业过程对检修人员的规范意识、安全意识有很高的要求。

2. 任务要求

（1）描述电空接触器的功能及结构；
（2）分析电空接触器的工作原埋；
（3）能按中修工艺文件（或作业指导书）对电空接触器进行检修；
（4）会使用游标卡尺、万用表、兆欧表等常用电工工具；
（5）具有质量意识、安全意识、精益求精的工匠精神。

学习活动2　任务准备

（1）什么是电空接触器？电空接触器的作用是什么？

（2）什么是电空传动装置？

（3）查阅相关学习资料或现场参观电力机车，写出电力机车用电空接触器有哪些。以其中一种车型为例，将电空接触器的型号、数量、安装位置、类型与作用记录在表 2-1-1 中。

表 2-1-1　电磁接触器在机车上的使用情况

车型				
型号				
数量				
安装位置				
类型				
作用				

学习活动 3　任务实施

1. 工具准备

工具明细表见表 2-1-2。

表 2-1-2　工具明细表

序号	名称	数量	是否完好
1			
2			
3			
4			
⋮			

2. 安全防护准备

防护工具及检查内容见表 2-1-3。

表 2-1-3　防护工具及检查内容

防护工具	检查内容

3. 任务单

根据中修工艺文件（或作业指导书），在不完全解体的情况下对电空接触器进行检修，并填写检修记录单（见表 2-1-4）。

实操视频：TCK7F 电空接触器检查与试验.mp4

表 2-1-4　电空接触器检修记录单

检查人姓名：		班级：	质检员：

电空接触器型号：

序号	检修步骤（项目）	操作内容	结果记录
1	解体	（1）提开灭弧罩挂钩，取下灭弧罩并清扫 （2）用扳手松开固定螺栓并取下，取下动、静触头导弧角 （3）用扳手松开固定螺栓并拆下动、静触头，取下动、静触头 （4）用扳手松开联锁支架固定螺栓并取下，取下联锁支架及垫块；用螺丝刀拆下联锁板固定螺钉，取下联锁板 （5）用扳手松开并取下气缸盖固定螺栓，取下气缸盖；取出活塞及返回弹簧	
2	检查与检测	（1）检查各种螺栓的螺纹，无乱扣、滑扣 （2）风缸内壁应无拉伤、砂眼 （3）活塞与活塞杆无松动、变形，皮碗无老化、破损 （4）辅助触头按钮作用灵活，触指接触良好，各弹簧工作状态良好 （5）动、静触头无烧痕，无铜镏，无变色、氧化 （6）测动、静触头触片厚度不得小于 1.5 mm，使其保持原有（$R=300$ mm）的接触面弧度 （7）导弧角无裂损、变形 （8）灭弧罩及挂钩无破损，灭弧罩内无铜镏 （9）主触头压力调节弹簧无锈蚀、裂纹、偏歪 （10）检查绝缘杆，无过热、老化、烧损等不良现象，外刷绝缘漆无脱落 （11）检查铁芯及外绝缘管，无老化、破损等现象 （12）传动板铆钉应牢固，无松动，各孔无变形 （13）吹弧线圈无变形、短路、断路及裂损，外刷绝缘漆无脱落 （14）编织软连线无老化、变色，断股不超过 10%	

续表

序号	检修步骤（项目）	操作内容	结果记录
3	组装	（1）风缸内壁、皮碗涂少许工业凡士林或锂基脂润滑油（口述） （2）将活塞放入风缸内，紧固风缸盖螺栓 （3）安装联锁板、联锁支架及垫块 （4）搬动辅助触头联锁板，检查传动装置无卡滞 （5）安装主动、静触头 （6）调节主动、静触头间的开距，用内卡钳或游标卡尺测量，触头开距应满足 19～23 mm （7）带电体对地绝缘测试：用 2 500 V 兆欧表测动、静触头对地绝缘电阻值不得低于 5 MΩ（接地点为试验台公共接地端） （8）安装主动、静触头导弧角 （9）安装灭弧罩，检查触头与灭弧罩两侧间隙应均匀，导弧角不得与灭弧罩壁相碰，手拉灭弧室罩挂钩，使弹簧压死	
4	试验	（1）用毛刷蘸肥皂水测试风缸不得有漏泄 （2）外加 $110\,V_{-20}^{+10}$% 直流电，工作风压 $500\,kPa_{-25}^{+30}$%，手动开闭 10～20 次，检查触头接触偏差不大于 1 mm，动、静触头接触线长不小于 31 mm；检查动、静触头开闭动作灵活，状态良好，无卡滞	

📚 学习活动 4　任务评价

任务实施质量评分表和职业能力评分表分别见表 2-1-5 和表 2-1-6。

表 2-1-5　任务实施质量评分表

评分项	分值	完成要求	评分标准	得分
任务分析	10	明确任务描述及任务要求	基本了解工作任务要求，扣 3 分	
任务准备	10	回答问题清晰准确，能够紧扣主题，没有明显错误	对照标准答案，错误一项扣 5 分，扣完为止	
任务实施	70	有具体实施方案，各步骤清晰正确，过程完整，数据正确	每个错误点扣 2 分	
其他	10	检修记录单填写详细，能够反映实际工作过程	没有填或者填写太过简单，每项扣 2 分	
合计得分				

表 2-1-6　职业能力评分表

评分项	评价等级	质量要求	等级
知识评价	A/B/C	A：能够完整准确地回答任务准备的所有问题，准确率在90%以上 C：对基础知识掌握较差，任务准备准确率在50%以下	
能力评价	A/B/C	A：熟悉各个环节的实施步骤，能够独立完成任务，并有能力辅助其他同学完成规定的工作任务，工作实施快速，准确率高（在85%以上） C：未完成或只完成了部分任务，有问题但没有积极地向老师和其他同学请教，工作不积极，各部分的准确率在50%以下	
素质评价	A/B/C	A：不迟到、早退，自主学习，具有较强信息搜集能力；具有质量意识、规范意识和安全意识；具有团结协作精神；工作台整洁有序 C：有迟到、早退现象，需要老师全程监督才能学习；规范意识和安全意识不足；不能配合小组其他成员完成工作任务；工作台凌乱	

注：作答结果介于 A、C 之间的，等级评定为 B。

📑 学习资源

知识点 2.1.1　电空接触器基础知识

在电力机车上，因为有现成的压缩空气源，同时由于电空传动的电器具有体积小、重量轻、传动力大等优点，所以在电力机车的主电路内广泛采用电空接触器。

一、电空传动装置

电空传动装置是一种以电磁阀（电空阀）控制的压缩空气作为动力，驱使触头按规定动作的执行机构。它主要由电空阀和压缩空气驱动装置组成。

1. 电空阀

电空阀是借电磁吸力来控制压缩空气管路的导通或关断，从而达到远距离控制气动器械的目的。

电空阀按工作原理分，有开式和闭式两种，但从结构来说都由电磁机构和气阀两部分组成，工作原理也类似。闭式电空阀是电力机车上应用较多的一种，因此本书只介绍闭式电空阀，其原理结构如图 2-1-1 所示。

其工作原理是：当线圈得电时，衔铁吸合，阀杆动作，使上阀门关闭，下阀门打开，关断了传动气缸和大气的通路，打开了气源和传动气缸的通路，压缩空气从气源经电空阀进入传动气缸，推动气动器械动作；当线圈失电时，衔铁在反力弹簧作用下打开，带动阀杆上移，使下阀门关闭，上阀门打开，关断了气源和传动气缸的通路，打开了传动气缸与大气的通路，传动气缸的压缩空气经电空阀排向大气，气动器械恢复原状。TFK1B 型电空阀结构简图如图 2-1-2 所示。

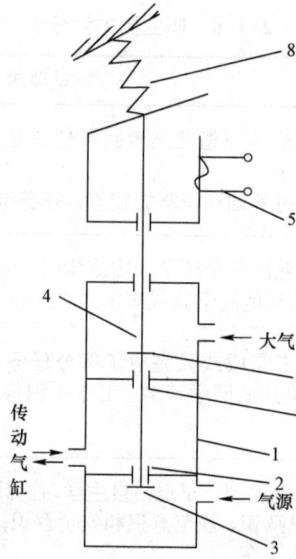

1—阀体；2—下阀门；3、6—阀块；4—阀杆；
5—电磁铁；7—上阀门；8—反力弹簧

图 2-1-1　闭式电空阀的原理结构

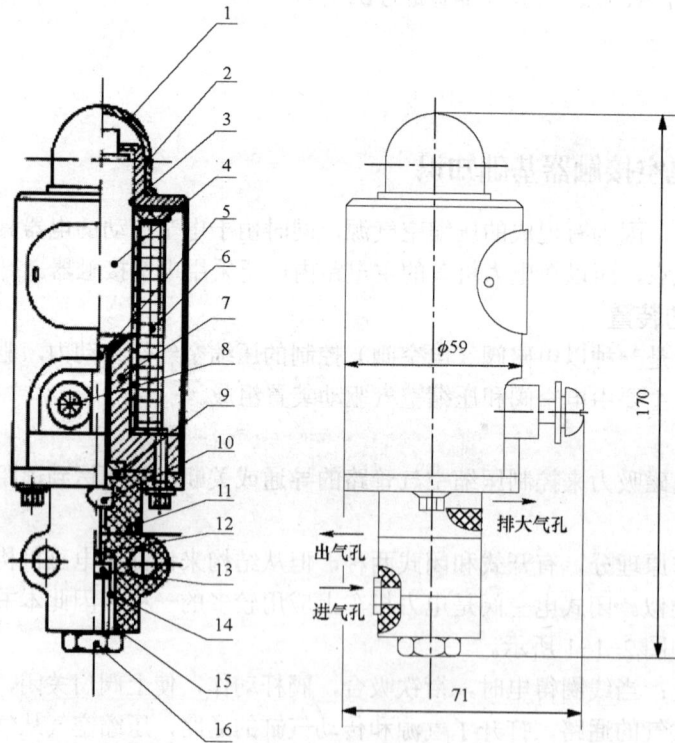

1—防尘罩；2—磁轭；3—铜套；4—动铁芯；5—芯杆；6—线圈；7—铁芯座；8—接线座；9—滑道；
10—上阀门；11—阀座；12—阀杆；13—下阀门；14—弹簧；15—密封垫；16—螺母

图 2-1-2　TFK1B 型电空阀结构简图（单位：mm）

2. 压缩空气驱动装置

压缩空气驱动装置有气缸式传动装置和薄膜式传动装置两种。

1）气缸式传动装置

气缸式传动装置原理结构如图 2-1-3 所示。

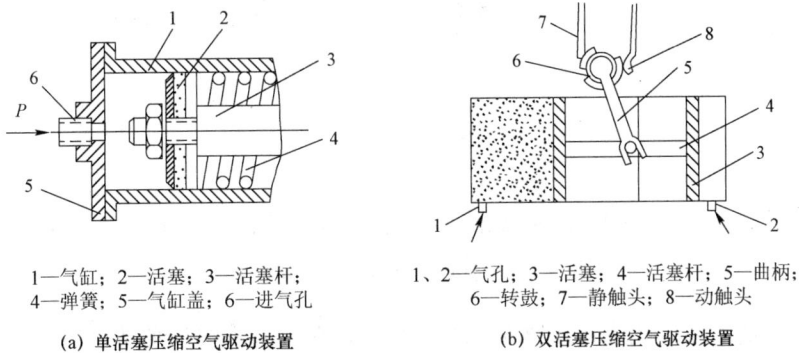

1—气缸；2—活塞；3—活塞杆；
4—弹簧；5—气缸盖；6—进气孔

(a) 单活塞压缩空气驱动装置

1、2—气孔；3—活塞；4—活塞杆；5—曲柄；
6—转鼓；7—静触头；8—动触头

(b) 双活塞压缩空气驱动装置

图 2-1-3 气缸式传动装置原理结构

（1）单活塞压缩空气驱动装置。其原理结构如图 2-1-3（a）所示。

其工作原理是：当电空阀有电时，其控制的压缩空气进入传动气缸，推动活塞，压缩弹簧，使活塞杆右移，带动触头闭合；当电空阀失电时，其控制的气源被关断，在弹簧的作用下，推动活塞，带动活塞杆左移，使触头打开。

通常活塞由皮碗或耐油橡胶制成，活塞上涂有机油，以减少摩擦力并具有良好的密封性能。

该传动方式的优点是工作行程可以选择，以满足开距和超程的要求；缺点是摩擦力较大，动作较慢。

（2）双活塞压缩空气驱动装置。其原理结构如图 2-1-3（b）所示。

其工作原理是：当气孔（1）开通气源，气孔（2）通向大气时，压缩空气驱动活塞右移。当气孔（2）开通气源，气孔（1）通向大气时，活塞则反向转动。

其特点是：所控制的行程受一定限制，且对被控制的触头不具有压力的传递，所以应用较少。

2）薄膜式传动装置

薄膜式传动装置原理结构如图 2-1-4 所示，其实际结构如图 2-1-5 所示。

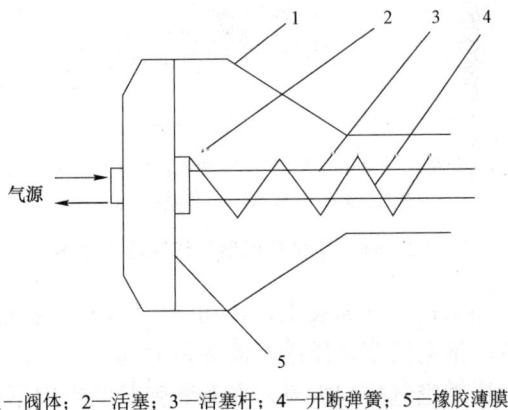

1—阀体；2—活塞；3—活塞杆；4—开断弹簧；5—橡胶薄膜

图 2-1-4 薄膜式传动装置原理结构

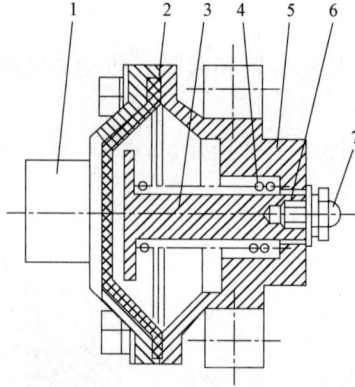

1—气缸盖；2—弹性薄膜；3—活塞杆；4—复原弹簧；5—气缸座；6—衬套；7—杆头

图 2-1-5　薄膜式传动装置实际结构

其工作原理是：当气孔进入压缩空气时，压迫薄膜，克服弹簧张力，使活塞杆右移，带动触头动作；反之，则触头在弹簧的作用下打开。

其优点是：动作灵活，摩擦力和磨损较小，加工制作及维修方便。其缺点是：活塞杆行程小，在低温条件下，薄膜易开裂，需经常更换。

二、电空接触器的工作原理

图 2-1-6 为电空接触器工作原理示意图。

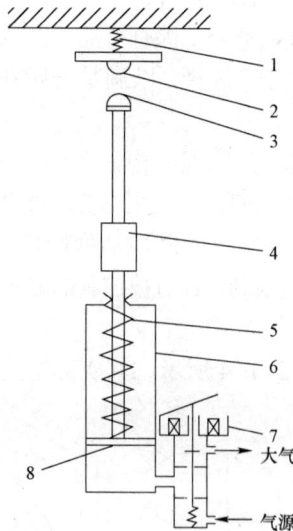

1—缓冲弹簧；2—静主触头；3—动主触头；4—绝缘块及活塞杆；
5—开断弹簧；6—缸体；7—电空阀；8—活塞

图 2-1-6　电空接触器工作原理示意图

电空接触器一般由触头装置、灭弧装置、传动装置组成。当电空阀线圈得电时，其控制的压缩空气进入传动气缸，推动活塞，压缩开断弹簧而向上运动，使动静触头闭合。当电空阀线圈失电时，其控制的压缩空气排向大气，在开断弹簧的作用下，推动活塞带动活塞杆和动触头下移，动静触头打开，同时灭弧。在主触头动作的同时，联锁触头也相应动作。

知识点 2.1.2　TCK7F-1000/1500 型电空接触器

韶山型电力机车上采用了 TCK7、TCK7C、TCK7D 及交流 TCK7F 型电空接触器，它们为系列产品，其结构大同小异，仅个别零件略有增减而已。SS_{9G} 型电力机车使用了两种型号的电空接触器，即直流 TCK7F-1000/1500 型和交流 TCK7G-1000/600 型，下面以 TCK7F-1000/1500 型电空接触器为例来介绍。

一、型号的意义

型号为 TCK7F-1000/1500。其中：

T——铁路用；

C——接触器；

K——压缩空气控制；

7F——设计序号；

1000——主触头额定电流（A）；

1500——开断电压（V）。

二、作用

TCK7F-1000/1500 型电空接触器主要控制机车主电路的牵引电机回路。

三、结构

TCK7F-1000/1500 型电空接触器结构如图 2-1-7 所示。

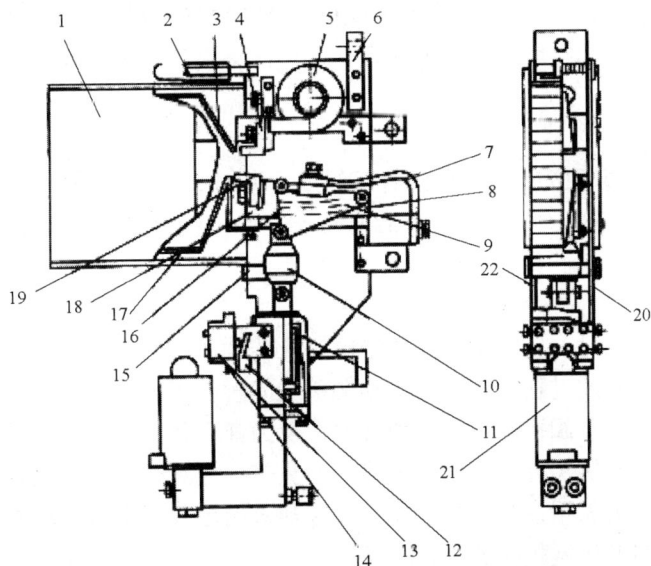

1—灭弧罩；2—挂钩；3—静触头弧角；4—静触头；5—磁吹线圈；6—安装杆；
7—软连接；8—杠杆出线座；9—杠杆支架；10—绝缘杆；11—传动气缸；12—联锁板；
13—联锁触头；14—联锁支架；15—灭弧室支板；16—动触头弹簧；17—动触头弧角；
18—动触头座；19—动触头；20—右侧板；21—电空阀；22—左侧板

图 2-1-7　TCK7F-1000/1500 型电空接触器结构

TCK7F-1000/1500 型电空接触器主要由触头装置、灭弧装置和传动装置等组成。

1. 触头装置

触头装置主要由主触头和联锁触头组成，主触头为 L 形，采用线接触形式。它以紫铜触头为基座，表面镶有银碳化钨粉末冶金触片，保证触头具有较好的抗熔焊、耐电弧、耐机械磨损和电磨损性能，具有很好的导电、导热性能及较高的负载能力。

该型接触器采用 TK1 型盒式桥式双断点触头，材质为纯银，2 对常开，2 对常闭。触头外形见图 2-1-8。

图 2-1-8　触头外形

2. 灭弧装置

灭弧装置主要由灭弧罩（短弧灭弧和长弧灭弧原理）、灭弧角（由 2 mm 厚黄铜板压制成）、磁吹线圈及磁吹铁芯等组成。

灭弧罩由 13 块 Π 型石棉水泥制成的灭弧板和 2 块同样材料制成的盖板叠装而成，通过下固定板和挂钩将灭弧罩与接触器本体连接在一起。在每块 Π 型灭弧板上，间隔装有 H 形和 U 形的分弧角。

3. 传动装置

传动装置由电空阀、传动气缸、绝缘杆等组成。电空阀采用电力机车上通用的 TFK1B-110 型闭式电空阀。传动气缸竖放，缸内有活塞及连杆等，绝缘杆保证动触头与传动气缸间的绝缘。

四、动作原理

当电空阀线圈得电时，压缩空气经电空阀进入传动风缸，推动活塞克服反力弹簧的作用力带动绝缘杆上移，并通过杠杆支架带动触头与静触头闭合；当电空阀线圈失电时，传动风缸内的压缩空气经电空阀排向大气，使活塞在反力弹簧作用下复位，带动绝缘杆、杠杆支架及动触头下移，与静触头分离，切断电路；触头带电分断时产生的电弧，在磁吹线圈的作用下，沿分弧角进入灭弧罩，被分割、拉长、冷却进而熄灭；主触头动作的同时，活塞杆通过联锁支架带动联锁触头做相应的分合转换。

五、主要技术参数

电空接触器主要技术参数见表 2-1-7。

表 2-1-7　电空接触器主要技术参数

型　　号	TCK7/TCK7D	TCK7C	TCK7F
主触头额定电压/V	1 500		1 500
主触头额定电流/A	600		1 000

续表

型　　号	TCK7/TCK7D	TCK7C	TCK7F
主触头 型　　式	单断点		单断点
主触头 开距/mm	大于 18		大于 18
主触头 超程/mm	4～6		7～14
主触头 滚动距离/mm	大于 8		大于 8
主触头 滑动距离/mm	0.5～1.5		0.5～1.5
主触头 初压力/N	58.84～83.36		58.84～83.36
主触头 终压力/N	156.91～196.13		196～275
联锁触头 数　　量	2 对常开，2 对常闭	2 对常开，4 对常闭	2 对常开，2 对常闭
联锁触头 额定电压/V	110		110
联锁触头 额定电流/A	10		20
额定工作气压/kPa	490		500
气缸直径/mm	45		45
活塞行程/mm	22～24		22～24
额定控制电压/V	DC 110		DC 110

知识点 2.1.3　电空阀中修检修工艺

一、基本技术要求

电空阀的主要尺寸见表 2-1-8。

表 2-1-8　电空阀的主要尺寸

序号	名称	限度	
		中修	禁用
1	阀杆行程/mm	1.1～1.2	
2	铁芯气隙（衔铁间隙）/mm	1.9±0.2	
3	线圈电阻值 R（20 ℃）/Ω	938^{+75}_{-46}	

二、设备、工具及材料

毛刷、万用表、内六角扳手、专用钢卡、台钳、兆欧表、电器钳工常用工具、压缩空气装置、综合试验台、清洗剂、肥皂液、砂布。

三、操作步骤

1. 解体、清扫

1）外壳、线圈、衔铁及阀杆

（1）拆下外壳及阀座联接螺栓，将外壳与阀座分开，取出芯杆、线圈及铁芯。

（2）用清洗剂清洗各部件并擦拭干净。

2）上、下阀及复原弹簧

（1）将阀座用台钳夹住，松开阀座底部螺栓，取出上、下阀及复原弹簧。

（2）用清洗剂清洗各部件并擦拭干净，并用 0.2～0.3 MPa 压缩空气吹净内部。

2. 检修

1）阀座的检修

外观检查不许有裂纹、拉伤、径向沟槽、阀座底螺纹良好。

2）上下阀胶件及防尘帽的检修

外观检查各胶件，不许有龟裂、变形、老化现象，阀口粘接良好，否则应更新。

3）阀杆芯杆的检修

检查测量阀杆行程及铁芯气隙，应符合限度要求，调整行程、气隙，不良者锉修或更换。

4）复原弹簧及 O 形圈的检修

（1）检查弹簧不许有压死现象，弹性良好。

（2）更新 O 形密封圈。

5）线圈的检修

（1）外观检查接线座应安装牢固，不许有折损，螺纹良好，接线螺钉齐全完好。

（2）用万用表测量线圈的电阻值。

电阻值为：$R（20 ℃）= 938^{+75}_{-46} \Omega$

3. 组装

1）外壳、铁芯、线圈的组装

（1）将线圈套在铁芯座上，再将衔铁装入铁芯座内，然后将线圈连同衔铁、铁芯座一起装入外壳内，拧紧固定螺栓。

（2）衔铁动作灵活，不许有卡滞现象，线圈在外壳内不得有垂直方向的松动。

2）阀座的组装

（1）将阀杆、上、下阀及复原弹簧装入阀座内，拧紧阀座底部固定螺母。

（2）上、下阀及阀杆动作灵活，不许有卡滞现象，螺母紧固，密封垫圈良好。

（3）外壳部分与阀座装在铁芯上座上，安装牢固，密封良好。

四、检查与试验

检查组装后的电空阀，保证衔铁（动衔铁）动作灵活。

1. 绝缘电阻的测量

用 500 V 兆欧表测量线圈对地绝缘电阻值应不小于 1 MΩ。

2. 试验

（1）将组装好的电空阀安装于试验台上。

（2）在 20 ℃条件下，接通额定气压 0.5 MPa、额定电压 110 V 及最小动作电压 77 V、最小工作气压 0.4 MPa 下，通断电源多次，检查其动作性能。

（3）动作可靠，不得有卡滞、泄漏现象。

3. 气密性检查

（1）通以最小工作气压 0.4 MPa，在排大气孔处涂肥皂液，若有气泡产生，应维持 5 s 内不破损。

（2）在最大工作气压 0.65 MPa 下通以额定电压的 50%，在排气孔处检查其气密性。

（3）在阀座与螺栓间涂肥皂液，不应有气泡产生。

五、安全注意事项

（1）工作认真、细致，严格按要求检验每一项。

（2）工具和各部件不能乱丢乱放，不能损伤配件。

（3）按操作规程文明作业，保证人身安全和设备安全。

（4）汽油等易燃品应存放好，使用汽油清洗部件时，严禁使用明火并注意室内通风。

（5）使用电源插头及插座必须完整，不得将线头直接插入插座孔内。

TFK1B 型电空阀拆装与检查项目评分见表 2-1-9。

表 2-1-9　TFK1B 型电空阀拆装与检查项目评分表

评价项目		配分	考核内容及评分标准	得分	备注
操作过程与规范（60 分）	作业前准备	10	（1）着装不符合要求，扣 5 分 （2）工量具错拿、少拿，每件扣 2 分 （3）扣完为止		
	操作过程	10	1. 解体 （1）取下防尘胶帽 （2）用开口扳手松开铁芯座与阀座联接螺栓，将电磁机构与气路分开，然后取出芯杆、导向套、上阀及阀杆 （3）用开口扳手松开阀座底部螺母，取出下阀及复原弹簧 （4）用螺丝刀拆下外壳、接线座安装螺丝，取出线圈、铜套及衔铁 扣分标准：解体顺序不正确，每处扣 2 分；漏拆每项扣 2 分。扣完为止		
		15	2. 检查（口述） （1）外观检查，阀座不许有裂纹、拉伤、径向沟槽，阀口完好，阀座螺纹良好 （2）检查阀座螺母、导向套、芯杆、衔铁、铜套、铁芯座，无变形、缺损，阀杆无弯曲，及时更新上、下阀及密封圈 （3）检查复原弹簧，不许有压死状况，无裂损，弹性良好 （4）线圈的检修：外观检查线圈，无破损、裂纹，接线柱安装牢固，不许有折损，螺纹良好。用万用表测量线圈的电阻值并报数据 扣分标准：口述内容有遗漏、错误，每项扣 2 分；漏检、漏测，每项扣 2 分；未报实测数据扣 2 分。扣完为止		

评价项目		配分	考核内容及评分标准	得分	备注
操作过程 与规范 （60分）	操作过程	15	3. 组装与测量 （1）将线圈套在铁芯座上，再将衔铁、铜套装入铁芯座内，然后将线圈连同衔铁、铁芯座一起装入外壳内，拧紧安装螺丝 （2）将下阀及复原弹簧装入阀座内，拧紧阀座底部固定螺母，再将阀杆、上阀、导向套放入阀座。用游标卡尺测量阀杆行程并报数据 （3）将芯杆装入铁芯座，再用联接螺栓连接电磁机构与气阀部分 （4）检查组装后的电空阀，衔铁应动作灵活 （5）用兆欧表测量线圈对地的绝缘电阻，不小于 $10^6\,\Omega$，并口述 （6）安装防尘胶帽 扣分标准：组装顺序不正确，每项扣5分；漏测，每项扣2分，未报实测数据扣2分。扣完为止		
		10	4. 其他 （1）工量具使用不正确或不规范，每次扣2分 （2）损坏工具、材料，每件扣5分 （3）零部件或工量具脱落，每件扣1分 （4）中途返工，每次扣2分 （5）分数扣完为止		
实作结果及 质量 （20分）	作业质量 标准	20	（1）填写测量数据，漏填每项扣2分 （2）作业时间以15 min为基准，每超过1 min，扣3分		
职业素养 （20分）	基本要求	15	（1）考试迟到、考核过程中做与考试无关的事、不服从考场安排，酌情扣10分以内 （2）作业完成后未整理工具、清洁工作现场，扣5分		
	安全防护	5	在操作过程中存在安全隐患的，视情节轻重，酌情扣分		
合计			100 分		

知识点 2.1.4 电空接触器中修检修工艺

一、基本技术要求

TCK7F、TCK7G 型电空接触器的主要尺寸限度见表 2-1-10。

表 2-1-10 TCK7F、TCK7G 型电空接触器的主要尺寸限度

序号	名 称	原 形	限 度	
			中修	禁用
1	压力/N	196～275	196～275	
2	开距/mm	19～23	19～23	
3	超程/mm	7～14	7～14	
4	主触头触片厚度/mm	3.0	≥1.5	≤0.5
5	辅助触头触片厚度/mm	1.6	≥1.3	≤1.0
6	触头接触线长度/mm	≥31	≥31	
7	动、静触头左右接触偏移/mm	≤1	≤1	
8	主电路对地绝缘（2 500 V 兆欧表）/MΩ		≥5	

二、设备、工具及材料

压缩空气装置、可调直流电源、测力计、电器钳工常用工具、专用扳手、什锦锉、兆欧表、毛刷、清洗剂、肥皂液、砂布、轴承润滑脂、环氧树脂、绝缘漆、机油。

三、操作步骤

1. 解体、清洗

（1）拆除电空阀接线及阀座螺栓，取下电空阀，按相关工艺检修。

（2）拆卸灭弧罩。提开灭弧罩挂钩，取下灭弧罩并清扫。

（3）拆下主动、静触头及灭弧角，用 200～300 kPa 压缩空气吹扫各部件尘垢，并用汽油清洗各部件，用白布擦净。拆下软连线。

（4）拆下辅助联锁、联锁支架及联锁板，用汽油清洗联锁支架及联锁板。

（5）解体气缸（传动风缸）。拆除气缸活塞与绝缘杆连接穿销及气缸下盖，取出皮碗。用汽油清洗并用白布擦净各部件，用压缩空气吹净风缸内腔污垢，保证畅通。

2. 检修

（1）用砂布打磨电弧烧痕，锉修导弧角上烧痕，破损处用环氧树脂粘补。有裂纹及严重缺损的或壁板厚小于原形 1/2 的灭弧罩应更新。

（2）吹弧线圈及弧角。检查铁芯外套绝缘管，不许有过热、老化、破损等不良现象，否则应更新。吹弧线圈安装应牢固，不得有变形、短路、断路及裂损，外刷绝缘脱落时应用绝缘漆涂刷。灭弧角应清洁，不得有裂损、变形。测量吹弧线圈匝间距离不小于 0.5 mm。

（3）锉修并打磨主触头，使其保持原有的接触面弧度，主触头（触片）厚度不小于 1.5 mm。

（4）检查软连线，不许有过热、变色现象；软连线有断股时应更新。

（5）外观检查触头弹簧，不许有变形、疲劳、裂损及圈距不均等不良现象，否则应更新。

（6）更新辅助联锁。检查辅助联锁触头，触头安装牢固正确，压力适当。滚轮转动应灵活，杠杆滑动灵活，不得有卡滞、变形、裂损。检查联锁板，不许有剥离及过量磨耗，否则应更换。

（7）检查风缸应光滑，不得拉伤；活塞不许有破损、变形及拉伤。

（8）风缸、皮碗更新。检查活塞杆不许有裂损、变形。

（9）检查风缸反力弹簧，不许有疲劳及断裂现象，否则应更新。

（10）外观检查绝缘杆，不许有过热、老化、烧损等不良现象。用砂布打磨绝缘杆烧痕处至本色后，再涂一层晾干绝缘漆；烧损严重、表面龟裂者更新。

3. 组装

（1）组装传动气缸。将活塞连杆与绝缘拉杆连接的穿销及开口销穿好，向气缸内加入适量的美孚脂，在皮碗外表面涂润滑脂后装入气缸。装上气缸座，装上电空阀及风管，手动 10～20 次，检查气缸各部不许有泄漏。用钢板尺测量活塞行程。

（2）组装触头。装上触头及弧角，静触头组装后应贴靠上端，与安装座下方伸出距离为 3～4 mm，并应保证齿面啮合良好。手控开闭 10～20 次，检查触头接触偏差、接触线长度，应符合标准。在额定工作风压下测量触头开距、超程及接触压力，应符合标准。

（3）装辅助联锁及联锁板。滚轮涂适量润滑脂，将辅助联锁及联锁板安装牢固，调节接触开距为 2～3 mm。

（4）装灭弧罩。装上灭弧罩，检查触头与灭弧罩两侧间隙均匀。手拉灭弧罩挂钩，使弹簧压死，检查弹簧性能。检查灭弧角不得与灭弧室壁相碰。

4. 检查试验

（1）绝缘电阻测定。用 2 500 V 兆欧表测量主触头对地绝缘电阻值不低于 5 MΩ。

（2）动作性能及气密性检查试验。

外加 $110\ V^{+10}_{-20}\%$ 的直流电压、工作风压 $500\ kPa^{+30}_{-25}\%$ 下，断开、闭合动作灵活，状态良好，触头开闭自如，不许有卡滞。气缸及风管路、电空阀不得有泄漏（用皂液检查，皂泡 5 s 不破灭）。

（3）在额定工作风压下测量开距、超程及接触压力，应符合要求。

5. 落成

由验收人员验收合格后，开具合格证进入中心配件库。

四、安全注意事项

（1）工作认真，细致，严格按要求检验每一项。

（2）工具和各部件不能乱丢乱放，不能损伤配件。

（3）按操作规程文明作业，保证人身安全和设备安全。

（4）汽油等易燃品应存放好，使用汽油清洗部件时，严禁使用明火并注意室内通风。

（5）使用电源插头及插座必须完整，不得把线头直接插入插座孔内。

任务 2.2.1　转换开关检修

学习活动 1　任务介绍

1. 任务描述

转换开关又称两位置转换开关，通过改变直流传动机车主电路的接线，实现机车运行方向及工况的改变。转换开关检修是机车检修岗位的主要工作任务之一，检修人员需要按照检修工艺文件（或作业指导书）完成对转换开关的检查与修理，主要包括工具准备、清洁、解体、检查、组装及试验等几个步骤，整个作业过程对检修人员的规范意识、安全意识有很高的要求。

2. 任务要求

（1）描述转换开关的功能及结构；

（2）分析转换开关的工作原理；

（3）能对转换开关进行检查与试验；

（4）会使用万用表、兆欧表等常用电工工具；

（5）养成遵章守纪、规范操作的职业素养。

学习活动 2　任务准备

（1）什么是转换开关？转换开关的作用是什么？

（2）写出转换开关的结构组成。

（3）查阅相关学习资料或现场参观电力机车，将转换开关的型号、数量、安装位置与作用记录在表 2-2-1 中。

表 2-2-1　转换开关在机车上的使用情况

车型					
型号					
数量					
安装位置					
作用					

学习活动 3　任务实施

1. 工具准备

工具明细表见表 2-2-2。

表 2-2-2　工具明细表

序号	名称	数量	是否完好
1			
2			
3			
4			
⋮			

2. 安全防护准备

防护工具及检查内容见表 2-2-3。

表 2-2-3　防护工具及检查内容

防护工具	检查内容

3. 任务单

根据中修工艺文件（或作业指导书），在不解体的情况下对转换开关进行检查与试验，并填写检修记录单，见表 2-2-4。

实操视频：转换开关
检查与试验.mp4

表 2-2-4　转换开关检修记录单

检查人姓名：		班级：	质检员：
转换开关型号：			

序号	检修步骤（项目）	操作内容	结果记录
1	外观检查	（1）检查转轴旷动量。检查底座与盖板上的尼龙轴套与转轴的旷动量不大于 1 mm，否则应更新尼龙轴套 （2）检查主触头。检查牵制鼓在牵引位，反向鼓在向前位时，触指与触片的相对位置正确 （3）检查软连线。其折损截面积不大于原形的 1/10，否则应更新 （4）检查风缸行程。按动电空阀，检查风缸活塞往返移动的距离	
2	性能测试	（1）动作性能试验。在 77 V 电压、0.4 MPa 风压下进行运动性能试验，检查转鼓转动应灵活，不许有卡滞，主轴转动位置正确 （2）泄漏试验。在 0.65 MPa 风压下，检查风缸、电空阀、风管路均不得有泄漏 （3）绝缘电阻测定，用 2 500 V 兆欧表测量各导体间及对地绝缘电阻值不小于 6 MΩ	

学习活动 4　任务评价

任务实施质量评分表和职业能力评分表分别见表 2-2-5 和表 2-2-6。

表 2-2-5　任务实施质量评分表

评分项	分值	完成要求	评分标准	得分
任务分析	10	明确任务描述及任务要求	基本了解工作任务要求，扣 3 分	
任务准备	10	回答问题清晰准确，能够紧扣主题，没有明显错误	对照标准答案，错误一项扣 5 分，扣完为止	
任务实施	70	有具体实施方案，各步骤清晰正确，过程完整，数据正确	每个错误点扣 2 分	
其他	10	检修记录单填写详细，能够反映实际工作过程	没有填或者填写太过简单，每项扣 2 分	
合计得分				

表 2-2-6　职业能力评分表

评分项	评价等级	质量要求	等级
知识评价	A/B/C	A：能够完整准确地回答任务准备的所有问题，准确率在 90% 以上 C：对基础知识掌握较差，任务准备准确率在 50% 以下	
能力评价	A/B/C	A：熟悉各个环节的实施步骤，能够独立完成任务，并有能力辅助其他同学完成规定的工作任务，工作实施快速，准确率高（在 85% 以上） C：未完成或只完成了部分任务，有问题但没有积极地向老师和其他同学请教，工作不积极，各部分的准确率在 50% 以下	
素质评价	A/B/C	A：不迟到、早退，自主学习，具有较强信息搜集能力；具有质量意识、规范意识和安全意识，具有团结协作精神；工作台整洁有序 C：有迟到、早退现象，需要老师全程监督才能学习；规范意识和安全意识不足；不能配合小组其他成员完成工作任务；工作台凌乱	

注：作答结果介于 A、C 之间的，等级评定为 B。

学习资源

知识点 2.2.1　TKH10-840/1020 型转换开关

在韶山系列电力机车上，SS_1 型、SS_3 型、SS_{3B} 型电力机车采用的是 TKH3-500/1500 型转换开关，SS_4 型电力机车采用的是 TKH4-840/1000 型转换开关，SS_8 型电力机车采用的是 TKH4A-970/1000 型转换开关，SS_{6B} 型和 SS_9 型电力机车采用的是 TKH10-840/1020 型转换开关。

转换开关无论用在哪一型号的电力机车，都是同样的工作原理，即用来转换接通主电路：一是改变牵引电动机的励磁电流（或电枢电流）的方向，即改变机车的运行方向；二是实现机车由牵引工况转换为制动工况。每台转换开关控制两台（或三台）牵引电动机，它们都是由两个转鼓组成的，即方向鼓和牵引制动鼓。两个转鼓可以组合在一起安装，也可分开安装。

每个转鼓各有两个工作位置:"向前"位和"向后"位,"牵引"位和"制动"位,故又称该开关为两位置转换开关。

一、主要技术参数

主要技术参数见表 2-2-7。

表 2-2-7 主要技术参数

额定电压	DC 1 020 V
额定电流	DC 840 A
主触指单个终压力	39~49 N
主触指接触线长度	≥14 mm
主触指超程	2~3 mm
联锁触头额定电压	DC 110 V
联锁触头额定电流	DC 10 A
传动气缸额定风压	490 kPa
传动气缸工作风压	500 kPa$^{+30}_{-25}$%
气缸活塞行程	(44±1) mm

二、结构及主要部件的作用

转换开关安装于机车高压电器柜的下部,由骨架、转鼓、触指杆、传动装置、联锁触头等组成。转换开关外形结构如图 2-2-1 所示。

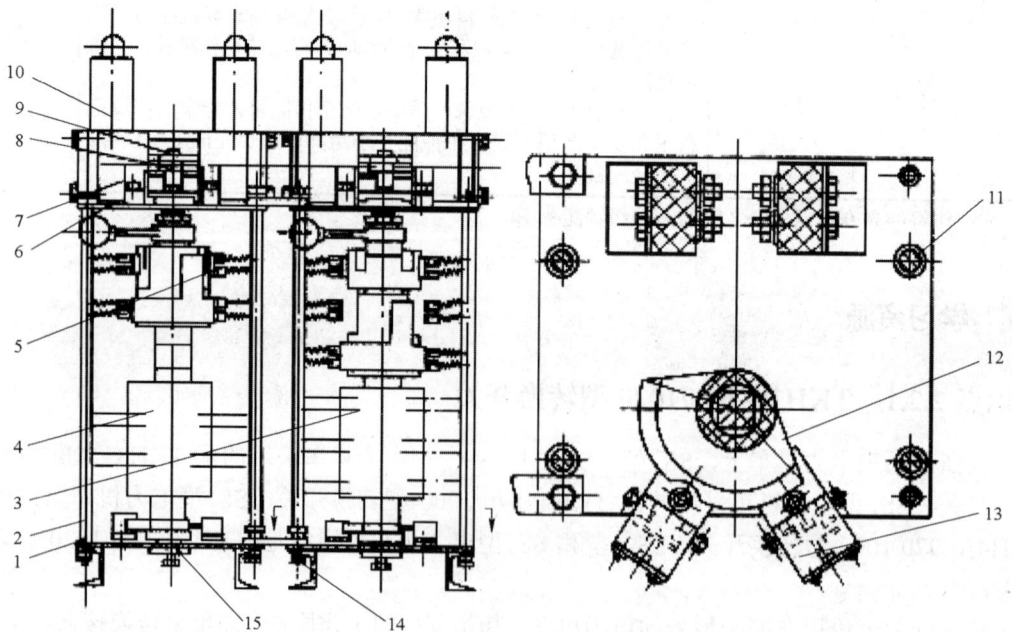

1—底板;2—支柱;3—牵引制动鼓;4—反向鼓;5—触指杆;6—面板;7—传动气缸;8—拨叉;9—销;10—电空阀;11—环氧玻璃布管;12—凸轮;13—联锁触头;14—槽钢;15—尼龙轴套

图 2-2-1 转换开关外形结构

1. 骨架

骨架由底板（1）、面板（6）、支柱（2）及套在支柱上的环氧玻璃布管（11）等组成。底板和面板上都焊有角钢，用来安装触指杆（5），尼龙轴套（15）用来安装反向鼓及牵引制动鼓。反向鼓及牵引制动鼓用连接板组合在一起。

2. 转鼓

转鼓又称作转换开关的动触头组，分为反向鼓和牵引制动鼓，它们的结构形式基本相同，仅组装在转轴上触片的安装排列位置及绝缘垫圈长度不同，如图 2-2-2 所示。它由转轴、绝缘垫圈、触片、手柄、凸轮等组成。转轴由方钢制成，在其下端有一挡圈，通过定位销固定在转轴上。触片、绝缘垫圈、凸轮与转轴的动作同步。

触片（动触头）（4）和（5）形状基本相似，仅有左右之分，它由 T 形铜片做成弧形，用沉头螺钉安装在与转轴固定的转鼓上，如图 2-2-3 所示。

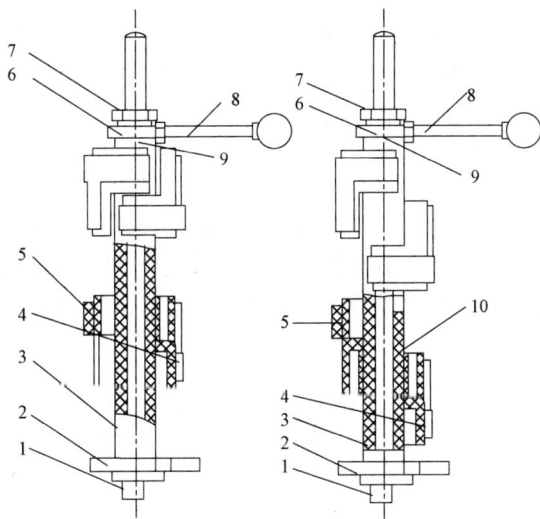

（a）反向鼓　　　（b）牵引制动鼓

1—转轴；2—凸轮；3、9—长短不同的绝缘垫圈；
4、5—触片（动触头）；6—手柄座；7—压紧螺母；
8—手柄；10—转动鼓绝缘

图 2-2-2　反向鼓和牵引制动鼓外形

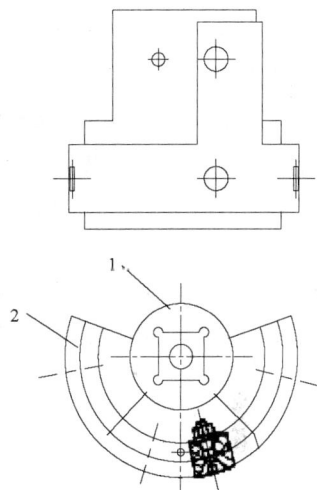

1—胶木座；2—触片

图 2-2-3　触片（动触头）组装

触片（动触头）间间隔套装有长短不同的绝缘垫圈。绝缘垫圈的长度由额定电压等级所决定，其作用是使触片（动触头）之间保持一定的绝缘距离，使开关工作安全可靠。

图 2-2-2 中，凸轮（2）属于联锁触头的一部分，用于控制联锁触头的开闭。

正常情况下，由传动装置控制反向鼓和牵引制动鼓转轴的动作；当传动装置发生故障、手动检查转换开关、调整触头之间的触头压力和接触线时，可手动操作手柄（8），使反向鼓或牵引制动鼓的转轴转动。

3. 触指杆（静触头组）

触指杆即转换开关的静触头组，由一块环氧玻璃布板和若干组触指杆装配而成，如图 2-2-4 所示。

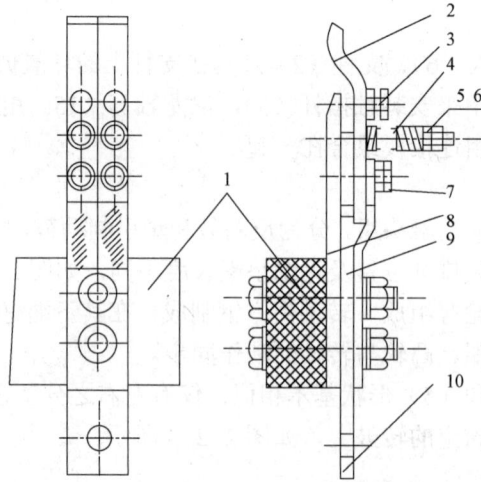

1—环氧玻璃布板；2—触指；3—调整螺栓；4—触指弹簧；5、6—螺杆、螺母；

7—螺栓；8—触指座；9—软连接；10—接线板

图 2-2-4 触指杆

触指杆（静触头组）有左右之分，安装于骨架的面板和底板的角钢上。每组静触头由两个触指并联工作，其上装有触指弹簧（4），借以获得一定的触头超程和终压力，保证与动触片间有良好的电接触。螺母（6）用于调节转换开关的触指与转鼓上动触片之间的接触压力，压力调整好后，用双螺母锁紧，使压力保持不变。调整螺栓（3）用来调节触指（2）的超程。接线板（10）用于对外与主电路相连接。

4. 传动装置

两位置转换开关采用双活塞气缸传动装置传动，它由电空阀、传动气缸、转轴、转鼓等组成。传动气缸结构如图 2-2-5 所示。

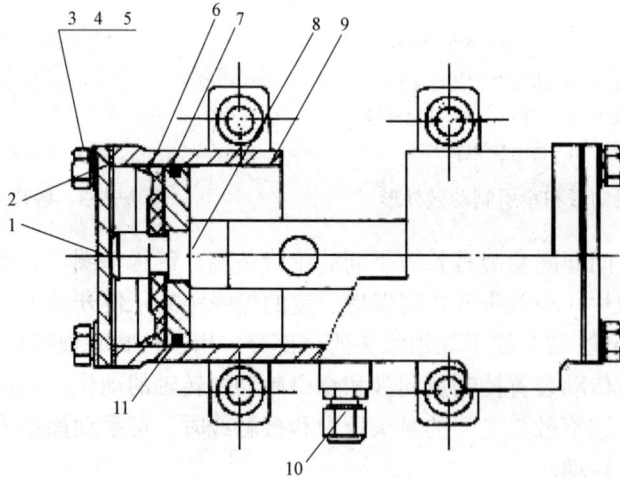

1—气缸盖；2—密封垫；3、4、5—螺栓、螺母及垫圈；6—皮碗；

7—活塞；8—活塞杆；9—气缸体；10—管接头；11—毛毡

图 2-2-5 传动气缸结构

　　两位置转换开关传动原理可利用图 2-2-1 来说明。由电空阀控制的压缩空气推动气缸内活塞左右移动，通过在活塞杆上开有的槽和孔，使销（9）插入活塞杆孔内，装于转轴上端的拨叉（8）卡住销（9），这样气缸中活塞杆的左右运动就转变为转轴、转鼓的转动，并带动动触片动作，使反向鼓得到"向前"和"向后"，牵引制动鼓得到"牵引"和"制动"两个工作位置。在开关完成转换工作的同时，装于转轴上的凸轮（12）及装于底板上的联锁触头（13）也进行着转换，开断和闭合控制电路中相应的联锁触点，使转换开关不会自动转换为非工作状态。

　　双活塞气缸传动装置转轴的转角大小决定于传动气缸的活塞行程。这一系统必须进行气缸的气密性能试验，试验合格后才能安装到转换开关上去。

5. 联锁触头

　　联锁触头结构示意图如图 2-2-6 所示。

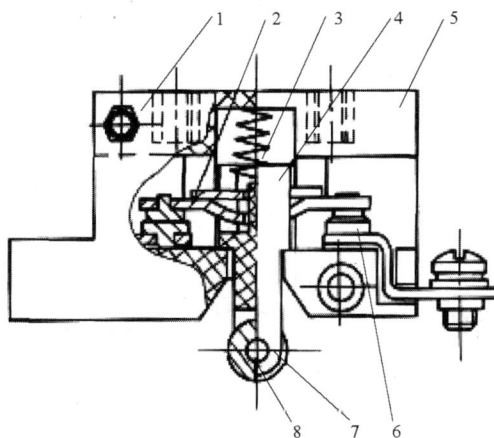

1—盖板；2—动触桥；3—反力弹簧；4—推杆；
5—触头座；6—静触头；7—滚轮；8—轴

图 2-2-6　联锁触头结构示意图

　　联锁触头用于控制有关联锁电路，安装在转换开关的底板上（见图 2-2-1 右图）。TKH10-840/1020 型转换开关采用 TKY1 型盒式联锁触头，如图 2-2-6 所示。它为单件滚轮推杆双断点桥式结构，由有机玻璃外壳、推杆（4）、滚轮（7）、反力弹簧（3）及封闭在外壳内的桥式触头组成，具有联锁灵活、防污性好、接触可靠等优点。通过透明的有机玻璃外壳，可以方便地观察触头的开闭情况。

　　联锁触头的开闭由凸轮控制。当凸轮的凸出部分推动滚轮时，推杆压缩反力弹簧，使动触桥与静触头断开；反之，触头闭合。

三、动作原理

　　转换开关借助电空阀控制压缩空气，带动转轴、动触片动作，利用动触片在不同的位置与静触指构成不同电路，改变机车主电路。

1. 换向原理

　　机车的正反向运行是通过改变牵引电动机励磁绕组中的电流方向来达到的，如图 2-2-7 所示。在"向前"位时，图 2-2-7（b）中的静触头（1）和（2）在动触片 A 上，静触头（3）

和（4）在动触片 B 上，即静触头（1）和（2）、静触头（3）和（4）分别沿动触片 A、B 的垂直方向接通，图 2-2-7（a）中的常闭触头闭合，此时，牵引电动机电枢绕组与励磁绕组电流同向，机车向前运行。转轴带动动触片转动到向后位时，图 2-2-7（b）中的静触头（2）和（4）在动触片 A 上，静触头（1）和（3）在动触片 B 上，即静触头（2）和（4）、静触头（1）和（3）分别沿动触片 A、B 的水平方向接通，图 2-2-7（a）中的常开触头闭合，常闭触头断开，这就在牵引电动机电枢绕组电流方向不变的情况下改变了牵引电动机励磁绕组中的电流方向，牵引电动机反转，机车向后运行。

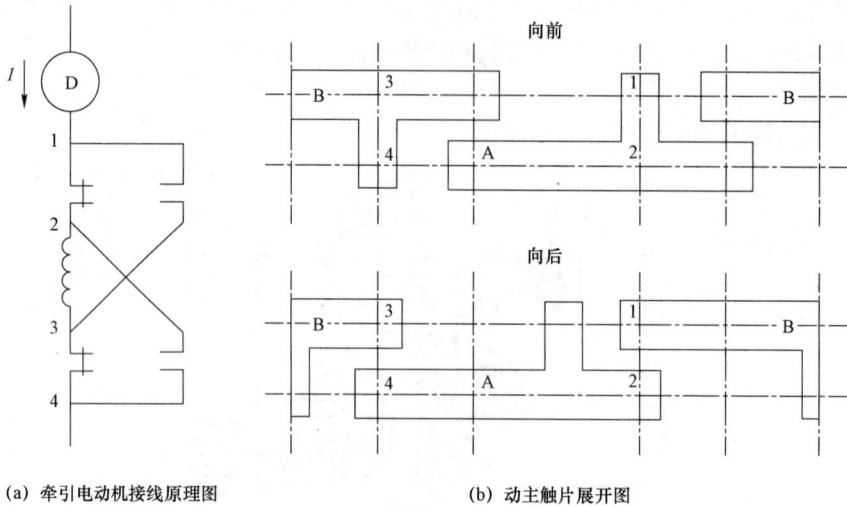

(a) 牵引电动机接线原理图　　(b) 动主触片展开图

1、2、3、4—静触头；A、B—动触片

图 2-2-7　换向原理示意图

2. 牵引制动转换原理

机车的牵引制动工况转换是通过改变牵引电动机励磁绕组接线方式来实现的，如图 2-2-8 所示。

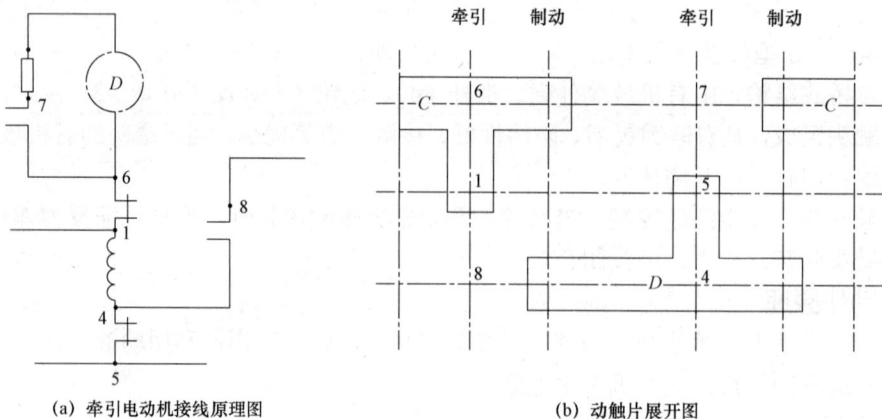

(a) 牵引电动机接线原理图　　(b) 动触片展开图

1、4、5、6、7、8—静主触头；C、D—动主触片

图 2-2-8　牵引制动转换原理示意图

机车在牵引状态时，图 2-2-8（b）中的静触头（6）和（1）在动触片 C 上，静触头（5）和（4）在动触片 D 上，即静触头（6）和（1）、静触头（5）和（4）分别沿动触片 C、D 的垂直方向接通，图 2-2-8（a）中的常闭触头闭合，此时，牵引电动机电枢绕组与励磁绕组串联，作电动机（串励）运行。转轴带动动触片转动到制动位时，图 2-2-8（b）中的静触头（6）和（7）在动触片 C 上，静触头（8）和（4）在动触片 D 上，即静触头（6）和（7）、静触头（8）和（4）分别沿动触片 C、D 的水平方向接通，图 2-2-8（a）中的常开触头闭合，常闭触头断开，此时，牵引电动机电枢绕组与制动电阻串联，励磁绕组与其他牵引电动机的励磁绕组串联，构成独立的励磁回路，牵引电动机作发电机（他励）运行，机车由牵引工况转换为电阻制动工况。

四、操作与维护注意事项

TKH10 型转换开关接在主电路中，自身不带灭弧装置，所以只能在机车无电状态下进行转换，否则会造成转换开关的严重烧损、牵引电动机环火，严重时还会烧损牵引电动机，擦伤机车轮缘。

因此，换向操作时，应先将调速手柄拉回"0"位，待机车停稳后，再操作换向手柄，进行"前""后"转换；牵引制动转换时，应先将调速手柄拉回"0"位，其次操作换向手柄进行"牵引""制动"转换，然后再操作调速手柄进行速度的调节。

转换开关维护注意事项如下。

（1）在转换开关组装试验完成后，转鼓上必须涂适量工业凡士林，以保护触片不受氧化和腐蚀。

（2）转换开关若起了电弧痕，可以用细砂纸将触片和触指打磨平后继续使用。

（3）定期检查触片的压力，压力不足时可调节触指杆上的螺母，以保证转换开关的导流能力。

（4）气缸在定修时，清洗完后应换上新的润滑脂。

知识点 2.2.2　TKH10-840/1020 型转换开关检修工艺

一、基本技术要求

转换开关主要尺寸限度见表 2-2-8。

表 2-2-8　转换开关主要尺寸限度

序号	名称	原形	限度	
			中修	禁用
1	主静触头厚度/mm	7.1	﹥6	≤3.5
2	主动触头厚度/mm	6	﹤4.5	≤3.5
3	转鼓外径/mm	116±0.5	﹤113	≤111
4	主触头压力（单个）/N	39～49	39～49	
5	主触头超程/mm	2～3	2～3	
6	辅助触头超程（常闭）/mm	1～2	1～2	
7	主触头接触线长度/mm	14	﹤14	

续表

序号	名称	原形	限度	
			中修	禁用
8	主触头接触电阻/μΩ		≯200	
9	主电路绝缘电阻（2 500 V 兆欧表）	≥8	≮6	
10	主电路不同极间耐电压（50 Hz，1 min）试验值/V	4 500	3 800	
11	控制电路不同极间耐电压（50 Hz，1 min）试验值/V	1 500	1 300	

二、设备、工具及材料

兆欧表（2 500 V）、测力计、压缩空气装置、可调直流电源、接触电阻测试仪、电器钳工工具、毛刷、塞尺、紫铜棒、清洗剂、棉布、纱布、凡士林、轴承润滑脂、白铅油、机油。

三、工艺过程

（一）解体前检查

（1）整体试验。

在 0.4 MPa 风压下，检查转鼓动作情况；在 0.6 MPa 风压下，检查风管接头、风缸、电空阀密封情况。

（2）检查转轴旷动量。

检查底座及盖板上的尼龙轴套与转轴的旷动量不大于 1 mm，否则应更新尼龙轴套。

（3）检查主触头触指与触片的相对位置。

（4）检查风缸行程。

检查风缸活塞往返移动的距离。

（二）解体

1. 解体步骤及内容

（1）拆除连接母线、电空阀、盖板及底座上的连接板的各固定螺栓。

（2）将电空阀送有关作业人员按相关工艺检修。

（3）拆除固定螺栓，取下联锁盒及传动风缸；松开拨叉螺钉，拔出夹叉。

（4）松开触指组件下安装螺栓，取出触指组件。

（5）取下盖板与支柱，再拆除四根支柱、尼龙轴套，然后拆下转鼓。

2. 质量要求

（1）拔出夹叉前，应用紫铜棒敲出圆锥销。

（2）拆转鼓前，检查盖板及底座上尼龙轴套与转轴配合，其旷动量不大于 1 mm；过大时应更新尼龙轴套。

（三）检查检修和部件组装

1. 传动风缸的检修与组装、试验

（1）取下两端缸盖，将活塞一同取出，用清洗剂清洗风缸，清洁度符合要求。

（2）拆除风管接头，检查螺纹应完好。

（3）检查风缸，缸壁不许有拉伤，活塞杆、圆柱销不许有裂损。

（4）更新密封垫及皮碗、毡圈。

（5）组装时，风缸内壁涂适量轴承润滑脂。缸盖密封圈和风管接头密封圈两面涂白铅油。活塞毛毡圈装上后，用机油湿润。

（6）调整风缸行程。用调整密封圈厚度来调整风缸行程，应为 44 mm（1±0.8）。

（7）装上电空阀，在 0.65 MPa 风压下试验，要求活塞动作灵活，不许有卡滞现象，管路不得泄漏。

2. 触指组件的检修

（1）用清洗剂清洗触指组件，清洁度符合有关要求。

（2）检查软连线，其折损面积不大于原形的 10%，否则应更新。弹簧不许有变形、疲劳、裂损，否则应更新。触头弹簧螺杆及止钉不许有开焊，止钉铆接牢固，不许有松动。

（3）锉修打磨触指烧痕，更换烧损严重及到限的触指。触指厚度不小于 6 mm。每组两触指相互间不应有卡滞与不平行现象。

3. 转鼓的检修与组装

（1）取下手柄后用清洗剂清洗，清洁度符合要求。

（2）外观检查挡圈、圆柱销、胶木座、辅助凸轮、玻璃布板、垫圈等，不许有弯曲、裂损，与挡圈配合良好。

（3）锉修打磨触片烧痕，更换烧损严重及到限的触指。触片厚度不小于 5 mm，触片接触面应光洁。检查沉头螺钉埋入触片量不小于 1 mm。用钢片塞紧胶木座与转轴之间的间隙，要求各胶木座与转轴间不得松动。

（4）转鼓的组装，轴向尺寸应符合图纸要求，组装后镦销外圆并倒角，转鼓外径不小于 111 mm。允许用电工钢纸板或青壳纸调整轴向尺寸。检查外圈跳动量，表面跳动量不大于 0.5 mm。

4. 盖板的检修

（1）用清洗剂清洗盖板底座及支柱。

（2）根据解体前的检查，更新磨耗过量的尼龙轴套，检查支柱绝缘套管，不许有裂损、烧痕。

5. 低压控制部分的检修

（1）用清洗剂清洗各部件。

（2）打磨触点烧痕，触点表面应光洁；更换烧损严重的触点。

（3）检查安装板、推杆滑块，不许有裂纹、损伤。

（4）测量辅助联锁超程应为 1～2 mm。检查联锁动作应灵活，不许有卡滞及与外罩不得相碰。

（四）总组装

按解体相反顺序组装，组装时注意以下方面。

（1）转鼓轴与轴套配合处涂适量润滑脂，保证转鼓传动灵活，不许有阻滞现象。

（2）保持触指与触片相对高度一致，给主触头接触面涂凡士林。

（3）连接板后接线按图纸要求进行。

（4）主轴转动位置正确（可通过高速风缸行程达到）。

（五）检查试验

1. 检查并调整触头触指

用测力计（弹簧秤）测量并调整单个主触头压力，应为 39～49 N。

2. 动作性能试验

（1）用塞尺检查并调整主触头触指超行程，应为 2～3 mm。

（2）检查并调整主触头接触线长度，单个主触头接触线长度应不小于 14 mm。

（3）在 77 V 电压、0.4 MPa 风压下进行动作试验，检查转动灵活，不许有卡滞。

3. 泄漏试验

在 0.65 MPa 风压下，检查风缸、电空阀、风管路均不得有泄漏。

4. 绝缘电阻测定

用 2 500 V 兆欧表测量各导体间及对地绝缘电阻值应不小于 6 MΩ。

5. 工频耐压试验

主电路不同极间及对地能承受 3 800 V、1 min 的耐电压试验；控制回路各极间及对地能承受 1 300 V、1 min 的耐电压试验，而绝缘不许有击穿或闪络现象。

四、注意事项

（1）在组装过程中，所有销、套、螺钉、螺母及摩擦面处应涂以润滑油脂，打上防滑油漆标记。

（2）作业过程中使用工具适当，并注意人身及部件安全。

（3）搬放、吊装时，应注意防止砸伤。

任务 2.3　主断路器检修

学习活动 1　任务介绍

1. 任务描述

主断路器是电力机车的总开关与总保护，因此主断路器检修是机车检修岗位的主要工作任务之一，也是电力机车电工职业技能等级证书的必考内容。检修人员需要按照检修工艺文件（或作业指导书）完成主断路器的检查与修理，主要包括外观检修、试验等几个步骤，整个作业过程对检修人员的规范意识、安全意识有很高的要求。

2. 任务要求

（1）描述主断路器的功能及结构；

（2）分析真空主断路器的工作原理；

（3）能按 C3 修作业指导书对真空主断路器进行检修；

（4）会使用万用表、兆欧表等常用电工工具；

（5）养成遵章守纪、规范操作的职业素养。

学习活动 2　任务准备

（1）主断路器的作用是什么？

（2）写出任一型号真空主断路器的结构组成。

（3）查阅相关学习资料，将主断路器的型号、数量与安装位置记录在表 2-3-1 中。

表 2-3-1　主断路器在各机车上的使用情况

车型				
型号				
数量				
安装位置				

学习活动 3　任务实施

1. 工具准备

工具明细表见表 2-3-2。

表 2-3-2　工具明细表

序号	名称	数量	是否完好
1			
2			
3			
4			
⋮			

2. 安全防护准备

防护工具及检查内容见表 2-3-3。

表 2-3-3　防护工具及检查内容

防护工具	检查内容

3. 任务单

按照 C3 修作业指导书，对 BVACN99 型或其他型号的真空主断路器进行检修，并填写检修记录单，见表 2-3-4。

表 2-3-4　主断路器检修记录单

检查人姓名：		班级：		质检员：

主断路器型号：

序号	作业内容	作业标准	结果记录
1	紧固件	各紧固件安装牢固，油漆防缓标记无错位，必要时用扭力扳手紧固	
2	绝缘子	检查绝缘子安装螺栓紧固，绝缘子表面清洁（清洁度达二级标准），无裂损，无缺损	
3	高压输入、输出接线	连接可靠，软连线断股不超过 5%	
4	调压阀排水	拧开调压阀的翼形螺钉（位于阀体底部）；充分排放积水	
5	储风缸排水	关闭隔离阀，慢慢拧开位于储风缸下面的塞门，释放压缩空气。一旦压力完全下降，完全打开塞门。慢慢打开主气路的隔离阀，让空气从出气口排出，直到储风缸积水排尽，再拧紧塞门	
6	气密检查	检查连接断路器主要管道的气密性，包括连接器的密封件、塞门密封件和软管连接的密封件	
7	试验	真空断路器断、合工作正常	

学习活动 4　任务评价

任务实施质量评分表和职业能力评分表分别见表 2-3-5 和表 2-3-6。

表 2-3-5　任务实施质量评分表

评分项	分值	完成要求	评分标准	得分
任务分析	10	明确任务描述及任务要求	基本了解工作任务要求，扣 3 分	
任务准备	10	回答问题清晰准确，能够紧扣主题，没有明显错误	对照标准答案，错误一项扣 5 分，扣完为止	
任务实施	70	有具体实施方案，各步骤清晰正确，过程完整，数据正确	每个错误点扣 2 分	
其他	10	检修记录单填写详细，能够反映实际工作过程	没有填或者填写太过简单，每项扣 2 分	
合计得分				

表 2-3-6 职业能力评分表

评分项	评价等级	质量要求	等级
知识评价	A/B/C	A：能够完整准确地回答任务准备的所有问题，准确率在90%以上 C：对基础知识掌握较差，任务准备准确率在50%以下	
能力评价	A/B/C	A：熟悉各个环节的实施步骤，能够独立完成任务，并有能力辅助其他同学完成规定的工作任务，工作实施快速，准确率高（在85%以上） C：未完成或只完成了部分任务，有问题但没有积极地向老师和其他同学请教，工作不积极，各部分的准确率在50%以下	
素质评价	A/B/C	A：不迟到、早退，自主学习，具有较强信息搜集能力；具有质量意识、规范意识和安全意识；具有团结协作精神；工作台整洁有序 C：有迟到、早退现象，需要老师全程监督才能学习；规范意识和安全意识不足；不能配合小组其他成员完成工作任务；工作台凌乱	

注：作答结果介于 A、C 之间的，等级评定为 B。

学习资源

知识点 2.3.1 BVAC.N99 型真空主断路器

主断路器是电力机车高压电源的总开关及保护电路的执行部件，由于工作电压高、开断电流大，因此要求必须具有良好的绝缘性能、使用寿命长、维护保养简单的特点。

机车主断路器最初应用的是空气主断路器，在分断电路时使用压缩空气灭弧，考虑到减小过电压、灭弧、可靠通断电路的需要，致使空气主断路器的结构复杂、控制烦琐，且分断电流受到限制。因此，随着机车功率的提高，机车上开始使用真空主断路器。

国产电力机车上配属较多的真空主断路器包括 BVAC.N99 型和 22CBDP1 型，真空主断路器具有结构简单、工作可靠、动作速度快、绝缘强度高、维修方便等特点，彻底避免了空气主断路器灭弧室瓷瓶爆裂，非线性电阻烧，隔离开关折断，以及主阀卡滞、漏风及控制线圈烧损等惯性故障，极大地提高了电力机车的运用可靠性。

一、功能特点

BVAC.N99 型真空断路器是单断点交流断路器，采用真空管实现高效灭弧，采用电空控制，用于电力机车主电路的导通、分断；同时又作为保护电路的执行机构，用于过载和短路时对机车电路的保护。

BVAC.N99 型交流主断路器见图 2-3-1。

图 2-3-1 BVAC.N99 型交流主断路器

二、结构组成

根据连接电路、完成功能及部件组成，真空断路器包括三大部分：上面是连接受电弓输入的高压部分，中间是实现高低压隔离的绝缘部分，下面则是完成通断控制的电空机械装置和控制电路的低压部分。BVAC.N99 真空断路器部件构成见图 2-3-2。

BVAC.N99 型真空主断路器的结构和工作原理.mp4

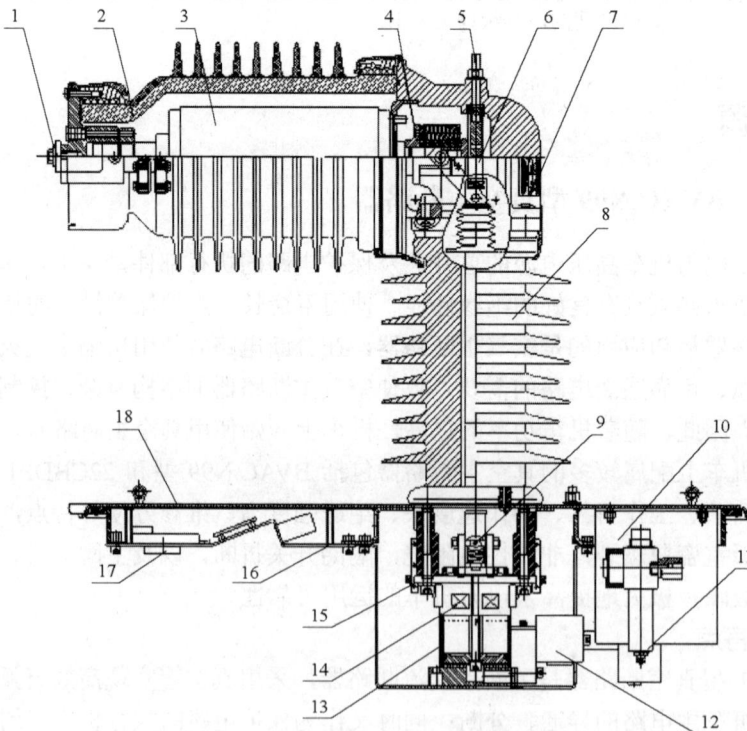

1—高压输入端；2—水平绝缘子；3—真空泡；4—触头弹簧机构；5—高压输出端；6—弹簧导向机构；7—铭牌；
8—垂直绝缘子；9—快速脱扣机构；10—储风缸；11—调压阀；12—电磁阀；13—传动气缸；14—保持线圈；
15—辅助触头；16—控制单元板；17—连接器；18—底板

图 2-3-2 BVAC.N99 真空断路器部件构成

1. 高压部分

真空断路器的高压部分主要包括如图 2-3-2 所示的高压输入端、水平绝缘子、真空泡、触头弹簧机构、高压输出端、弹簧导向机构等。其中，真空泡用来开断交流电弧。灭弧室通过密封来与大气隔离。两个主触头安装在真空泡内部，一个是静触头，另一个是动触头。动触头的动作是由电空机械装置来控制，在分合闸过程中，该动作机构中的导向装置实现动作时的稳定性和方向性。

2. 中间绝缘部分

安装在底板上的支持绝缘子一方面提供高压部分的支撑，另一方面提供高压部分与低压控制部分的电气绝缘。支持绝缘子为空心结构，通过中心的绝缘导杆连接下部的电空机械装置和真空开关管中的动触头。为保证主断路器的安装，在断路器底板与车顶之间使用 O 形密封圈实现密封、防水。

3. 电空机械装置

此装置安装在真空主断路器底板下部的控制箱内，用于接受分、合闸的控制电信号，通过压缩空气操作动触头实现高压电路的通断。

1）合闸装置

本装置带有空气管路，在动触头快速合闸过程中提供必需的动力。空气管路部分包含储风缸、调压阀、压力开关、电磁阀及传动风缸：调压阀用以保持储风缸内风压恒定，以保证合闸速度；压力开关负责监控风压在最小压力以上，保证可靠合闸；电磁阀接收控制电压信号并开通风路，使压缩空气进入传动风缸，传动风缸则将空气压力转化为机械作用力，通过传动机构将动触头闭合（见图 2-3-3）。

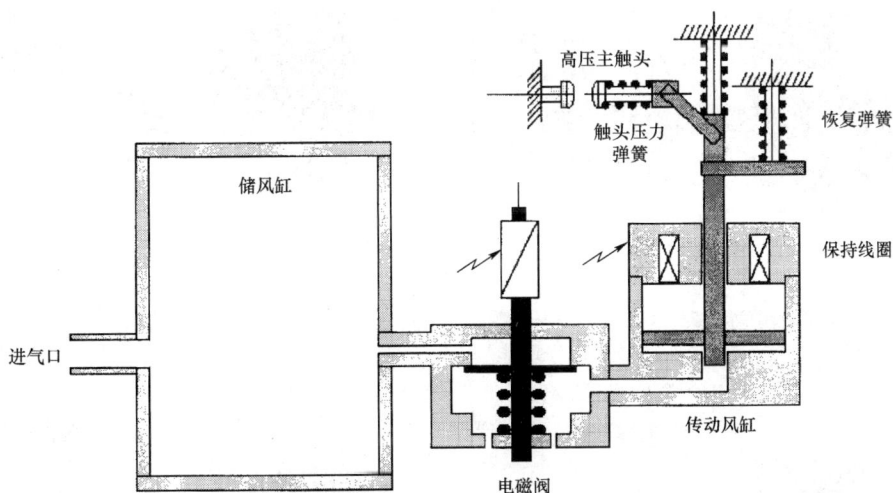

图 2-3-3   BVAC.N99 型主断路器分断状态

主断路器中设置一个保持线圈，当其通电时保证主断路器始终处于合闸状态。在这种情况下，允许压缩空气从传动风缸泄放，并能够满足快速脱扣和分断主断路器的要求。

2）分闸装置

当保持线圈电流切断后（即控制电源失电），断路器实现分闸，快速脱扣功能通过恢复弹簧的压缩压力来实现。该分闸装置的设计保证了系统在失电和停气时保证主断路器的开断。

为了减小脱扣装置的振动，通过分闸过程中传动气缸中压缩空气的泄放来实现缓冲。

三、通断控制

1. 合闸操作

图 2-3-3 为真空断路器处于分断状态时各控制部件及主触头的状态示意图。

为保证可靠动作，只有满足如下条件时，主断路器才能闭合：

① 主断路器必须是断开的；

② 必须有充足的空气压力；

③ 必须使保持线圈同时得电。

合闸过程如下（主断路器初始断开状态见图 2-3-4）。

（1）将司机控制台上的主断路器扳键开关置"合"位，电磁阀得电，压缩空气由储风缸流入传动风缸（见图 2-3-5）。

（2）压缩空气进入传动气缸推动活塞上移，活塞与绝缘导杆同步上移（见图 2-3-6）。

（3）随着恢复弹簧压缩，主触头完成闭合，触头压力弹簧压缩实现超程的目的，活塞到达行程末端时，保持线圈得电，确保主触头的可靠闭合（见图 2-3-7）。

（4）电磁阀失电，传动风缸内的空气排出，真空断路器完成闭合（见图 2-3-8）。

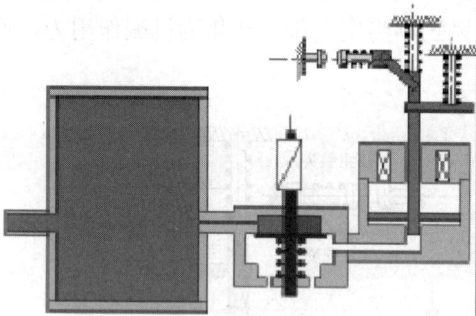

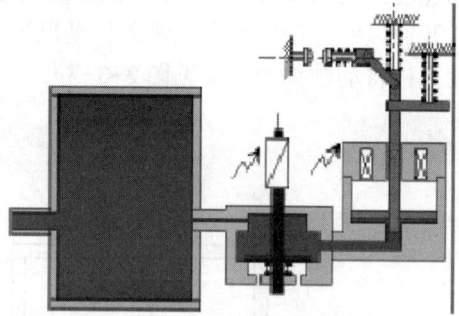

图 2-3-4 断开状态　　　　　图 2-3-5 电磁阀得电

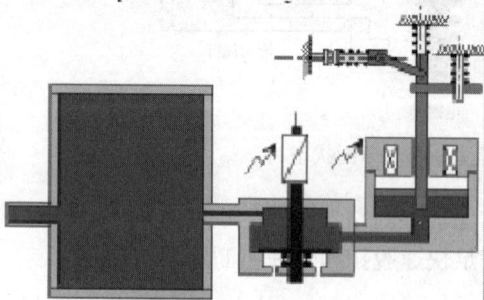

图 2-3-6 主触头移动　　　　　图 2-3-7 主触头完成闭合

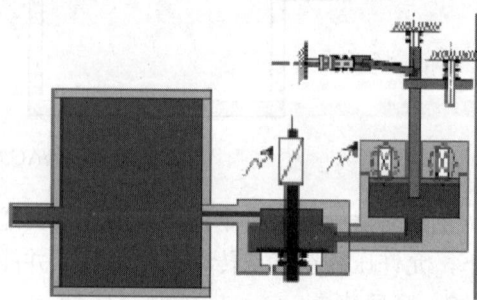

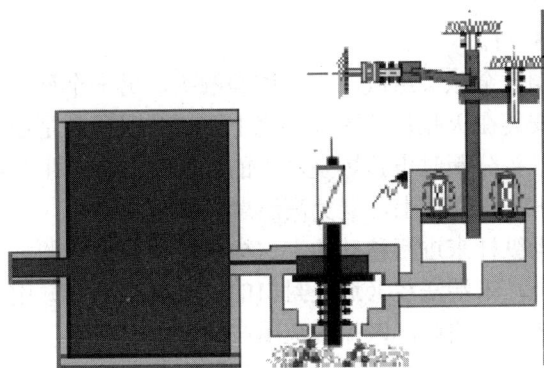

图 2-3-8　真空断路器完成闭合

2. 分断操作（主断路器在闭合状态）

主断路器在正常闭合状态下，当控制电源失电时，主断路器将分断（主断路器扳键开关置"分"位），分闸具体步骤如下。

（1）保持线圈失电（见图 2-3-9），活塞在弹簧力作用下移动（动触头的接触压力弹簧和恢复弹簧）。

（2）主触头打开，真空室灭弧，分闸结束，通过传动气缸中压缩空气的泄放实现活塞复位的缓冲，主断路器可靠分断（见图 2-3-10）。

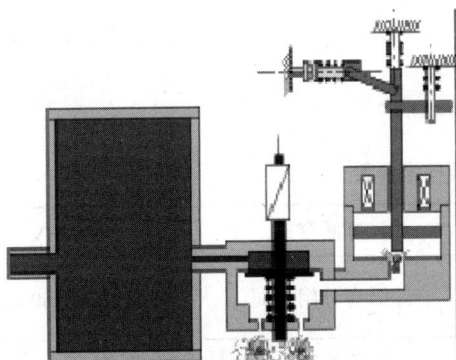

图 2-3-9　保持线圈失电

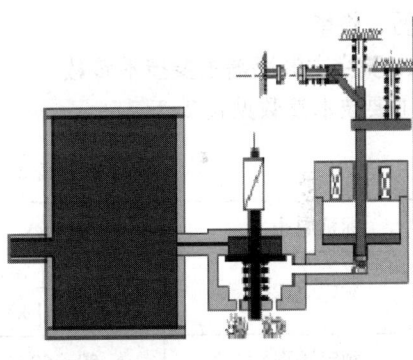

图 2-3-10　主触头可靠分断

四、真空开关管原理

1. 真空管的原理

所谓"真空"，是指由于空间中的空气分子很少，大大降低了空气电离产生的导电离子浓度，极大地提高产生电弧的电压，也就是具有良好的绝缘性，对于起开关作用的电器而言，动静触头间的距离可以设计得很小。当开关分断过程中，在交流电流过零点时，交流电弧很容易熄灭，在毫秒级的时间内触头间绝缘可以马上恢复，且电弧不会重燃。

通过专门设计的形状独特的触头表面，相当于强加了一个吸引力，使得电弧绕着触头轴心旋转，这样可以使电弧的热点缩小，从而使触头因电弧产生的磨损达到最小。

2. 真空开关管的结构

真空开关管见图 2-3-11。

真空开关管由两个铜合金触头组成，一个称静触头，另一个称动触头。静触头安装在一个金属法兰上，该法兰安装在灭弧室的陶瓷外壳上。该外壳通常是由两部分组成，中间隔着一个金属筛网。当动静触头分断时电弧燃烧产生的金属蒸汽会产生凝结，这个金属筛网正是用来防止这些沉淀物黏附在瓷部件上，避免高温爆裂。

动触头是通过一个操纵杆来进行移动的，这样就可以保证它的轴向运动和合适角度。金属波纹管焊接在动触头上，末端法兰（这是封口的一个完整部分）用于密封真空泡。金属筛网同样用于包围在金属波纹管四周，以保护金属波纹管。

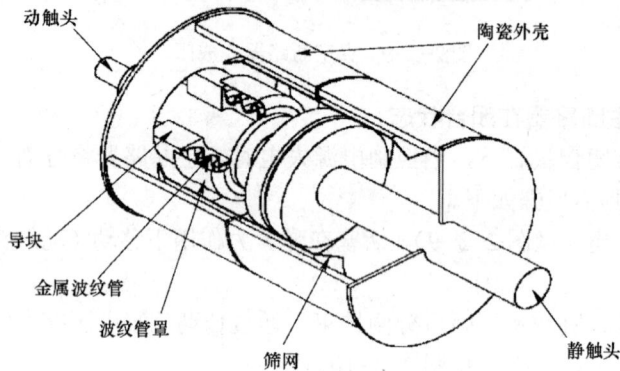

图 2-3-11　真空开关管

五、性能

1. 真空主断路器主要技术参数

主要技术参数见表 2-3-7。

表 2-3-7　主要技术参数

标称电压	25 kV	开断容量	600 MV·A
额定电压	30 kV（工作范围 17.5～31 kV）	固有分闸时间	20～60 ms
额定频率	50～60 Hz	标称控制电压	DC 110 V
额定工作电流	1 000 A	标称闭合功率	50～200 W
额定短路接通能力	40 kA	标称保持功率	15～50 W
额定短路开断能力	20 kA	额定工作气压	450～1 000 kPa
额定短时耐受电流	25 kA（1 s）	每次合闸的耗气量	2.5 dm³
机械寿命	25 万次	绝缘子爬电距离： A. 垂直绝缘子 B. 水平绝缘子	≥1 020 mm ≥1 067 mm
热电流	1 000 A	绝缘间隙	≥310 mm

2. 高压回路性能

1）工频耐受电压

施加电压（额定工频耐受电压）：

① 主回路对地，75 kV；

② 输入和输出端，75 kV；

③ 辅助联锁对地，2 kV。

2）雷电冲击试验

施加电压（额定冲击耐受电压）遵循 IEC 60077 的标准：

① 主回路对地，170 kV；

② 输入和输出端，70 kV（开断时）。

3. 低压电路性能

低压电路包括控制单元和辅助联锁。

1）控制电源电压的变化范围

最小电压和最大电压与额定电压 U_n 有关：

① 最小电压，$0.7U_n$；

② 最大电压，$1.25U_n$。

2）保持线圈参数

保持线圈各项参数见表 2-3-8。

表 2-3-8　保持线圈各项参数

控制电压 U_{dc}/V	额定开断电流/A	最大开断电流/A	额定维持电流/A	最大维持电流/A
110	1.9	2.5	0.5	0.6

4. 辅助联锁

在标准模式中，共有 5 个辅助联锁供客户使用，1 个作为控制单元用。

辅助联锁系统用于表示真空开关管主触头状态（即是分还是合）。

客户用联锁：

① 3NO，常开联锁；

② 2NC，常闭联锁。

5. 气源

压缩空气在进入真空主断路器之前必须经过过滤和干燥。

主断路器中设置了一个储风缸，该储风缸的储风量可以保证完成一次合闸操作。

机车风管气压允许变化范围是：450～1 000 kPa。

如果气压供给值低于主断路器最小合闸气压，压力开关断开，使主断路器不能合闸。

6. 合、分闸动作时间

（1）典型的合闸时间Δt_C："主断合"扳键开关闭合到主触头闭合所用的时间：

$$\Delta t_C \leq 60 \text{ ms}$$

（2）典型的分闸时间Δt_O：保持电流为零（$I_{Mm}=0$）到主触头分开瞬间所用的时间：

$$\Delta t_O = 25 \sim 60 \text{ ms}$$

7. 寿命

1）机械寿命

主断路器的机械寿命为无负载情况下操作 25 万次。

2）电气寿命

电气寿命取决于开断电流。

对于真空开关管 SG310204 R2 和 SG310204 R3 而言，在给定电流的情况下开断次数为：

① 0～750 A，20 万次；

② ＞750 A，2 万次；

额定短路开断能力：在 20 kA、30 kV 及 50 Hz 条件下为 30 次。

知识点 2.3.2 BVAC.N99 型真空主断路器检修工艺

真空主断路器是机车高压交流电的输入总开关，而高压会造成电弧燃烧和人身伤害事故，因此必须在断开电源后才能允许进行日常维护。为避免电危害，连接断路器的所有电源、气源必须隔离。在某种情况下，即使电源断开也会有危险电压的存在。为避免人员伤亡，在接触断路器时应该切断电源，并进行可靠接地。

由于主断路器结构复杂，当发生损坏或故障时，必须由经过培训的专业技术人员维修，否则无法保证操作正常和安全。

机车部件的检修一般是按照机车的检修修程来确定相应的作业范围，和谐型电力机车 C1～C4 修为段级修，各修程周期（以先到为准）如下。

C1 修：7 万 km（1±10%），不超过 3 个月。

C2 修：13 万 km（1±10%），不超过 6 个月。

C3 修：25 万 km（1±10%），不超过 1 年。

C4 修：50 万 km（1±10%），不超过 3 年。

一、一般检修流程

1. 外观检查

进行主断路器高压部分的外观检查和绝缘子检查，如有裂纹或绝缘子的瓷釉和密封件有损坏，应进行更换。

用柔软制品或布把真空断路器外部清理干净，建议使用硅树脂油脂清洗绝缘子的外部。

注意：禁止使用任何含有氟酸盐、氯酸盐或钠硅酸盐成分的产品清洗部件。

2. 检查扭紧力矩

用力矩扳手检查各扭紧力矩，扭紧力矩见表 2-3-9。真空主断路器扭紧力矩检查位置示意图见图 2-3-12。

表 2-3-9 各扭紧部件表

部件号	检查	扭紧力矩/（N·m）
A	高压连接部分	67
B	接地连接部分	50
C	主断路器固定螺栓	67

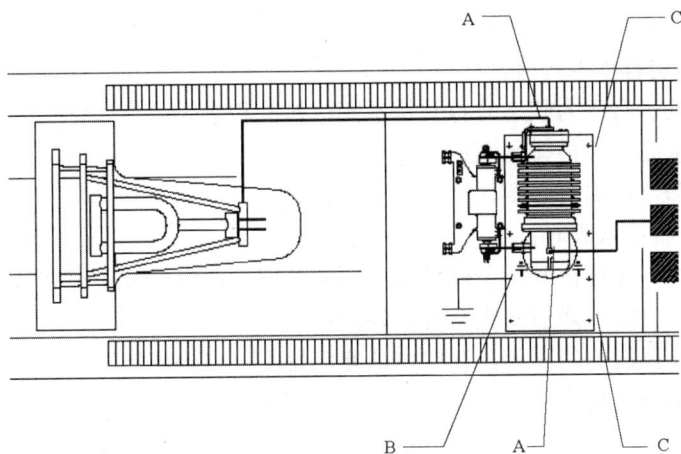

图 2-3-12　真空主断路器扭紧力矩检查位置示意图

3. 气路定期排水

为了保证空气管路中各元件的正常动作，必须及时排除管路中的积水，容易积水的器件包括储风缸、调压阀。真空主断路器排放阀的示意图见图 2-3-13。

图 2-3-13　真空主断路器排放阀的示意图

1）调压阀的排水

当管路中存有压力空气时，拧开翼形螺钉充分排放积水。当积水排尽后，重新拧紧翼形螺钉并确保不得漏气。

101

2）储风缸的排水

（1）当储风缸装有排水阀时：

① 在储风缸处于有压力状态时打开排水阀，排光积水；

② 储风缸排水完毕关掉排水阀；

③ 检查是否漏气，如有必要，清理排放管路。

（2）储风缸没有排水阀时：

① 关闭隔离阀，慢慢拧开位于储风缸下面的塞门，缓慢释放压缩空气；

② 当空气压力完全下降后，完全打开塞门；

③ 慢慢打开储风缸的隔离阀，让空气从塞门排出，直到储风缸积水排尽；

④ 关断主气路的隔离阀；

⑤ 拧紧塞门；

⑥ 检查是否泄漏。

注意：在进入冬季之前必须进行气路系统排水，防止积水冻结造成气动元件误动作。

3）检查密封件

在完成断路器气路系统排水后，全部检查主要管道的连接密封程度，确保连接器的密封件、塞门密封件和软管安装紧固，状态良好。

二、C3 修检修工艺

（1）检查各螺栓、卡子紧固或防缓标记正常，车顶法兰密封良好，无渗漏。

（2）使用白布和酒精清洁绝缘子，绝缘子及密封件不许有裂痕、缺损、放电等不良现象。

（3）检查各软连线、接地线及安装底座状态良好，软连线、接地线断股不大于 10%。

（4）检查外部电线路及插头状态良好，安装紧固。

（5）对调压阀、储风缸进行排水。

（6）打开主断路器下方罩盖，检查内部各部件及电线路状态良好；检测调整主断路器储风缸压力情况，要求储风缸压力在 370～400 kPa 范围之内，不符合要求时应进行调整。检测方法：先切除制动柜辅助压缩机模块上的主断路器隔离塞门（U43.14），打开储风缸的排水阀排除储风缸内的压力，然后拆卸储风缸排水堵，再接上检测压力表后，重新开放 U43.14 塞门，检查压力表显示。调整方法：把两只手的手指伸入调压阀锁紧帽处的空隙，两手手指向上用力推锁紧帽，使锁紧帽脱离卡扣可以旋转转动，用以调整压力（俯视顺时针拧动调压阀调高压力，反之调低）。

（7）试验主断路器闭合、断开性能良好，气路无泄漏。空气管路拧紧力矩为 30 N·m。

（8）检查真空主断螺栓拧紧转矩。

各扭紧部件表见表 2-3-10。

表 2-3-10　各扭紧部件表

螺纹公称尺寸/mm	拧紧转矩/N·m	扳手尺寸/mm
M6	8	10
M8	19.3	13
M10	39.4	17
M12	67	19

课后拓展

22CBDP1 型真空主断路器

HXD$_{3C}$ 型电力机车安装的是真空主断路器（22CBDP1）和接地开关（35KSDP1）组件。真空主断路器和接地开关组件的外形见图 2-3-14。

图 2-3-14 真空主断路器和接地开关组件的外形

一、真空主断路器

1. 概述

HXD$_{3C}$ 型电力机车目前采用 22CBDP1 型真空主断路器。22CBDP1 型真空主断路器是电力机车的一个重要电气部件，它是整车与接触网之间电气连通、分断的总开关，是机车上最重要的保护设备，当机车发生各种严重故障时能迅速、可靠、安全地切断机车总电源，从而保护机车设备。该断路器与 35KSDP1 型接地开关直接装配，安装在车内高压电器柜中。

22CBDP1 型真空主断路器是以真空作为绝缘介质和灭弧介质，利用真空状态下的高绝缘强度和电弧扩散能力形成的去游离作用进行灭弧。其结构特点为单断口直立式，直动式气缸传动，电空控制，是一种新型的电力机车主断路器，适用于干线交流 25 kV 各类型电力机车。与空气主断路器相比，它具有结构简单、工作可靠、动作速度快、绝缘强度高、维修方便等优点。采用真空主断路器可以彻底避免以往空气主断路器灭弧室瓷瓶爆炸、非电性电阻瓷瓶爆炸，以及隔离开关轴折断、主阀卡位、漏风、控制线圈烧损等惯性故障，减少机车事故，保证铁路运输安全；同时可延长主断路器的检修周期，减少维修工作量，降低检修成本。

2. 主要技术参数

主要技术参数见表 2-3-11。

表 2-3-11 主要技术参数

工作环境温度	-40～+70 ℃
标称电压	25 kV
额定电压	30 kV
最大工作电压	31.5 kV
额定频率	50 Hz
额定电流	1 000 A
额定工频耐受电压	75 kV/min
额定冲击耐受电压	170 kV
额定短路接通能力	40 kA（峰值）
额定短路开断能力	20 kA（有效值）
额定容量	500 MV·A
固有分闸时间	≤40 ms
合闸时间	≤100 ms
合闸功率	18 W
保持功率	14 W
额定控制电压	DC 110 V
控制回路气压	450～1 000 kPa
辅助触头	3 对常开，4 对常闭
电气寿命	20 000 次（1 000 A）
机械寿命	25 万次
质量	115 kg

3. 结构组成

22CBDP1 型真空主断路器的结构见图 2-3-15。

下绝缘子（1）和上绝缘子（2）垂直安装，一个安装在另一个上，然后通过铸铝基座安装在固定框架上。进气接头（22）和连接器（25）安装在基座侧面。由主开关触头和外壳装置组成的真空开关管（3）与上绝缘子（2）用硅橡胶浇注成一体。上、下铜铬铸造法兰浇注在上绝缘子上，它们不仅用作主电流接线端子，而且支撑着接地开关（35KSDP1）的接地触头。上接线端子（23）用于 25 kV 高压电输入连接，下接线端子（24）连接主变压器原边的输入高压电缆。真空开关管（3）的操作装置通过传动杆（4）与活塞（15）连接。

真空开关管动触头与压紧环（7）连接，电流通过软连线（14）从动触头连接到下接线端子（24）。

真空开关管内部是真空的，因此由于环境压力，压紧环（7）会向上移动。弹簧座借助主弹簧（11）和恢复弹簧（12）的反弹力，使真空开关管动触头保持断开状态。

真空断路器的控制和监测设备（控制阀、压力开关、辅助触头等）安装在基座中。

4. 工作原理

22CBDP1 型真空主断路器工作原理图见图 2-3-16。

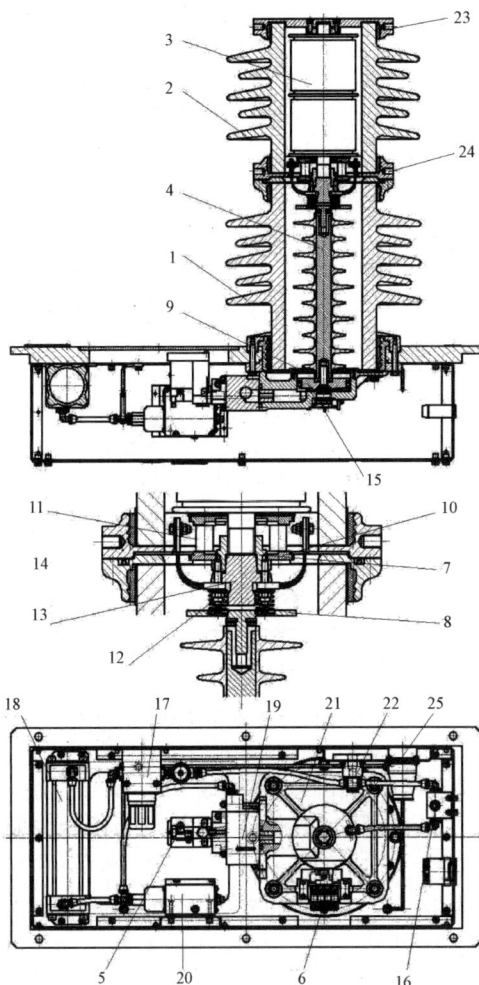

1—下绝缘子；2—上绝缘子；3—真空开关管；4—传动杆；5—电磁阀；6—辅助触头；7—压紧环；8—传动盘；9—活塞限位环；
10—弹簧座；11—主弹簧；12—恢复弹簧；13—连接块；14—软连线；15—活塞；16—节流阀；17—调压阀；18—储气缸；
19—转换阀；20—压力开关；21—气缸；22—进气接头；23—上接线端子；24—下接线端子；25—连接器

图 2-3-15　22CBDP1 型真空主断路器的结构

　　结合图 2-3-15，干燥的压缩空气通过进气接头（22）进入主断路器后分为两路：一路通过调压阀（17）进入储气缸（18）；另一路经过节流阀（16）进入下绝缘子内腔中起到吹扫作用，保证下绝缘子内腔的干燥及清洁，确保主断路器安全工作（主断路器正常工作时，在主断路器基座中始终会有压缩空气排出的声音，属于正常现象）。

　　压缩空气经过调压阀（17）后，将气压调节到 483～497 kPa。

　　闭合主断路器时，电磁阀（5）线圈得电，打开电磁阀（5），储气缸（18）中的压缩空气一路经电磁阀（5）进入转换阀（19）的控制腔；打开转换阀（19），另一路通过转换阀送入储气缸（18），驱动活塞、绝缘推动杆和主断路器的动触头上移，使真空断路器闭合。断开主断路器时，电磁阀线圈失电，电磁阀（5）和转换阀（19）均在弹簧的作用下复位，将储气缸（18）内的压缩空气释放掉，绝缘推动杆和主断路器的动触点在机械装置弹力作用下向下移动，在小于 40 ms 的时间内将真空断路器的主触头断开。

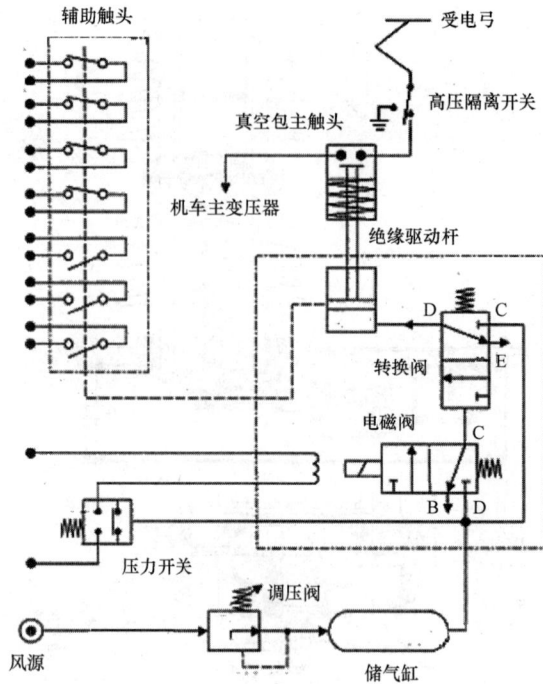

图 2-3-16　22CBDP1 型真空主断路器工作原理图

　　压力开关（20）与电磁阀（5）在电气上串联，当压缩空气压力低于 358 kPa 时，压力开关打开，电磁阀线圈失电，主断路器自动断开。要想重新闭合主断路器，压缩空气压力必须超过 390 kPa。

　　为了确保主断路器主触头闭合，电磁阀必须一直处于通电状态。

　　当主断路器活塞移动时，辅助触头（6）装配的凸轮板也随之运动，使主断路器的 7 组辅助触头正常开闭。

　　具体合闸过程如下（主断路器断开状态见图 2-3-17）。

　　（1）将主断路器扳键开关置"合"位，电磁阀线圈得电，闭合电磁阀，储气缸中的压缩空气一路经电磁阀进入转换阀的控制腔；打开转换阀，另一路通过转换阀送入风缸（见图 2-3-18）。

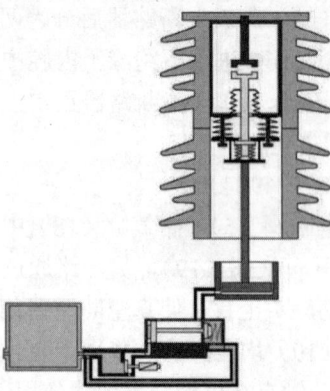

图 2-3-17　主断路器断开状态

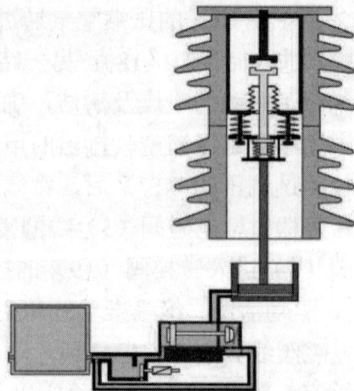

图 2-3-18　电磁阀闭合

（2）驱动活塞、绝缘推动杆和主断路器的动触头上移，压缩主弹簧，闭合主触头（见图2-3-19）。

（3）主触头接触下面的恢复弹簧被压缩（见图2-3-20）。

具体分闸过程如下（主断路器闭合状态见图2-3-20）。

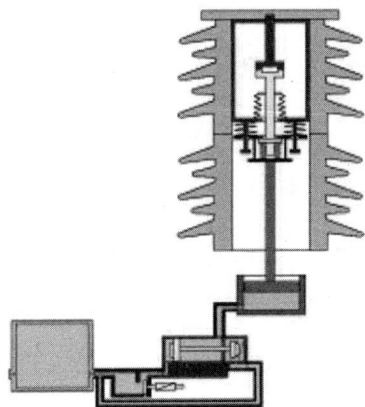

图2-3-19　闭合主触头闭合　　　　　　　　图2-3-20　主断路器闭合状态

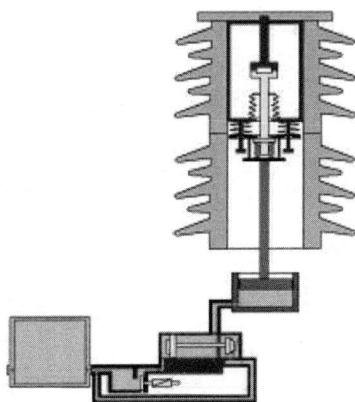

（1）将主断路器扳键开关置"分"位，电磁阀线圈断电（见图2-3-21）。

（2）电磁阀和转换阀均在弹簧的作用下复位，将风缸内的压缩空气释放掉（见图2-3-22）。

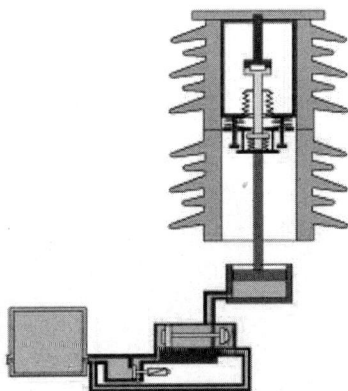

图2-3-21　电磁阀线圈断电　　　　　　　　图2-3-22　排气

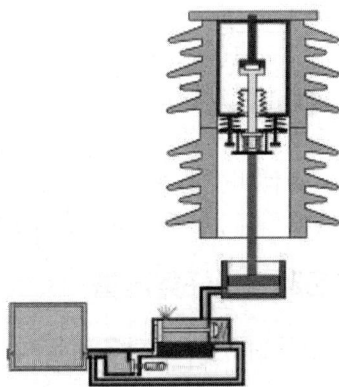

（3）绝缘推动杆和主断路器的动触点在机械装置弹力作用下，向下移动，主触头断开（见图2-3-23）。

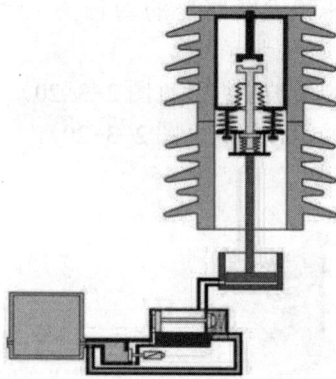

图 2-3-23　主触头断开

任务 2.4　受电弓检修

学习活动 1　任务介绍

1. 任务描述

受电弓是电力机车的受流设备，其性能好坏直接影响到电力机车是否能够获得电力来源，因此需要对受电弓进行定期检修。受电弓检修是机车检修岗位的主要工作任务之一，也是电力机车电工职业技能等级证书的必考内容。检修人员需要按照检修工艺文件（或作业指导书）完成受电弓的检查与修理，主要包括外观检修、试验等几个步骤，整个作业过程对检修人员的规范意识、安全意识有很高的要求。

2. 任务要求

（1）描述受电弓的功能及结构；

（2）分析受电弓动作原理；

（3）按检修工艺文件（或作业指导书）对受电弓进行检修；

（4）会正确使用受电弓检修工具；

（5）具有质量意识、安全意识、精益求精的工匠精神。

学习活动 2　任务准备

（1）受电弓的作用及分类各是什么？

（2）写出任一型号受电弓的结构组成。

（3）查阅相关学习资料，将受电弓的型号、数量与安装位置记录在表 2-4-1 中。

表 2-4-1　受电弓在各机车上的使用情况

车型				
型号				
数量				
安装位置				

学习活动 3　任务实施

1. 工具准备

工具明细表见表 2-4-2。

表 2-4-2　工具明细表

序号	名称	数量	是否完好
1			
2			
3			
4			
⋮			

2. 安全防护准备

防护工具及检查内容见表 2-4-3。

表 2-4-3　防护工具及检查内容

防护工具	检查内容

3. 任务单

按照 C3 修作业指导书,对气囊式受电弓进行检修,并填写检修记录单,见表 2-4-4。

实操视频:受电弓整备检查.mp4

表 2-4-4　受电弓检修记录单

检查人姓名：		班级：	质检员：
受电弓型号：			

序号	作业内容	作业标准	结果记录
1	清洁	用干净抹布擦拭清除受电弓各部位的灰尘和脏物，保持活动框架、转轴、铰链部分清洁；用干净抹布擦净各铰接部分，并涂以适量润滑脂	
2	滑板	滑板工作表面光滑，不得有变形，崩块不得大于 3 cm²，用直尺或游标卡尺测量铝托底面到磨耗面最薄处的厚度不得低于 24 mm，内、外滑板厚度相差不超过 3 mm	
3	支架	检查受电弓整体支架及各拉杆部分，不得有弯曲、变形、裂纹现象，活动关节不得固死，动作灵活	
4	平衡杆	检查平衡杆，不得弯曲、变形，球关节不得固死，作用灵活	
5	紧固件及软连线	所有紧固螺丝应紧固到位，防缓标记良好。各导电软连线应安装良好，无过热现象，软连线断股不得大于原形的 5%	
6	气路	受电弓气囊、空气管路及各接头连接处不得有老化、龟裂、漏气；各阀在规定位置	
7	钢丝绳	在降弓位检查钢丝绳不紧绷，不许有断股现象，否则更换。根据需要，紧固钢丝绳拉紧丝套，注意两螺母拧紧量要相同，以避免弓架歪斜变形	
8	阻尼器	检查阻尼器，无损坏、漏油现象，动作性能良好，防尘罩无破损	
9	绝缘子	检查受电弓支撑绝缘子安装螺栓紧固，绝缘子表面清洁，无裂损、老化现象；缺损面积大于 3 cm² 时必须更新	
10	落弓位保持力	检查落弓位保持力，落弓位置用弹簧秤垂直向上提，拉力不小于 120 N	
11	气密性试验	升弓状态下进行气密性试验，用肥皂水检查各风管、接头、碳滑板及快排阀件接头和外表面，不得有漏气现象	
12	静态接触压力	用弹簧秤测量受电弓静态接触压力为（70±10）N，上升与下降的单向压力差不超过 20 N	

序号	作业内容	作业标准	结果记录
13	升降弓时间、升弓高度	检测受电弓升、降动作特性符合要求，无卡滞、砸弓现象。升弓时间：受电弓从止挡位升至 1 900 mm 的时间为 6～10 s；降弓时间：受电弓从 1 900 mm 至止挡的时间小于等于 6 s。受电弓最大升弓高度不小于 2 600 mm（从止挡位置起）	
14	自动降弓试验	受电弓升至 0.6 m 高度，打开快排阀，受电弓应能迅速降至止挡位 关闭快排阀，受电弓应该能够正常上升	
15	精密调压阀	阀板上各紧固件状态良好，无漏风现象，清洗滤清器	
16	探伤	① 受电弓底座外观检查：渗锈和油漆破损的，除漆进行磁粉探伤检查 ② 受电弓上框架外观检查：油漆破损的，除漆进行渗透探伤检查 ③ 受电弓滑条安装座外观检查：油漆破损的，除漆进行渗透探伤检查 ④ 其他部件渗锈或油漆破损的，除漆进行探伤检查	

学习活动 4　任务评价

任务实施质量评分表和职业能力评分表分别见表 2 4-5 和表 2-4-6。

表 2-4-5　任务实施质量评分表

评分项	分值	完成要求	评分标准	得分
任务分析	10	明确任务描述及任务要求	基本了解工作任务要求，扣 3 分	
任务准备	10	回答问题清晰准确，能够紧扣主题，没有明显错误	对照标准答案，错误一项扣 5 分，扣完为止	
任务实施	70	有具体实施方案，各步骤清晰正确，过程完整，数据正确	每个错误点扣 2 分	
其他	10	检修记录单填写详细，能够反映实际工作过程	没有填或者填写太过简单，每项扣 2 分	
合计得分				

表 2-4-6　职业能力评分表

评分项	评价等级	质量要求	等级
知识评价	A/B/C	A：能够完整准确地回答任务准备的所有问题，准确率在 90% 以上 C：对基础知识掌握较差，任务准备准确率在 50% 以下	

评分项	评价等级	质量要求	等级
能力评价	A/B/C	A：熟悉各个环节的实施步骤，能够独立完成任务，并有能力辅助其他同学完成规定的工作任务，工作实施快速，准确率高（在85%以上） C：未完成或只完成了部分任务，有问题但没有积极地向老师和其他同学请教，工作不积极，各部分的准确率在50%以下	
素质评价	A/B/C	A：不迟到、早退，自主学习，具有较强信息搜集能力；具有质量意识、规范意识和安全意识；具有团结协作精神；工作台整洁有序 C：有迟到、早退现象，需要老师全程监督才能学习；规范意识和安全意识不足；不能配合小组其他成员完成工作任务；工作台凌乱	

注：作答结果介于A、C之间的，等级评定为B。

学习资源

知识点2.4.1 TSG15B型受电弓

一、TSG15B型受电弓主要技术参数

主要技术参数见表2-4-7。

表2-4-7 主要技术参数

额定工作电压	AC 30 kV
电压波动范围	AC 19~31 kV
额定工作电流	1 000 A
额定运行速度	200 km/h
折叠高度（包括支持绝缘子）	≤678 mm
最小工作高度（从落弓位滑板面起）	220 mm
最大工作高度（从落弓位滑板面起）	2 250 mm
最大升弓高度（从落弓位滑板面起）	≥2 400 mm
受电弓集电头（弓头）长度	（1 950±10）mm
受电弓集电头（弓头）宽度	（330±3）mm
受电弓集电头（弓头）高度	（285±10）mm
滑板长度	（1 250±1）mm

续表

静态接触压力	（70±10）N
环境工作温度	−40～+70 ℃
最小工作压力	400 kPa
最大工作压力	1 000 kPa
额定工作压力（供风）	550 kPa
静态接触压力为 70 N 时气囊压力	（380～400）kPa
降弓位置保持力	≥150 N
升弓时间	6～10 s
降弓时间	≤6 s
总重（不包括支持绝缘子）	≤110 kg
安装尺寸（长×宽）	（1 100±1）mm×（800±1）mm

二、TSG15B 型受电弓的组成部件

受电弓结构图如图 2-4-1 所示。

TSG15B 型受电弓
的结构和工作
原理.mp4

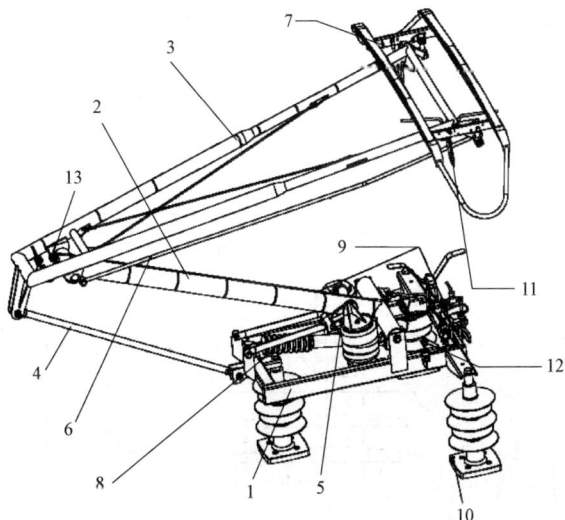

1—底架；2—下臂杆；3—上框架；4—拉杆；5—气囊组装；6—平衡杆；7—弓头；8—阻尼器；9—气路及自动降弓装置；
10—绝缘子组装；11—弓头电流连接组装；12—底架电流组装；13—肘接电流连接组装

图 2-4-1　受电弓结构图

1. 底架

底架如图 2-4-2 所示。

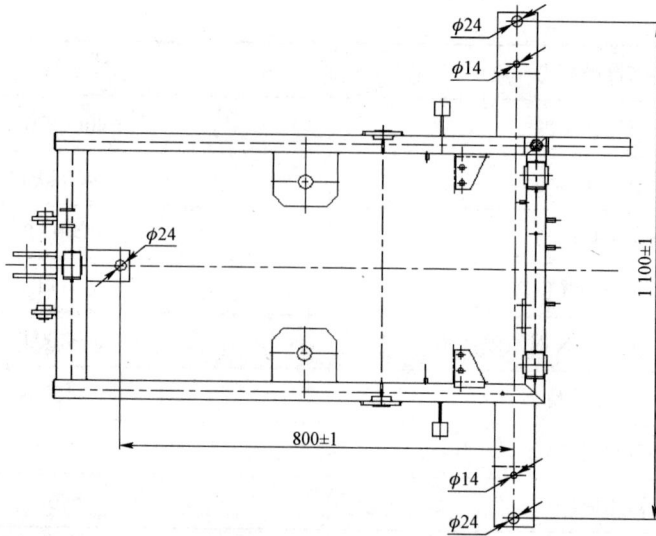

图 2-4-2　底架（单位：mm）

　　底架由方形钢管焊接而成，在连接处紧密密封焊接。它包括下臂杆、拉杆、阻尼器的轴承支架、气囊的安装支撑架、支撑上框架和弓头的橡胶止挡。为了将底架装于绝缘子之上，在底架上开有直径为 24 mm 的通孔，便于 M20 螺纹的连接。为了便于电气连接，提供了一个接线端，接线端上开有直径为 14 mm 的通孔。接线端由不锈钢制作而成。

2. 绝缘子

绝缘子如图 2-4-3 所示。

（1）标称电压：25 kV。

（2）高度：400 mm。

（3）质量：7.357 kg。

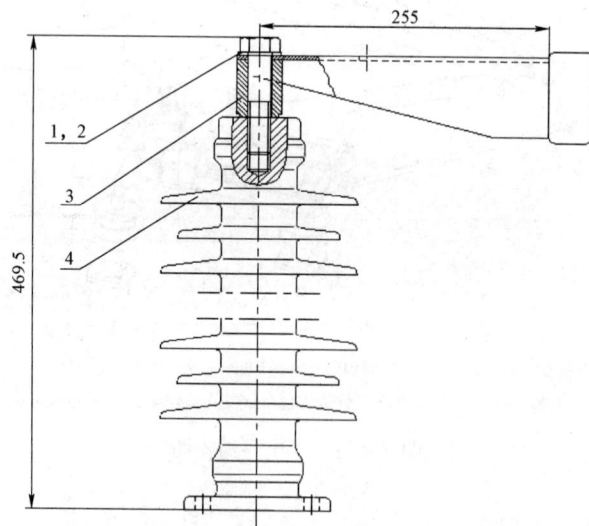

1—六角头螺栓；2—平垫圈；3—隔离装置；4—支持绝缘子

图 2-4-3　绝缘子（单位：mm）

3. 铰链机构

铰链系统包括下臂杆、上框架和拉杆与底架一起构成一个四杆机构。在这种情况下，上框架的顶管的运动轨迹将成为一条近似垂直的直线。

1）下臂杆

下臂杆由无缝钢管在连接处密封焊接而成。它包括底架轴承管和肘接轴承管的主轴承。轴承被密封且终生润滑。底架轴承管上装有连接气囊和阻尼器的扇形板。

2）上框架

上框架由几段铝管、顶管和下部的肘接横管焊接而成。通过两个夹板将下横管和拉杆的上轴承连接起来。自润滑轴承被压进长横管内部，作为弓头悬挂支撑的轴承。由两个交叉的拉杆增加了上框架的横向刚度。

3）拉杆

将拉杆进行封闭，可组成四杆机构，围成了方形链接。通过调整螺母，拉杆的长度可以进行调节，以调整几何结构（补偿误差）。这种调整要在制造工厂或者在铁路的主要修理工厂由被培训过的人员进行。

4. 导流线

流过受电弓的电流，绕过滚动轴承和弓头悬挂装置的绝缘弹簧元件，通过高性能的导流线进行短接。导流线由高性能铜线组成，两端配有压型的接头。共有四条导流线短接下臂杆的轴承，两条导流线短接弓头。接头材料为不锈钢、铜或铝，所有的螺栓带有平垫片，采用锁紧螺母连接。在铝和铜表面之间装有专门的垫片，以避免出现电腐蚀。

5. 弓头

弓头如图 2-4-4 所示。

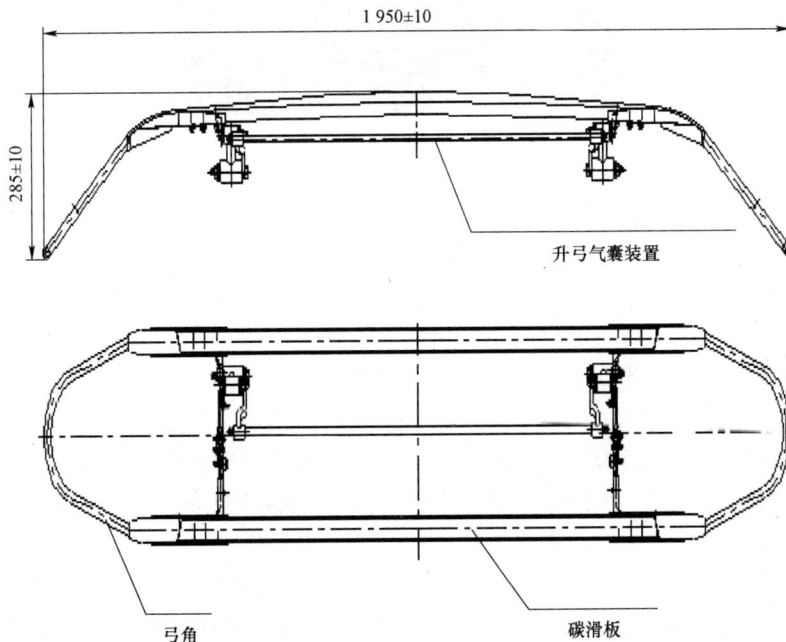

图 2-4-4   弓头（单位：mm）

滑板与弓角一起形成一个框架结构。这种设计保证了弓头结构精巧，部件尽可能少，易维护。在铁路系统，不同的接触网可以安装不同轮廓尺寸的弓头。

1）碳滑板

每条接触滑板都由一个导电的石墨磨损件和铝托架组成。这两个部件由粘贴工艺连接在一起。

2）弓头悬挂装置

弓头悬挂装置（见图2-4-5）由两个橡胶扭矩元件和两个V形链接器构成。链接器被装在扭矩条的末端，扭矩条将橡胶元件和链接器连接在一起。橡胶弹簧元件上方的正方形被安装在弓角的横梁上，扭矩条被支撑在上框架的长横管的免维护轴承上，这种结构允许弓头尽可能地在上框架的顶管周围，做垂直方向和水平方向的自由运动。在侧向受载（接触网晃动，摇摆或过线岔）的情况下，通过扭矩条可以使弓头近似保持水平，通过滑板的反应频率可以计算出刚度来。在工作期间，对于受迫频率而言，悬挂弹簧表现出一个增加的刚度和低的惯性阻尼。橡胶弹簧元件是免维护的，它的各向弹性允许进行误差补偿，并且吸收侧向振动。

图2-4-5　弓头悬挂装置

为了严格保证弓头在上框架的顶管之上的高度（在第一次安装或者等同于橡胶弹簧元件处于降落状态下），弓头悬挂装置可以被调整。

3）弓角

弓头两端向下倾斜的弓角可以阻止受电弓发生钻弓现象。在正常环境下，接触网在受电弓的滑板范围之内运动。在过线岔时，弓角将起作用。

6. 平衡杆

在使用中，弓头框架自由运动，通过接触网弓头被保持在正确的位置。在升降弓时，平衡杆阻止弓头的四处倾斜。平衡杆由连接在顶管上的止挡杆组成，由连接在下臂杆上的平衡杆导杆控制，以保持弓头大致的水平位置。

7. 升弓气囊装置

在受电弓上，所需的升弓扭矩和接触压力由两个充满压缩空气的气囊通过钢丝绳和安装在下臂杆上的扇形板来产生。所需的气体压力将由一个误差为±0.001bar的高精度调压阀来控制。要求的接触压力通过调整气压可以方便地调整。

升弓气囊装置见图2-4-6。

图 2-4-6　升弓气囊装置

8. 阻尼器

为了阻止不希望的受电弓的运动，以及来自接触网的激励，如其他列车上受电弓的干扰，在受电弓的底架和下臂杆之间安装了一个阻尼器（见图2-4-7）。

图 2-4-7　阻尼器

9. 自动降弓装置

为了保护接触网和受电弓滑板到了最小磨耗极限后继续过度磨耗，受电弓配备了气路监测系统，为此使用了特殊的碳滑板。气管通过下臂杆和上框架的连接从滑板连接到阀组（快排阀），自动降弓装置（见图2-4-8）就安装在底架上。

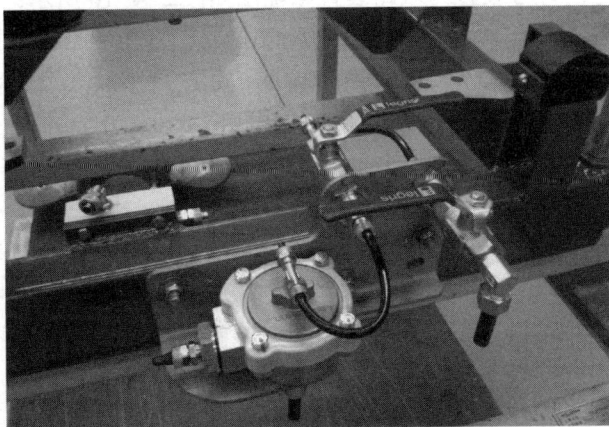

图 2-4-8　自动降弓装置

10. 阀板

所有必需的阀、节流阀、带有空气过滤器的水雾分离器和压力开关都组装在电力机车内部的阀板上。气囊到滑板的连接由气管连接，可以保证提供压缩气体是干而且纯净的，保证能良好地运行。

控制气阀板如图 2-4-9 所示。

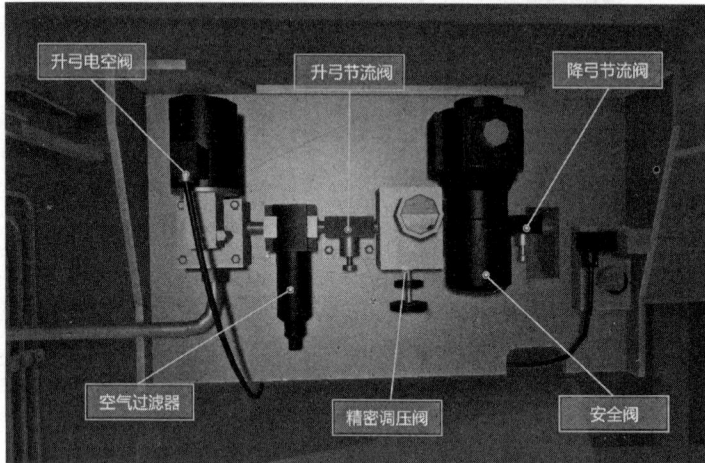

图 2-4-9　控制气阀板

三、TSG15B 型受电弓的使用环境

（1）海拔不超过 2 500 m。

（2）最低环境温度为-40 ℃，最高环境温度为+70 ℃。

（3）温度保持 40 ℃不变时，相对湿度为 95%；温度从-25～+30 ℃快速变化，相对湿度为 95%，最大绝对湿度为 30 g/m^3。

（4）暴露在机车外部的部分能承受雨、雪、风、沙的侵袭，并且具有防水、防风、防沙的能力。

（5）受电弓的振动和冲击符合 IEC-61373 标准 I 类 A 级的相关要求。

四、TSG15B 型受电弓的工作原理

TSG15B 型受电弓的升弓装置与气路装置原理图如图 2-4-10 所示。

受电弓的升弓和降弓由气囊装置进行控制，气囊装置由气路控制，而气路又由一电磁阀操纵。该控制气路保证：受电弓无振动而有规律地升起，直至最大工作高度，从受电弓弓头开始上升算起，在 6～10 s 内无异常冲击地抵达接触网线上；由任意高度，包括工作区间内的快速降弓；不可能使受电弓遭受到任何损坏的完全降弓。

1）弓头上升——升弓

升弓运动通过进入气囊的压缩空气量的多少进行控制。电磁阀得电，压缩空气通过气路装置和快速降弓阀进入气囊，气囊受到压缩空气的作用膨胀抬升，使得蝴蝶座通过钢丝绳拉拽下臂杆，这样，受电弓在钢丝绳的作用下，随着气囊膨胀的大小而先快后慢地升弓。

2）弓头的下降——降弓

受电弓的下降通过受电弓的气囊升弓装置释放压缩空气来进行控制。电磁阀失电，受电弓气路与大气接通，气囊收缩，受电弓靠自重降弓，整个降弓过程先快后慢。

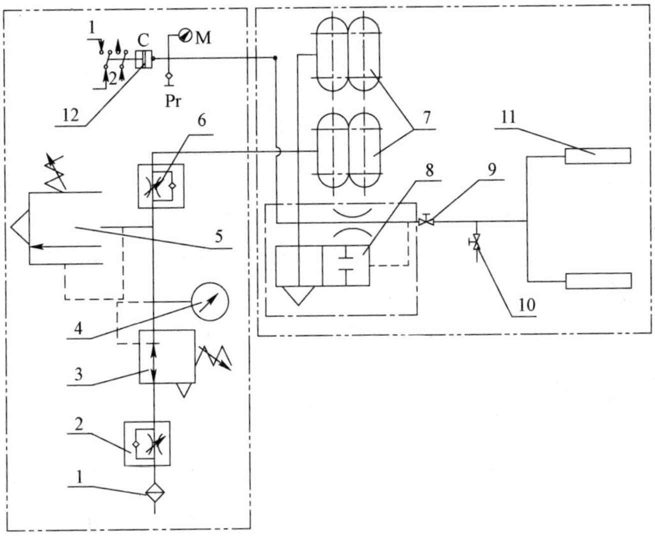

1—空气过滤器；2—单向调速阀（升弓）；3—调压阀；4—气压表；5—单向调速阀（降弓）；
6—稳压阀；7—气囊；8—气控快排阀；9—截止阀；10—试验阀；11—碳滑板（2件）

图 2-4-10　TSG15B 型受电弓的升弓装置与气路装置原理图

知识点 2.4.2　TSG15B 型受电弓 C3 修检修工艺

一、主要技术要求、原形尺寸及限度

（1）受电弓碳滑板厚度要求：同一受电弓两个滑条的厚度差不大于 3 mm，碳滑板厚度不得小于 24 mm。

（2）受电弓碳滑板裂纹及破损要求：滑板在工作宽度 300 mm 长度范围内不允许有一处以上的纵向或垂向贯通的裂纹；滑板工作面连续破损宽度不得大于工作面宽度的 1/3；当连续破损长度大于 100 mm 时，破损宽度和垂向高度均不得大于 5 mm。

（3）受电弓碳滑板在工作范围宽度内最高点厚度与最低点厚度差不大于 5 mm，局部磨耗深度不超过 5 mm，小于 5 mm 时允许磨修，必须保证圆弧过渡。

（4）受电弓碳滑板顶面至上框架顶管中心线的距离为（80±5）mm，滑板底面至平衡杆止挡杆的距离为 10～30 mm。

（5）受电弓升降弓时间：升弓时间 6～10 s，降弓时间≤6 s。

（6）受电弓静态接触压力：静态接触压力在（70±10）N 范围。

（7）受电弓最大升弓高度：不小于 2 400 mm。

（8）受电弓绝缘软管拧紧力矩：50 N·m。

（9）车顶各软连线、接地线断股不大于 10%。

（10）受电弓碳滑板和弓角间应有 1.0～2.5 mm 的间隙。

（11）受电弓快速降弓试验（ADD 阀试验）。将升起的受电弓拉到 0.6 m 处，然后将 ADD 试验阀打开，升弓机械装置内的压力应立即下降，快速降弓动作，受电弓在 1 s 内应迅速下落到降弓位。

（12）受电弓升弓后检查压力表指示压力不超过 400 kPa，进风表压力应不低于回风表压力，且差值不大于 20 kPa。

（13）受电弓降下状态，前后滑板底面应与 U 形支架自然接触，目视检查允许存在不大于 0.5 mm 的单个接触间隙；同时应保证受电弓上框架顶管与底座上的两个橡胶块接触，允许存在不大于 0.5 mm 的单个接触间隙。

（14）高压绝缘子表面缺损面积大于 3 cm² 时，须下车通过 75 kV 工频耐电压试验后方可装车；累计缺损面积达到 25 cm² 或非瓷质绝缘子缺损深度达到 1 mm 时不得使用。

二、设备、工具及材料

手电筒、游标卡尺、弹簧秤、钳工锉、水平尺、直钢尺、专用高度尺、梅花扳手或开口扳手、棘轮扳手、扭力扳手、机械秒表、毛巾、白棉布、酒精、凡士林、导电膏、检漏剂、砂纸、防锈漆。

三、主要工序及操作过程

（1）清除受电弓的灰尘和脏物，检查弓头悬挂支撑橡胶扭矩元件，不老化、变形；检查受电弓落座时应与两止挡同时接触；检查横轴、上臂杆，不得弯曲、变形，拉弦紧固；检查平衡杆、下臂杆、拉杆，不得弯曲、变形，活动关节不得固死，转动应灵活，无卡滞；检查底部框架各安装螺栓紧固，紧固标识齐全。

（2）检查各导电软连线应安装牢固，软连线断股不大于原形的 10%。受电弓气囊、空气管路及各接头连接处不得有老化、龟裂、漏气。绝缘软管拧紧转矩 50 N·m。

（3）检查受电弓各铰接部分应转动灵活。各弹簧件无裂损、锈蚀。

（4）检查保持活动框架、转轴、铰链，应清洁。

（5）在降弓位检查钢丝绳的松紧，钢丝绳不得有断股，并涂抹凡士林进行润滑，两螺母拧紧量相同，弓架无歪斜、变形。

（6）检查阻尼器无损坏、漏油现象，防尘胶皮无破损、积水，卡箍紧固，无松动，泄水孔应朝下位置，阻尼器动作灵活，无异音。

（7）使用弹簧秤检测受电弓静态接触压力。受电弓升起过程中，作业者用手限制最大升弓高度，使受电弓升起离车顶的距离为 1 600 mm。把弹簧秤挂在顶管上松开手，用弹簧秤使受电弓保持升弓高度，读取弹簧秤读数即为静态接触压力，静态接触压力在（70±10）N 范围。

（8）受电弓升降弓试验。受电弓动作灵活无卡滞、冲击、机械异音，符合升降弓先快后慢的特性，升弓时间 6~10 s，降弓时间 ≤6 s。

（9）测量受电弓最大升弓高度。以落弓位滑板面为基准，高度不小于 2 400 mm。

（10）检查滑板，不得有刻痕、剥落、松动、变形、裂纹或缺陷，不平整处应圆弧过渡，安装牢固。接缝处应平整、密贴。滑板托及弓角无裂损、变形。滑板托顶面平整，不得有严重锈蚀。滑板在工作宽度 300 mm 长度范围内不允许有一处以上的纵向或垂向贯通的裂纹；滑板工作面连续破损宽度不得大于工作面宽度的 1/3；当连续破损长度大于 100 mm 时，测量破损宽度和垂向高度均不得大于 5 mm。

（11）检查弓角与滑板之间应平滑过渡，目视检查滑板和弓角间应有 1.0~2.5 mm 的间隙。

（12）用游标卡尺测量滑板厚度，要求：

① 选取碳滑板在工作范围宽度内最小厚度不得小于 24 mm，最高点与最低点厚度差不大于 5 mm，否则磨修或更换；

② 同一受电弓两个滑条的最低点厚度差不大于 3 mm。

（13）检查滑板支架活动部分，动作灵活。

（14）测量滑板至上框架顶管以及平衡杆止挡杆之间的技术尺寸，滑板顶面至上框架顶管中心线的距离为（80±5）mm，滑板底面至平衡杆止挡杆的距离为 10～30 mm。

实操视频：受电弓
检查与试验.mp4

（15）受电弓快速降弓试验（ADD 阀试验）。将升起的受电弓拉到 0.6 m 处，然后将 ADD 试验阀打开，升弓机械装置内的压力应立即下降，快速降弓动作，受电弓在 1 s 内应迅速下落到降弓位。

（16）打开升弓气阀板空气过滤器塞门进行排水，检查升弓阀板各接头无泄漏，升降弓单向节流阀及调压阀固定螺母红色漆标无错位，检查阀板禁动标识清晰可见，检查安全阀铅封完好。检查压力表无破损，升弓后检查压力表指示压力不超过 400 kPa，进风表压力不低于回风表压力，且差值不大于 20 kPa。调压阀、升降弓单向截流阀调整螺母在每次调整后应清除原标记，重新作漆标。检查升弓电反馈插头紧固状态，检查升弓进风管截止塞门状态，并用电器扎带固定在开通位置。

（17）受电弓降下状态。前后滑板底面应与 U 形支架自然接触，目视检查允许存在不大于 0.5 mm 的单个接触间隙；同时应保证受电弓上框架顶管与底座上的两个橡胶块接触，允许在不大于 0.5 mm 的单个接触间隙。

课后拓展

DSA200 型受电弓

电力机车从外部取得电能的部件称为受电装置，在铁路干线运输中受电装置就是受电弓。

在国产直流传动电力机车上，曾经使用过 TSG3 型弹簧式受电弓，但现在普通使用了性能更优越的气囊式受电弓。

一、功能及特点

受电弓是电力机车上一个重要的电气部件，通过它直接与接触网接触，将电流从接触网上引入机车，供车内的电气设备使用。它安装在车顶上，不用时处于折叠状态，运用时升起以与接触网接触。

二、结构组成

如图 2-4-11 所示，DSA-200 型受电弓主要由底架、阻尼器、升弓装置、下臂、弓装配、下导杆、上臂、上导杆、弓头、滑板及升弓气源控制阀板等组成。升弓装置安装在底架上，通过钢丝绳作用于下臂。上臂和弓头由较轻的铝合金材料结构设计而成。

1. 弓头

弓头安装在受电弓框架的顶端，升弓状态时直接与接触网接触，用于汇集电流。它主要由滑板座、幅板、滑板、4 个纵向弹簧、2 个横向弹簧及其附属装置组成，如图 2-4-12 所示。弓头借助框架的伸缩可以上下移动。

1—底架；2—阻尼器；3—升弓装置；4—下臂；5—弓装配；6—下导杆；7—上臂；8—上导杆；9—弓头；10—滑板

图 2-4-11　DSA-200 型受电弓结构

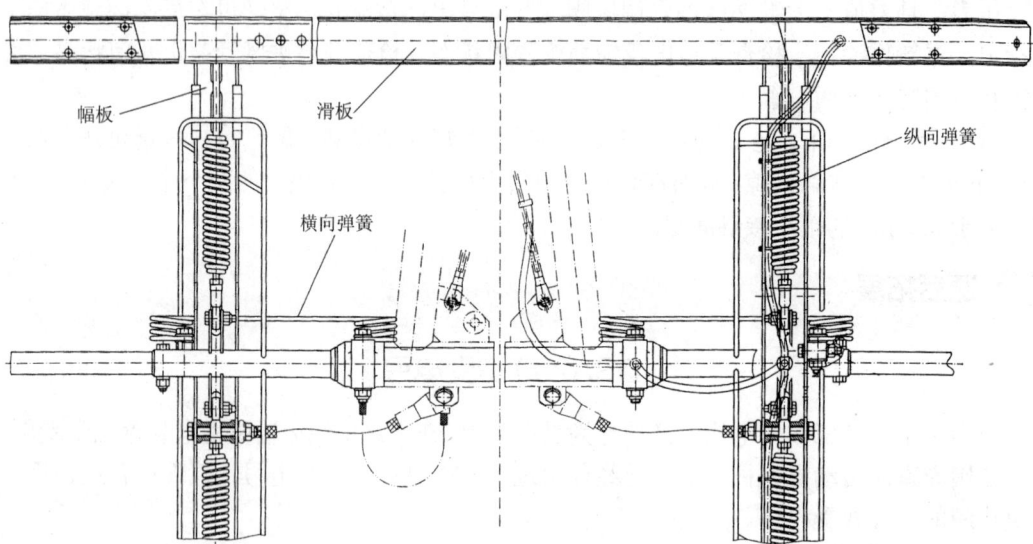

图 2-4-12　弓头结构

　　两个滑板座与两个幅板相连，组成相对坚固的弓头支架。弓头支架垂悬在 4 个纵向弹簧下方，2 个横向弹簧安装在弓头和上臂间，滑板安装在弓头支架上。这种结构使滑板在机车运行方向上移动灵活，而且能够缓冲各方向上的冲击，达到保护滑板的目的。

　　滑板是中空结构，中间的气腔中通有压缩空气，如果滑板出现磨损到限或断裂时，压缩空气的泄漏导致自动降弓装置发生作用，受电弓会迅速自动降下。更换滑板后，必须确保自动降弓装置启动。

　　2. 底架

　　受电弓通过支持绝缘子和 3 个安装座安装在车顶上。底架上有 3 个电源引线连接点和升弓用气路，还装有自动降弓装置的快速排气阀、试验阀和关闭阀，如图 2-4-13 所示。

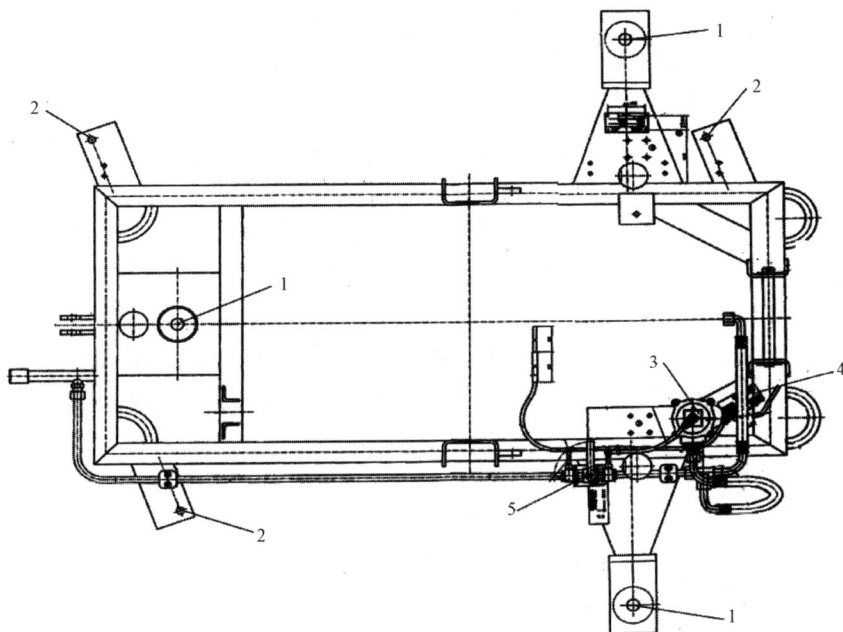

1—安装座；2—电源引线连接点；3—快速排气阀；4—试验阀；5—关闭阀

图 2-4-13　底架结构

快速排气阀用于检测气路压力。当滑板发生破裂造成压缩空气泄漏时，快速排气阀将受电弓升弓装置中的空气快速排出，实现自动降弓的功能。

试验阀是自动降弓装置的检测机构：受电弓正常工作时，该阀处于关闭状态；当需要测试自动降弓装置功能是否正常时，扳动试验阀，使其模拟滑板中压缩空气的泄漏，达到自动降弓的目的。

当自动降弓装置本身发生故障时，可通过关闭阀停止该装置的运行。

3. 升弓装置

升弓装置是受电弓的动力装置，由气囊式气缸和导盘组成，其导盘通过钢索连接在下臂钢索轨道上，如图 2-4-14 所示。

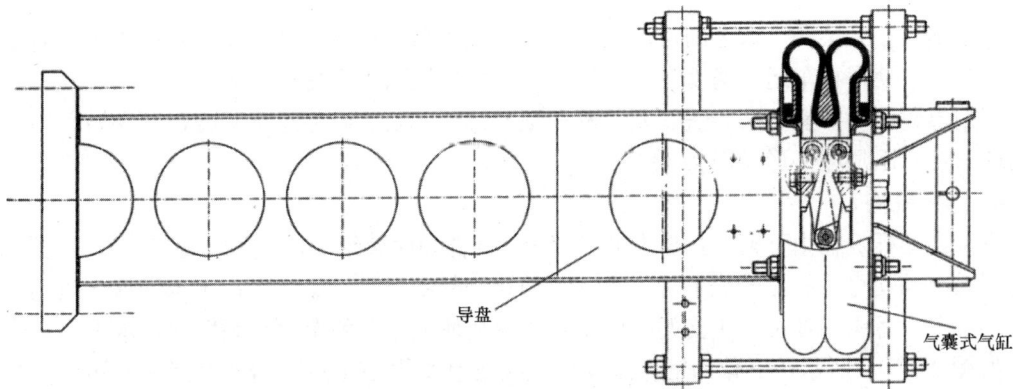

导盘　气囊式气缸

图 2-4-14　升弓装置的结构

进气时气囊膨胀，推动导盘向其前方运动，导盘和钢索轨道间拉紧的钢索带动下臂绕轴向上转动，受电弓升起。排气时气囊式气缸收缩，受电弓降弓。

4. 升弓气源控制阀板

升弓气源控制阀板（见图 2-4-15）安装在机车控制电器柜及 II 端机械室空压机组后面的侧墙上，用于调节受电弓升降弓时间和静态接触压力等参数。其中，空气过滤器（1）用于提高升弓气源的洁净度，确保各空气元件可靠动作；调节单向节流阀（2）可调整升弓速度；调压阀（3）用于改变进入升弓气囊的空气压力，以实现调节受电弓静态接触工作压力，精确度为 ± 20 kPa，每 10 kPa 的压力变化将导致弓网接触压力变化 10 N；压力表（4）可显示工作压力，用于粗略显示压力调节数值；调节单向节流阀（5）可调整降弓速度；当调压阀（3）出现故障造成工作压力过高时，则由排气阀（6）进行保护性泄漏，以限制压力。

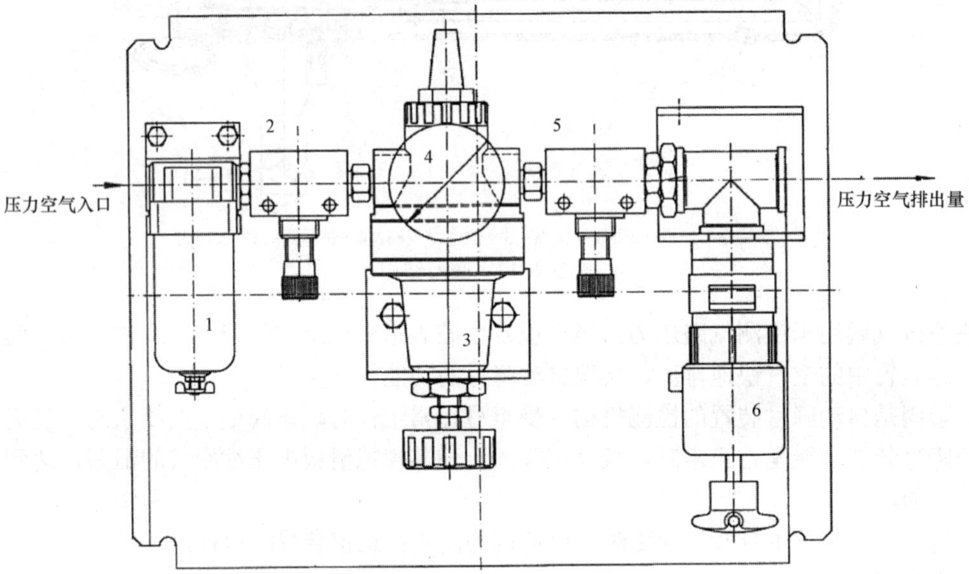

1—空气过滤器；2—节流阀；3—调压阀；4—压力表；5—节流阀；6—排气阀

图 2-4-15　升弓气源控制阀板

5. 阻尼器

阻尼器装在底架和下臂之间，就是一台液压减震器，用于缓冲机车运行中因震动对受电弓的影响，它使得机车运行速度变化大时受电弓和接触网压力变化不大。

阻尼器包括防护套、防尘盖、安装座和锁紧螺母。安装时通过锁紧螺母可调节并锁定阻尼器的长度。阻尼器外形见图 2-4-16。

6. 连杆机构

下部四连杆机构由下臂、上臂的 T 形部分、推杆和底架组成，其作用是在升降弓过程中，随着下臂转动使弓头的上升或下降保持其运动轨迹基本上为一铅垂线；上部四连杆机构由上臂框架部分、弓头导杆及弓头支架组成，其作用是使滑板在整个运动高度保持水平状态。

如图 2-4-17 所示，下臂为钢管结构，主要支承受电弓重量，传递升降弓力矩，其长度决定了受电弓的工作高度。其一端固定在底架上，另一端通过轴承和上臂相连。下臂底端设有钢索导轨，通过钢索和升弓装置的导盘相连，由升弓装置带动下臂绕轴转动。下臂内部的空腔中有空气管路，通过管接头和软管连接，作为自动降弓装置的压力检测气路。

图 2-4-16 阻尼器外形

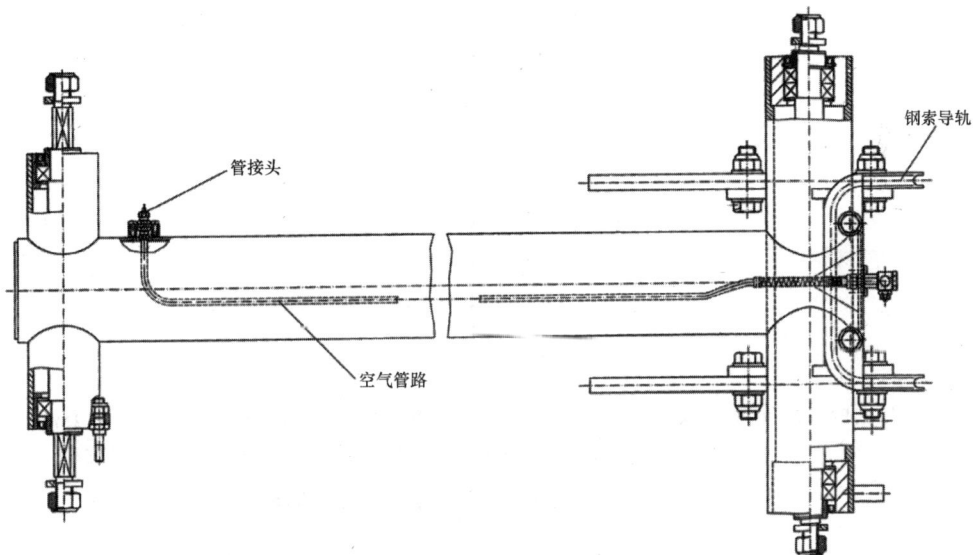

图 2-4-17 下臂结构

下导杆分别接在上臂一端和底架上，用于调整最大升弓高度和滑板运动轨迹。

上臂为铝合金框架，用于支承弓头重量，向上传递压力，保证受电弓工作高度。

上导杆一端接在下臂，另一端接在弓头支架的幅板下方，其作用是调整滑板在各运动高度均处于水平位置。

三、工作原理

1. 概述

升、降弓动力由气囊式气缸提供，气囊式气缸由升弓电磁阀控制进排气。该控制气路能够保证：

① 受电弓无振动而有规律地升起，直至最大工作高度；

② 受电弓弓头从开始上升算起，最多在 5.4 s 内无异常冲击地抵达接触网线上；

③ 从任意高度上（包括工作区间）的降弓都应迅速，降弓时间不大于 4 s；

④ 实现不会使受电弓及其他车顶设备受到任何损坏的完全降弓。

2. 升降弓原理

受电弓升降的空气气路原理图如图 2-4-18 所示。

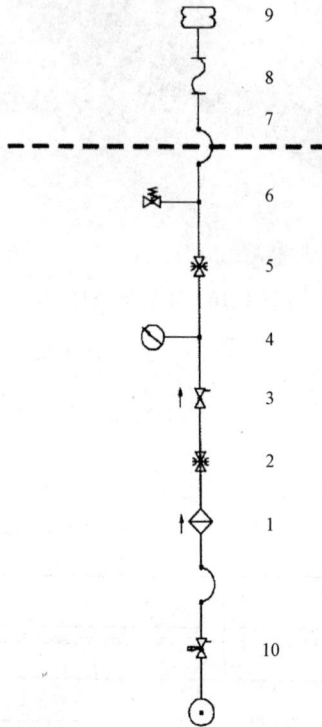

1—空气过滤器；2—单向节流阀（升弓）；3—精密调压阀（调压范围 0.01～0.8MPa）；4—压力表，0～1MPa；
5—单向节流阀（降弓）；6—安全阀；7—车顶界面；8—高压绝缘软管；9—升弓装置；10—电空阀

图 2-4-18　受电弓升降的空气气路原理图

1）升弓原理

升弓时，司机将受电弓扳键开关扳至"升"位，受电弓升弓电空阀得电，使压缩空气通过电空阀（10）流经受电弓气源控制阀板［先后通过空气过滤器（1）、升弓用单向节流阀（2）、精密调压阀（3）、压力表（4）、降弓用单向节流阀（5）、安全阀（6）］，再经过高压绝缘软管进入车顶受电弓的升弓装置（9）。

升弓气囊充气，推动导盘前移，通过钢索带动下臂绕转轴旋转，此时上臂在下导杆的作用下逆时针转动，使受电弓弓头升起。

调节单向节流阀（2）可以调整升弓时间，精密调压阀（3）可以调整滑板对接触网的压力。

2）降弓原理

需要降弓时，司机将受电弓扳键开关扳到"降"位，受电弓升弓电空阀失电，关闭压缩空气通路，且使通往受电弓的气路与大气接通，气囊收缩，下臂在自重作用下转动，最终使受电弓弓头降到落弓位。

调节单向节流阀（5）可调整降弓时间。

3. 自动降弓装置工作原理

自动降弓装置的作用是当滑板断裂或磨损到限出现空气泄漏时，与接触网接触的受电弓能自动下落，从而避免接触网和受电弓的损坏。自动降弓装置原理图如图 2-4-19 所示。

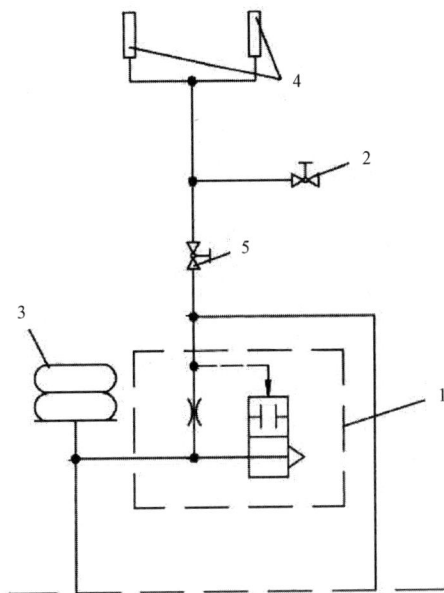

1—快速排气阀；2—ADD 试验阀；3—升弓装置；4—滑板；5—ADD 关闭阀

图 2-4-19 自动降弓装置原理图

自动降弓装置由快速排气阀、ADD 关闭阀、ADD 试验阀及相应气路组成。

升弓压缩空气在进入升弓装置的同时，还有一路进入自动降弓装置，经快速排气阀、自动降弓关闭阀及下臂中气路、上臂或软管气路至受电弓滑板座下部。滑板的碳边缘设有一个通道，升弓状态时滑板空腔里面充有来自受电弓供气系统的空气。当受电弓的自动降弓功能处于开启状态（ADD 关闭阀打在"开"位）且受电弓升起，在机车行驶过程中，滑板破裂或磨损到限，控制管路内的压缩空气经滑板的破损处排入大气，控制管路内的气压下降并控制快速排气阀打开，气囊式气缸内的压缩空气直接由快速排气阀排入大气，使受电弓快速下降，从而实现弓网故障时快速自动降弓的功能。

当快速排气阀和滑板间的连接断裂时，自动降弓装置可通过关闭阀来停止该功能起作用。

试验阀接在关闭阀后面，用于检测受电弓自动降弓装置的功能是否完好。

滑板若存在微小裂缝和少量漏气，但能够正常升弓，则属于正常允许范围，不会影响其正常使用。

四、性能指标

（1）设计速度：200 km/h。

（2）额定电压：25 kV。

额定电流：1 000 A。

（3）静态接触压力：（70±5）N。

（4）动态接触压力：通过弓头翼片调节（选装）。

（5）输入空气压力：400～1 000 kPa。

（6）正常工作压力：360～380 kPa。

（7）自动降弓时间：1.5 s（到离接触网 150 mm 处）。

（8）落弓保持力：≥120 N。

（9）升弓时间：≤5.4 s。

（10）降弓时间：≤4 s。

（11）升弓驱动方式：气囊装置。

（12）精密调压阀耗气量：≤11.5 L/min（输入压力＜1 MPa 时）。

（13）弓头总长度：1 950 mm。

（14）弓头宽度：（580±2）mm。

（15）弓头（弓头支架、滑板）的垂向移动量：60 mm。

（16）滑板工作部分长度：1 250 mm。

（17）滑板原始厚度：22 mm（剩 5 mm 禁用）。

（18）折叠长度：2 561 mm。

（19）最大升弓高度：3 081 mm（含 400 mm 绝缘子）。

（20）落弓位高度：669 mm（含 400 mm 绝缘子）。

（21）质量：约 130 kg（绝缘子除外）。

任务 2.5　其他高压电器检修

学习活动 1　任务介绍

1. 任务描述

电力机车高压电器设备主要安装在车顶或者车内高压电器柜中。本任务的其他高压电器是指除受电弓、主断路器以外的车顶高压电器设备，主要包括高压隔离开关、避雷器、接地开关、高压电压互感器等。车顶其他高压电器检查是机车检修岗位的主要工作任务之一，检修人员需要按照检修工艺文件（或作业指导书）完成车顶其他高压电器检查、C3 修，整个作业过程对检修人员的质量意识、安全意识有很高的要求。

2. 任务要求

（1）描述高压隔离开关、避雷器等车顶其他高压电器的功能及结构；

（2）分析高压隔离开关、避雷器等车顶其他高压电器工作原理；

（3）复述车顶其他高压电器的检查要求及作业流程；

（4）对车顶其他高压电器进行整备检查；

（5）具有质量意识、安全意识、精益求精的工匠精神。

学习活动 2　任务准备

（1）写出隔离开关、高压电压互感器的作用。

（2）高压电压互感器的检查要求是什么？

（3）高压隔离开关的检查要求是什么？

学习活动 3 任务实施

根据库内整备检查作业指导书，对某型电力机车车顶其他高压电器进行检查，并填写检查记录单。

机车车顶其他高压
设备检查.mp4

1. 工具准备

工具明细表见表 2-5-1。

表 2-5-1 工具明细表

序号	名称	数量	是否完好
1			
2			
3			
4			
⋮			

2. 安全防护准备

防护工具及检查内容见表 2-5-2。

表 2-5-2 防护工具及检查内容

防护工具	检查内容

3. 任务单

车顶其他高压电器检查记录单见表 2-5-3。

表 2-5-3　车顶其他高压电器检查记录单

检查人姓名：		班级：	质检员：
电力机车型号：			

序号	作业内容	作业标准	结果记录
1	高压电压互感器检查	检查高压电压互感器安装状态，检查油位、压力释放阀、干燥剂、各密封件等状态及接线，当硅胶变色超 1/2 时更换。检查清洁绝缘子。冷机时油位在−20～+40 ℃之间，油位不足时补油	
2	前端导电杆检查	检查前端各导电杆、连接螺栓、卡码、固定螺栓的状态应良好	
3	软连线检查	检查各软连线，断股不超过原形 5%，软连线最低处距离车顶顶盖不少于 300 mm	
4	前端高压隔离开关检查	检查高压隔离开关刀片与刀口光洁，夹具作用良好，检查带弹簧定位装置的拉杆舌销状态。刀片缺损宽度不大于原形尺寸的 10%，接触面积在 80%以上，闸刀夹紧弹簧片间距离为 6～7 mm，闸刀接触部分的厚度大于 8.5 mm，旋转手轮转动自如，锁具作用良好	
5	主断路器检查	检查绝缘子表面清洁，无裂损、缺损；检查各紧固锁紧机构状态良好，无松动现象；接地端可靠接地；入出连接线可靠连接，断股不得大于 10%	
6	高压电流互感器检查	检查绝缘子安装螺栓紧固，绝缘子表面清洁，无裂损、缺损；检查软连线及安装螺栓紧固状态良好，无松动，入出端连接线断股不得大于 10%	
7	避雷器检查	检查绝缘子安装螺栓紧固，绝缘子表面清洁，无裂损、缺损；检查软连线及安装螺栓紧固状态良好，无松动，入出端连接线断股不得大于 10%	
8	后端隔离开关、导电杆检查	（1）检查各紧固件齐全、完好，紧固状态良好；检查高压隔离开关刀片与刀口光洁，夹具作用良好；检查隔离开关动杆与静触片的接触性能良好；检查高压隔离开关摆动灵活、闭合良好，不许有阻滞；检查锁闭机构完好，锁紧牢固，不许有松动现象 （2）后端各导电杆、连接螺栓、卡码、固定螺栓的状态应良好 （3）门连锁接地绝缘子上接地刀夹状态应良好，试验夹紧、良好	

序号	作业内容	作业标准	结果记录
9	绝缘子检查	（1）检查车顶各绝缘子无裂纹、破损，有裂纹、破损者更新。擦拭干净绝缘子，要求表面光洁，损伤面积在 3 cm² 以下涂绝缘漆处理，大于 3 cm² 时更换。硅橡胶绝缘子缺损深度达到 1 mm 时须更新。检查各支撑瓷瓶、各安装螺栓应紧固 （2）隔离开关闸刀和触头簧片接触部分涂抹适量润滑脂	

学习活动 4　任务评价

任务实施质量评分表和职业能力评分表分别见表 2-5-4 和表 2-5-5。

表 2-5-4　任务实施质量评分表

评分项	分值	完成要求	评分标准	得分
任务分析	10	明确任务描述及任务要求	基本了解工作任务要求，扣 3 分	
任务准备	10	回答问题清晰准确，能够紧扣主题，没有明显错误	对照标准答案，错误一项扣 5 分，扣完为止	
任务实施	70	有具体实施方案，各步骤清晰正确，过程完整，数据正确	每个错误点扣 2 分	
其他	10	检修记录单填写详细，能够反映实际工作过程	没有填或者填写太过简单，每项扣 2 分	
合计得分				

表 2-5-5　职业能力评分表

评分项	评价等级	质量要求	等级
知识评价	A/B/C	A：能够完整准确地回答任务准备的所有问题，准确率在 90% 以上 C：对基础知识掌握较差，任务准备准确率在 50% 以下	
能力评价	A/B/C	A：熟悉各个环节的实施步骤，能够独立完成任务，并有能力辅助其他同学完成规定的工作任务，工作实施快速，准确率高（在 85% 以上） C：未完成或只完成了部分任务，有问题但没有积极地向老师和其他同学请教，工作不积极，各部分的准确率在 50% 以下	
素质评价	A/B/C	A：不迟到、早退，自主学习，具有较强信息搜集能力；具有质量意识、规范意识和安全意识；具有团结协作精神；工作台整洁有序 C：有迟到早退现象，需要老师全程监督才能学习；规范意识和安全意识不足；不能配合小组其他成员完成工作任务；工作台凌乱	

注：作答结果介于 A、C 之间的，等级评定为 B。

学习资源

知识点 2.5.1　高压隔离开关

一、THG2B-400/25 型高压隔离开关

THG2B-400/25 型高压隔离开关属于车顶保护电器。它的主要作用是优化配置 25 kV 电路内高压设备的运行工况；并当受电弓发生故障时，能将故障部分隔离，维持机车运行。

高压隔离开关三维图如图 2-5-1 所示。

图 2-5-1　高压隔离开关三维图

1. 技术参数

1）高压隔离开关

主要技术参数见表 2-5-6。

表 2-5-6　主要技术参数

尺寸（长×宽×高）	636 mm×300 mm×804 mm
额定电压	30 kV
额定电流	400 A
额定频率	50 Hz
短时耐受电流	3.15 kA/2 s
切断闸刀旋转角	60°
机械寿命	3 000 次
质量	44 kg
底板接口	6×ϕ11
温度	−40～+70 ℃
安装尺寸（长×宽）	540 mm×236 mm
接地座接口	M10

2）支持绝缘子

主要技术参数见表 2-5-7。

表 2-5-7　主要技术参数

材料	硅橡胶
额定绝缘电压	25 kV
高度	400 mm
质量	8 kg

2. 结构

THG2B-400/25 型高压隔离开关属于单刀手动隔离开关，通过一个四边折弯的 6 mm 厚钢制底板安装在车顶上。它装有一个可旋转的闸刀，闸刀装于转动绝缘子上，转动绝缘子安装于通过底板延伸到车内的轴组装上。簧片安装于固定于底板的固定绝缘子上。在底板下，通过手轮可以旋转轴组装及与其连接的转动绝缘子和闸刀以控制高压隔离开关的分合。转轴上的凸轮是用来控制安装于侧板上的两个辅助联锁开关闭合状态的。底板上还装有两个 M10 螺孔的接地座，用于连接机车的接地系统。

隔离开关是用于接通或隔离从受电弓流向机车其他电路的电流（不能带电操纵），它通过手轮和锁手动控制旋转闸刀来实现隔离开关的分合操作，当闸刀顺时针或逆时针转动约 60° 后，完成主电路的接通或隔离。

高压隔离开关及其部件见图 2-5-2。

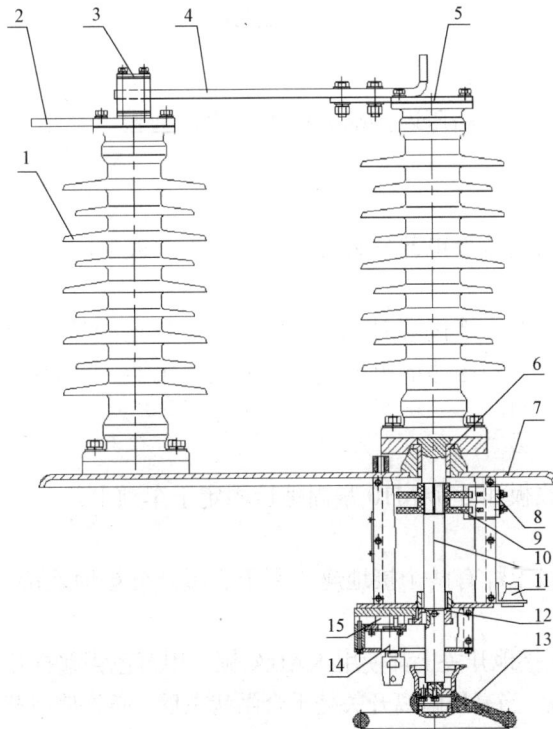

1—支持绝缘子；2—连接板；3—簧片；4—闸刀；5—连接板支架；6—轴套；7—底板；8—辅助联锁；
9—凸轮；10—轴组装；11—四芯连接器；12—固位盘；13—手轮；14—锁；15—锁块

图 2-5-2　高压隔离开关及其部件

高压隔离开关包括以下主要部件。

1）支持绝缘子

支持绝缘子是高压隔离开关的重要部件，此绝缘子是 400 mm 高的硅橡胶绝缘子。它具有的优点是：机械性能优越，抗污闪性能好，耐电蚀性优异，结构稳定性好，重量轻，等等。

支持绝缘子见图 2-5-3。

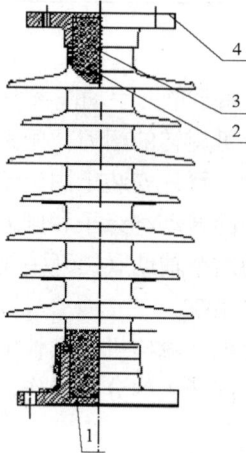

1—下法兰；2—伞套；3—芯棒；4—上法兰

图 2-5-3　支持绝缘子

2）连接板

连接板是高压隔离开关的高压连接端 HV1，它表面镀银，一般与自受电弓引出的导电母排连接。

3）簧片

簧片是高压隔离开关高压导电部分关键部件，它表面镀银，当它损坏时应及时更换。

4）闸刀

闸刀是高压隔离开关高压连接端 HV2，它一般通过软连线与另一个高压电器连接。当它与簧片触指接触后，把来自受电弓的电流引自其他高压电器。表面镀银，当它损坏时应及时更换。

5）底板

高压隔离开关通过底板和 6 个 M10 紧固螺栓固定于车顶上。

6）接地座

高压隔离开关在底板上焊有两个接地座，用于底板部分接地连接。

7）锁

高压隔离开关与高压接地开关上都使用 KABA 锁。用黄色钥匙打开锁后，转动手轮可以使高压隔离开关处于分闸位。当高压隔离开关处于合闸状态后，必须使用黄色钥匙锁好 KABA 锁。

3. 工作原理

1）分闸

当主断路器断开车顶高压电路，受电弓降弓后，使用黄色钥匙打开 KABA 锁，再转动手轮使轴组装及与其连接的转动绝缘子和闸刀旋转 60°，闸刀与簧片分离，隔离开关分断。转轴转动的同时，固定在主轴上的凸轮驱动低压联锁改变为分闸状态，并将信号传到司机室。

2）合闸

当高压隔离开关处于分闸状态时，转动手轮使轴组装及与其连接的转动绝缘子和闸刀旋转 60°，闸刀与簧片接触，隔离开关闭合，同时使用黄色钥匙锁好 KABA 锁。转轴转动的同时，固定在主轴上的凸轮驱动低压联锁改变为合闸状态，并将信号传到司机室。

二、BT25.04 型高压隔离开关

HXD₃ 型电力机车上装有两台受电弓，通过车顶高压母线连接在一起。在机车运行过程中，常常因为外部原因或质量问题发生弓网故障，当受电弓损坏或严重变形时，可以使用另一台受电弓继续运行。但此时应该将损坏的受电弓进行捆绑，并将其与车顶高压母线实行隔离，实现电路隔离的就是高压隔离开关。

与受电弓相对应，机车设置两台 BT25.04 型高压隔离开关，当机车正常工作时，高压隔离开关将受电弓与高压回路连通，当受电弓故障时则将其与高压回路的连接断开。

1. 规格及主要技术参数

（1）规格。规格见表 2-5-8。

表 2-5-8　规格

结构	单极隔离开关
安装	车顶
动作方式	空气操作式（机车内设置 4 个电磁阀）
额定空气压力	500 kPa
生产厂家	株洲九方电气设备有限公司

（2）主要技术参数。

主要技术参数见表 2-5-9。

表 2-5-9　主要技术参数

标称电压	25 kV
额定电压	29 kV
额定电流	400 A
标称电流	400 A
额定频率	50 Hz
防护级别	3 级
污染指数	4 级
冲击电压	170 kV（1.2/50 μs）

控制电压	DC 110 V
最小动作电压	DC 77 V
额定工作气压	400～1 000 kPa
最小动作气压	350 kPa
耐受电流试验	20 kA/8 kA（1 s）
工频耐压	75 kV（1 min）
机械寿命	20 000 次
硅橡胶外表面爬距	≥1 000 mm

高压隔离开关外形图见图 2-5-4。

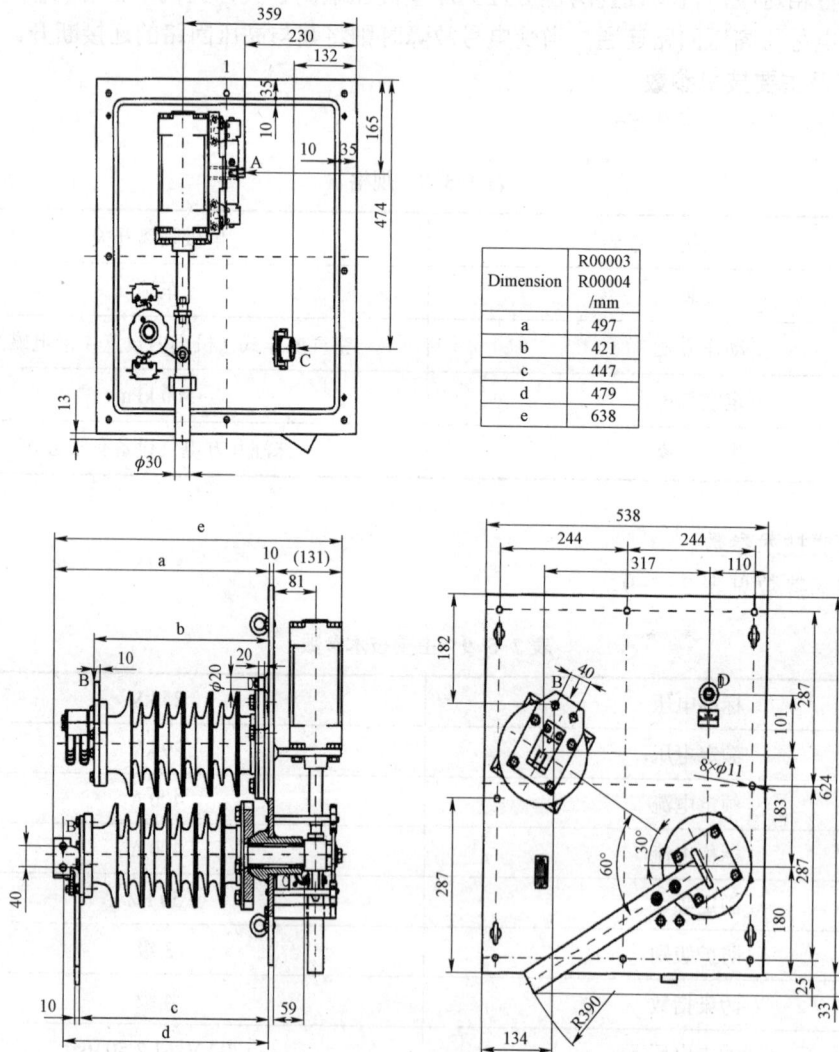

Dimension	R00003 R00004 /mm
a	497
b	421
c	447
d	479
e	638

图 2-5-4　高压隔离开关外形图（单位：mm）

2. 控制方法

1）工作条件

（1）高压隔离开关的动作频率要尽可能低。

（2）不需要和主断控制器联动。

（3）受电弓发生故障时，司机控制打开对应高压隔离开关，从而断开故障的受电弓。

（4）必须在真空断路器断开的时候，才能开闭高压隔离开关。

（5）在没有电源和气源的情况下，高压隔离开关维持原状态（原来开就保持开的状态，原来闭就保持闭的状态）。

2）电路

（1）机械室电器柜内设置 1 个控制高压隔离开关的转换开关 SA96，见图 2-5-5。

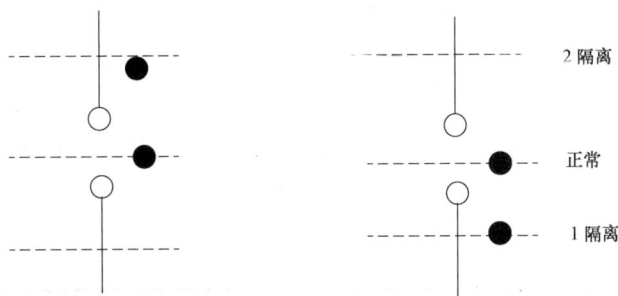

图 2-5-5　控制高压隔离开关的转换开关 SA96 示意图

（2）受电弓均正常时，转换开关 SA96 置于正常位置。

（3）若想切断高压隔离开关，除了将 SA96 转至对应的隔离位置，送出相应的控制信号，还需提供响应的压缩空气。

（4）受电弓 1 异常时，转换开关 SA96 置于"1 隔离"位置，同时对应高压隔离开关的断开电磁阀得电，高压隔离开关打开后，该电磁阀失电。

（5）受电弓 1 复位时，转换开关 SA96 返回到"正常"位，同时对应高压隔离开关的闭合电磁阀得电，高压隔离开关闭合后，该电磁阀失电。

（6）受电弓 2 异常时，转换开关 SA96 置于"2 隔离"位置，同时对应高压隔离开关的断开电磁阀得电，高压隔离开关打开后，该电磁阀失电。

（7）受电弓 2 复位时，转换开关 SA96 返回到"正常"位，同时对应高压隔离开关的闭合电磁阀得电，高压隔离开关闭合后，该电磁阀失电。

（8）无论哪种情况，闭合或断开高压隔离开关时，真空断路器均会自动打开，需要通过手动操作再接通。

高压隔离开关电磁阀见图 2-5-6，受电弓故障隔离开关与高压隔离开关配合逻辑图见图 2-5-7。

3. 注意事项

（1）下降的受电弓也被加载了高压。高空作业时要注意，特别是在车顶上的人是否存在危险。

（2）长时间不动作的机构，可能会发生不能转动的情况。所以，需要定期地让它们动作。

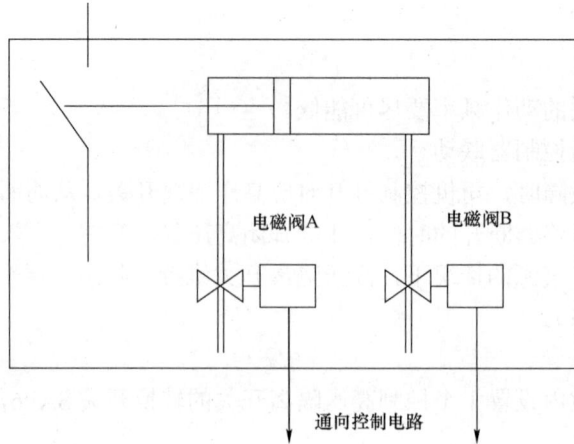

图 2-5-6　高压隔离开关电磁阀

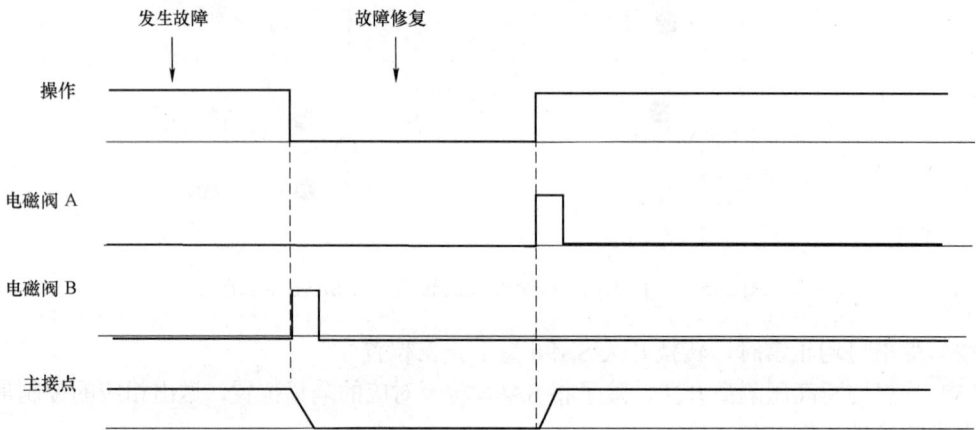

图 2-5-7　受电弓故障隔离开关与高压隔离开关配合逻辑图

知识点 2.5.2　高压接地开关

一、功能及特点

高压接地开关的主要功能是：当进行机车检查、维护或修理时，把机车上的主断路器两侧的电路接地，保证牵引机车的安全操作，并保证工作人员的人身安全。

二、结构组成

BTE25040L1A2B02 型高压接地开关结构如图 2-5-8 所示。

高压接地开关主要分车外部分和车内部分。车外部分主要包括上罩、闸刀、触头弹簧片以及在上罩内的轴等传动机构，车内部分主要包括下罩、操纵杆组装、锁组装以及在下罩内的传动机构。

接地开关安装在机车顶部（用 4 个 M10 螺栓），邻近于主断路器。安装时，闸刀应刚好滑入主断路器触头弹簧片内。当接地开关处在"接地"位置时，在未完成检查和维护之前，任何情况下都不能把闸刀从触头弹簧片内拉出来。

接地开关和车顶之间安装 O 形圈，以避免有水渗入机车内部。

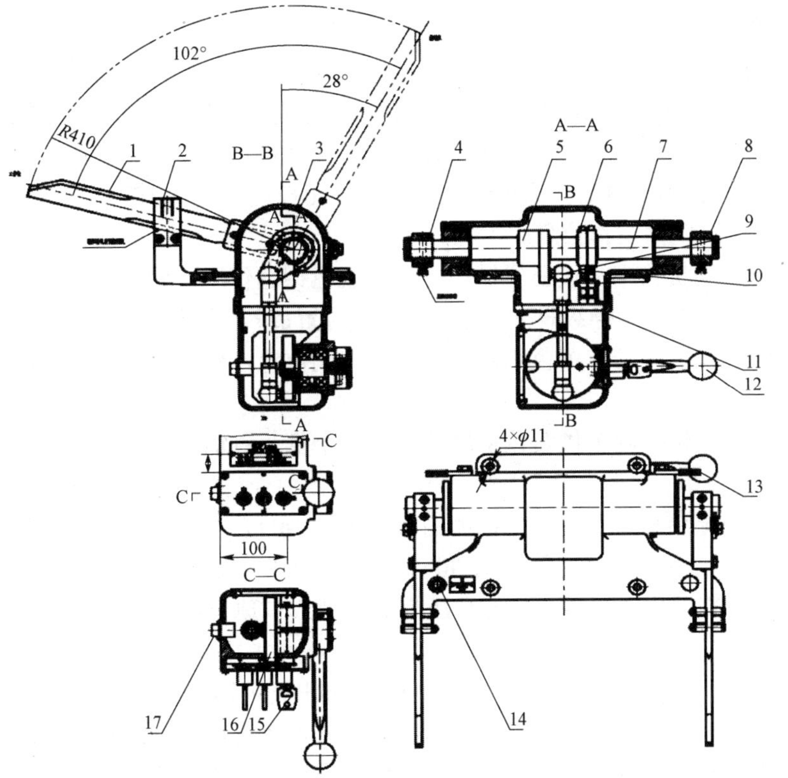

1—闸刀；2—触头弹簧片；3—上罩；4—左支架；5—曲柄组装；6—凸轮块；7—轴；8—右支架；
9—连杆件组装；10—辅助连锁；11—下罩；12—操纵杆组装；13—软连线；14—接地螺栓；
15—锁组装（1A+2B）；16—转盘组装；17—插座

图 2-5-8　BTE25040L1A2B02 型高压接地开关结构

为保证可靠接地，应在接地开关上罩接地线端与牵引机车骨架之间进行适当的电气连接。

三、主要技术参数

主要技术参数见表 2-5-10。

表 2-5-10　主要技术参数

标称电压	25 kV
额定电压	30 kV
额定电流	400 A
峰值耐受电流	20 kA
短时耐受电流	8 kA/1 s
闸刀转换角度	102^{0}_{-2} °
触头弹簧片距离	6～7 mm，偏差 1～1.5 mm
闸刀与触头弹簧片接触长度	≥20 mm
操纵力	≤150 N
机械寿命	20 000 次

四、动作控制

1. 动作原理

闸刀通过支架安装在轴上，而轴、曲柄组装、连接杆组装及操纵杆组装则组成一个传动机构。转动操纵杆，使整个传动机构进行传动，进而使得轴带动闸刀旋转一定角度：在操纵杆从一端旋转 180°到另一端时，闸刀也相应地从"工作位"旋转 102°到"接地位"，或者从"接地位"旋转 102°到"工作位"。

锁组装控制传动机构中共设三个锁：一个供蓝色钥匙使用，两个供黄色钥匙使用。仅在蓝色锁被蓝色钥匙打开后，操纵杆才能从"操作"位置旋转到"接地"位置。一旦旋转到"接地"位置，联锁机构就被带有黄色钥匙的锁锁定在此位置，然后可把黄色钥匙从锁中拔下。

2. 使用操作

接地开关有三个锁：两个供黄色钥匙使用，一个供蓝色钥匙使用。

1）高压接地

在制动部件柜上旋转用于受电弓锁闭的蓝色钥匙 90°，至"受电弓降下"位拔出，再插入接地开关的蓝色锁内；旋转蓝色钥匙 90°，拉出操纵杆并旋转至"接地"位；此时两个黄色钥匙可以旋转 90°并拔出，用于打开高压室的门锁或车顶天窗。

2）运用操作

将高压室关闭、车顶天窗关闭后，旋转 90°并拔出黄色钥匙，插入接地开关的黄色锁内；旋转黄色钥匙，此时可以拉出接地开关操纵杆并旋转置"操作"位；再将蓝色钥匙旋转 90°并拔出，插入受电弓开关锁内，并旋转到"受电弓上升"位置，受电弓才能升起。

知识点 2.5.3 高压电压互感器

一、JDZXW2-25A 型高压电压互感器

为了使司机准确掌握电力机车的输入电压，司机控制台上都设置了网压表，而网压表的输入信号则由电压互感器提供。HXD₃型电力机车上使用了 JDZXW2-25A 型高压电压互感器。该互感器为户外全封闭式电压互感器，采用环氧树脂与硅橡胶复合绝缘支柱式结构，适用于户外交流 50～60 Hz、额定电压为 25 kV 的电力机车电网中作电压测量和继电保护使用。

1. 结构组成

电压互感器从结构及原理上讲，其实就是一台"变压器"，只是其功能不是电能的传输，而是信号的检测。

电压互感器外形及安装尺寸见图 2-5-9。

高压电压互感器提供绝缘的外部护套和伞裙，采用高温硅橡胶材料，具有良好的憎水性，大大地提高了污闪电压，能有效地防止污闪故障的发生；具有抗老化和耐漏电起痕性能，电蚀损性能高，可以连续承受污闪电压；耐机械冲击能力强，重量轻，便于安装，不易损坏，维护周期长。

二次端采用聚碳酸酯防护盖板，便于观察二次接线情况及检修工作，一次接地端采用接地片直接接在底板上。

2. 主要技术参数

主要技术参数见表 2-5-11。

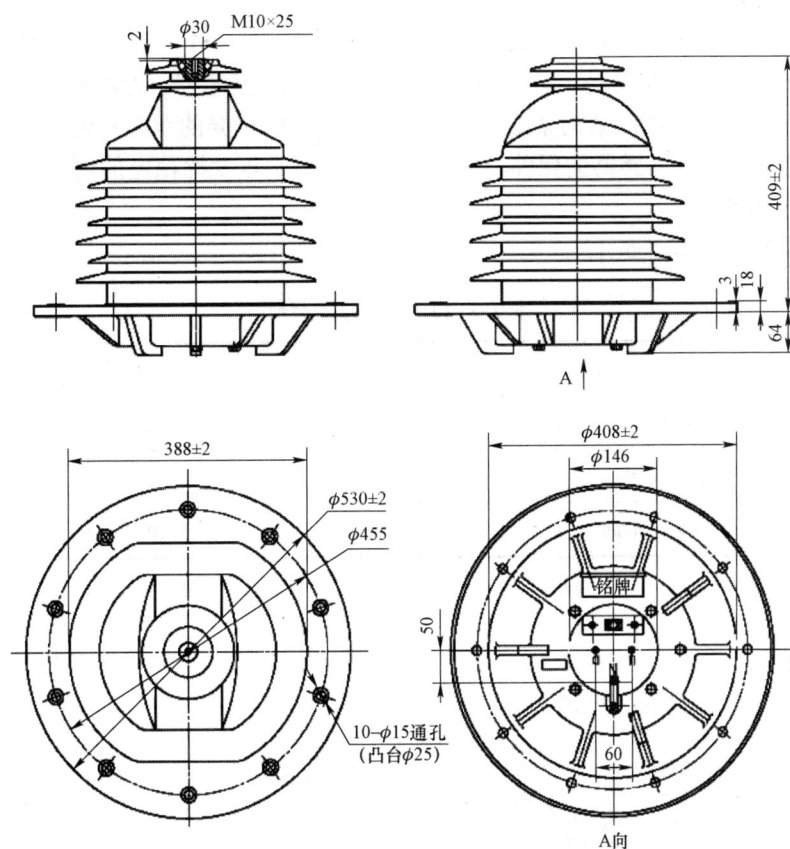

图 2-5-9 电压互感器外形及安装尺寸（单位：mm）

表 2-5-11 主要技术参数

额定电压	25 kV
额定电压比	25 000/100 V
相数	单相
额定频率	50
准确级次	1 级
额定输出（cos φ=0.8 滞后）	30 V·A
极限输出	400 V·A
额定电压因数	1.5（30 s）
功率因数	cos φ=0.8（滞后）
爬距	1 100 mm
质量	59 kg

二、TBY1-25 型电压互感器

本电压互感器用于额定电压为 25 kV 的电力机车电网中，作电压测量和继电保护使用。

TBY1-25 型电压互感器是一种电力机车专用高压电压互感器，为油浸式结构。一次绕组的 A 端接高压，X 端接地，结构紧凑，并使用了绝缘性能优异的线圈和绝缘结构，在设计上充分考虑了耐震性。该互感器的保养、检修简单，能够常年发挥稳定的性能。

1. 主要技术参数

主要技术参数见表 2-5-12。

表 2-5-12　主要技术参数

频率	50 Hz
额定电压比	（25 000/100）V
准确级次	0.5 级
二次额定输出（$\cos\varphi=0.8$）	20 V·A

2. 结构

TBY1-25 型高压电压互感器主要由线圈组、铁芯、油箱、瓷套、出线装置等部分组成，外形图见图 2-5-10，结构图见图 2-5-11。

图 2-5-10　TBY1-25 型高压电压互感器外形图

线圈和铁芯套装后经干燥处理，装入油箱。线圈在油箱内卧式放置，浸于 45 号变压器中。高压一次线圈 A 端由磁套引出，低压二次线圈出头 a1、x1 及高压一次线圈 X 端子、接地屏出线端子经 0.2 kV 套管引出。互感器油箱外部经过接地螺栓可靠接地，避免了由于悬浮电位造成的放电现象。箱盖上有油位表，并用红色油漆在显著位置标明+40 ℃、+25 ℃、−25 ℃温度下油位。箱体上有注油装置，箱盖上有补油装置。互感器内装有一个呼吸器，以保证油箱内气压与外界大气压强相等。同时，为了保持因环境温度及油温变化时呼入或排出的空气干

燥，呼吸器内装硅胶 1.5 kg。在箱盖上还装有压力释放阀一个，其开压力为（35±5）kPa，关闭压力为 19 kPa，以防互感器内部短路或其他原因而引起互感器爆炸。

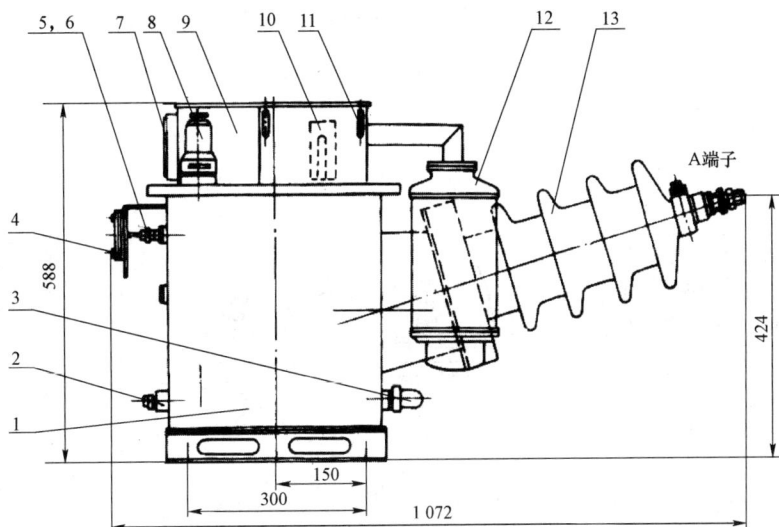

1—油箱；2—接地螺栓；3—油样活门；4—观察窗；5—二次侧套管；6—一次侧低压端套管；
7—铭牌；8—压力释放阀；9—箱盖；10—油位表；11—吊钩；12—呼吸管；13—25 kV 套管

图 2-5-11　TBY1-25 型高压电压互感器结构图（单位：mm）

3. 工作原理

高压电压互感器是利用电磁感应原理，把一次侧的高电压变换为标准测量电压。高压电压互感器是一种专门用作变换电压的特种变压器。互感器原理接线图见图 2-5-12。

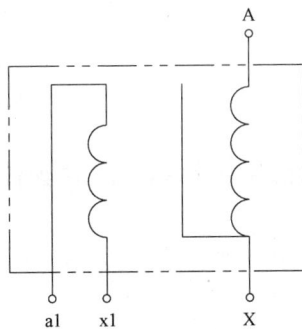

图 2-5-12　互感器原理接线图

知识点 2.5.4　高压电流互感器

一、性能特点

为了计算电力机车的用电情况，并防止因大功率用电设备故障带来的过流、近热甚至火灾情况，必须测量高压侧的电流值。HXD₃ 型电力机车上使用了 LMZBK-25 型电流互感器，这是专门为电力机车设计的电网专用电流互感器，采用复合绝缘穿心对接式结构，适用于交流 50 Hz 或 60 Hz、额定电压为 25 kV 的电力机车内作计量或继电保护使用。

二、结构尺寸

如图 2-5-13 所示，LMZBK-25 型电流互感器的整体结构为穿心对接式。

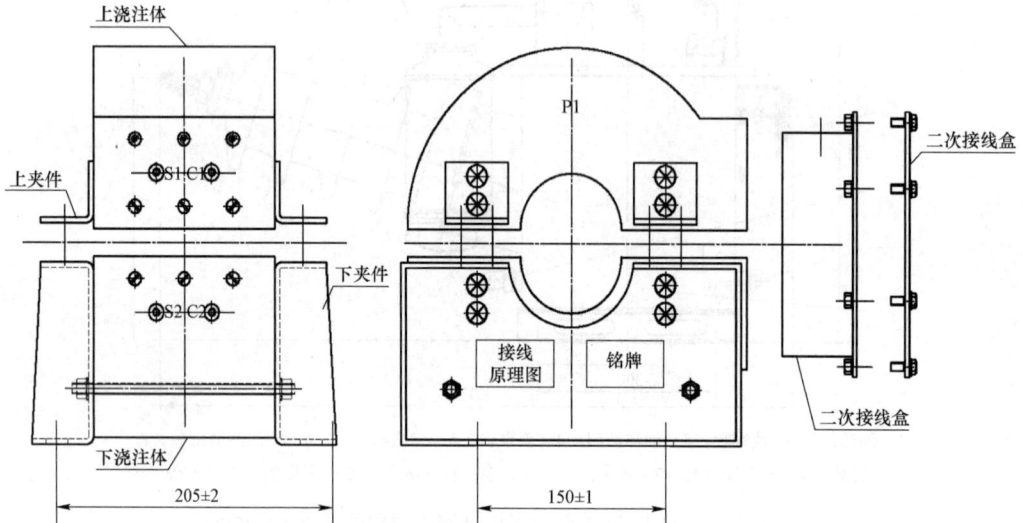

图 2-5-13　LMZBK-25 型电流互感器结构图（单位：mm）

电流互感器一般分为以下两种安装方式。

1. 穿心式安装

先安装互感器，再将电缆直接从互感器中心穿过。

2. 穿心对接式安装

电缆已经提前架设好，需要先将互感器拆开，套在电缆上后再组装互感器。

由图 2-5-14 所示，LMZBK-25 型电流互感器可以采取穿心对接式安装，具体步骤如下。

（1）将紧固二次接线盒盖的 M6 螺钉全部松开，把螺钉、二次接线盒盖及木橡胶垫拆下、收好。

（2）将连接线及紧固二次接线盒的螺钉松开，把螺钉、二次接线盒、连接线及木橡胶垫拆下、收好。

（3）将 8 个 M10 螺母及螺栓拧开，拆下并收好。

（4）安装互感器：将上下浇注体套在电缆上后再用 8 个 M10 螺母及螺栓紧固在一起，步骤与以上拆互感器的相反。

注意：在安装紧固上下浇注体时，上下浇注体上的铁芯必须对齐，且铁芯表面必须光滑、洁净，不得有粉尘等颗粒杂质。

三、主要技术参数

主要技术参数见表 2-5-13。

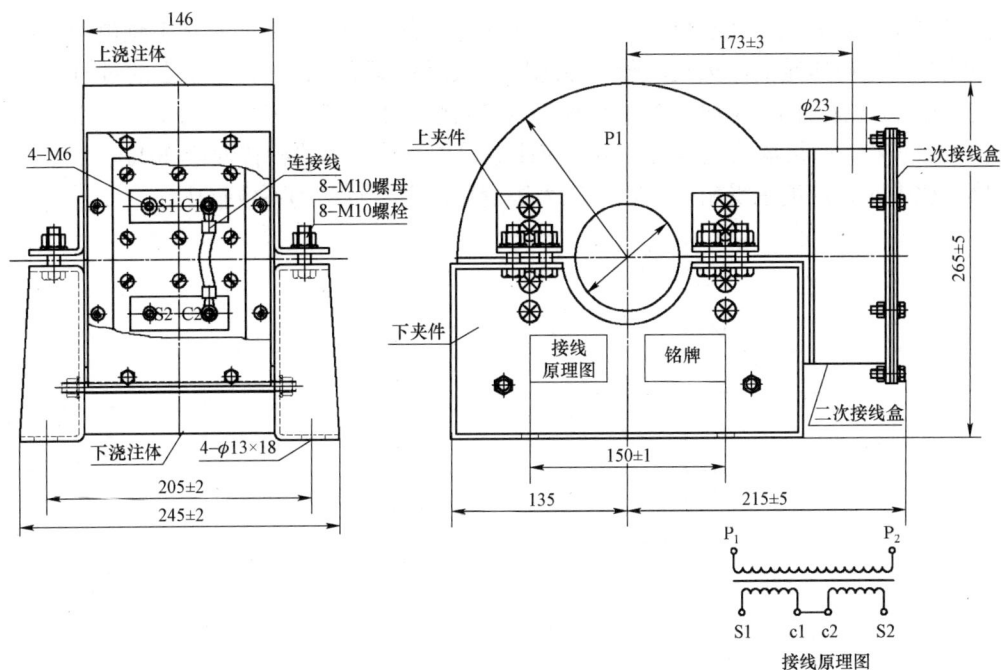

图 2-5-14 LMZBK-25 型电流互感器外形及安装图（单位：mm）

表 2-5-13 主要技术参数

额定电压	25 kV
额定二次电流	5 A
相数	单相
额定频率	50
准确级次	3 级
额定输出（cos φ=0.8 滞后）	25 V·A
功率因数	cos φ=0.8（滞后）
质量	35 kg

知识点 2.5.5 避雷器

机车在运行过程中，有可能遭受意外雷电的侵害，由于雷电电压远远大于接触网的电压，为防止雷电危害，机车上专门配备了避雷器。目前的机车上使用了氧化锌避雷器，其内部是串联的氧化锌压敏电阻，能够在网压突然升高时阻值迅速减小，起到短路保护的作用。该类型的避雷器动作灵敏，保护可靠。

一、避雷器基本工作原理

避雷器是一种限制过电压的保护装置，通常由火花间隙和非线性电阻组成，其工作原理如图 2-5-15 所示。它与被保护物并联，当出现的过电压危及被保护物时，避雷器放电，使高压冲击电流泄入大地，而它仍能恢复原工作状态，截止伴随而来的正常工频电流，使电路与大地绝缘。过电压越高，火花间隙击穿越快，从而限制了加在被保护物上的过电压。

击穿电压的幅值同击穿时间的关系称为伏秒特性（见图 2-5-16）。为了使避雷器能可靠地保护被保护物，避雷器的伏秒特性至少应比被保护物绝缘的伏秒特性低 20%～25%。另外，避雷器在放电时，应能承受耐热及机械应力等变化，而本身结构不致损坏。

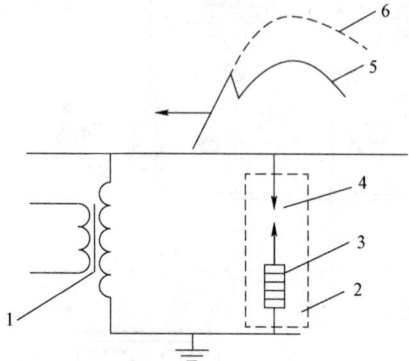

1—被保护变压器；2—避雷器；
3—非线性电阻；4—火花间隙；
5—被限制的过电压波；6—未被限制的过电压波

图 2-5-15　避雷器的工作原理

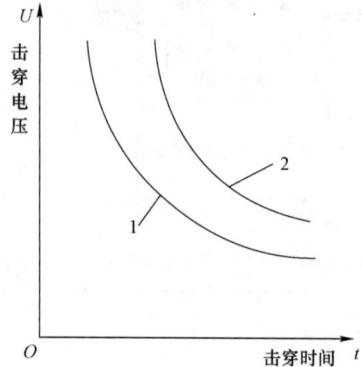

1—避雷器的伏秒特性；
2—被保护物绝缘的伏秒特性

图 2-5-16　避雷器的伏秒特性

二、YH10WT-42-105 型避雷器

HXD1C 型机车装有 YH10WT-42-105 型避雷器，用来限制电气设备绝缘上的过电压。无间隙金属氧化物避雷器由主要成分为 ZnO 等多种金属氧化物制成，其相当理想的伏安特性使避雷器处于正常电压下流过的电流非常小，可认为是一绝缘体；而当电压超过某一动作值时，电流急剧增加，从而抑制住电压的上升，达到保护机车绝缘设备的目的。

1. 主要技术参数

主要技术参数见表 2-5-14。

表 2-5-14　主要技术参数

额定电压	42 kV
标称放电电流	5 kV
系统最大持续运行电压	31.5 kV
直流参考电压（1 mA）	≥58 kV
持续运行电流（阻性）	≤300 μA
总高	550±10 mm
质量	13 kg

2. 结构

避雷器的结构如图 2-5-17 所示，由上盖、避雷器元件、法兰构成。

上盖上方有两个 M10 的螺栓，作为避雷器的高压接线端，法兰上有均布的 4 个 ϕ 13 孔，以便于用 M12 的螺栓与基础连接。

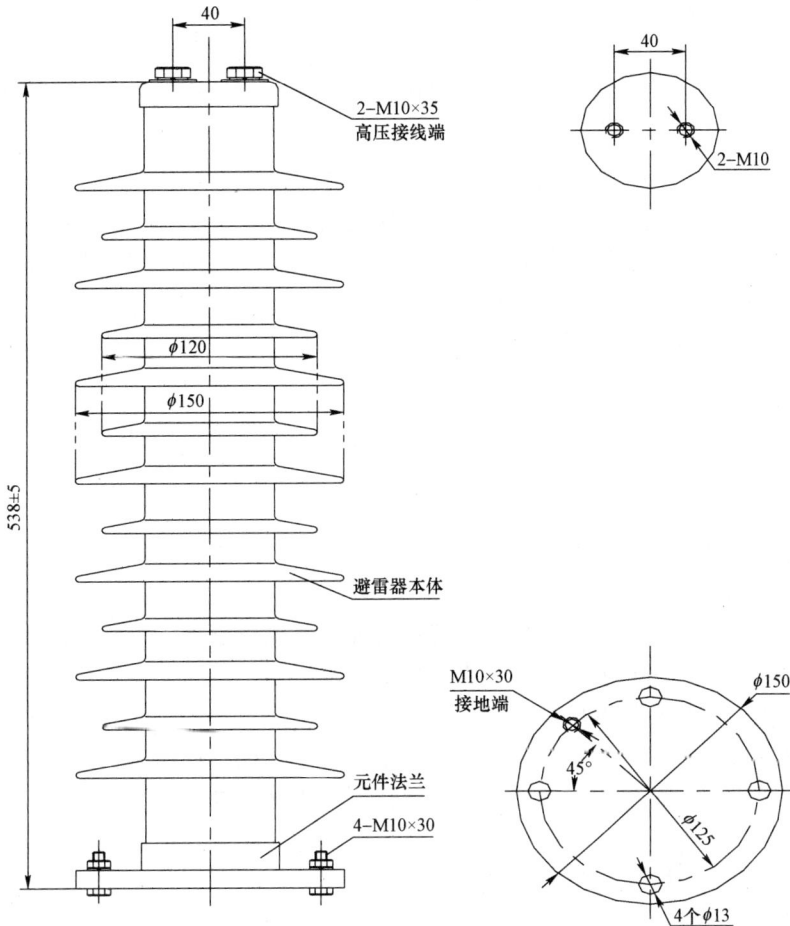

图 2-5-17　避雷器的结构（单位：mm）

3. 工作原理

复合外套无间隙氧化锌避雷器系列产品由主体元件、接线端子、安装卡子或绝缘底座构成。主体元件内装有具有优异伏安特性的氧化锌电阻片（阀片），内部无间隙。主体元件外套采用憎水性硅橡胶制成，使氧化锌避雷器体积小、重量轻，并具有优良的耐污性、防爆性。

避雷器上端带有接线端子，下端通过绝缘底座与基础钢架或底盘相连接。

氧化锌电阻片具有优异的伏安特性。当系统出现过电压时，氧化锌电阻片呈现低电组状态，吸收一定的过电压能量，过电压被限制在允许值以下，从而对电器设备提供可靠的保护。而在避雷器额定电压和系统正常工作电压下，氧化锌电阻片呈现为高电阻状态，使避雷器仅流过很小的泄漏电流，起到与系统绝缘的作用。

知识点 2.5.6　高压互感器检修工艺

一、电压互感器维护检修

在正常运行时不需维护和检修。在机车检修期间，需做如下维护检修。

（1）外观检查表面有否损伤，如表面完好，可用洁净水或普通洗洁精清洁表面并擦拭干净，达到表面清洁，无积尘或污垢。切不可用尖锐物体刮蹭硅橡胶表面，也不得用强酸强碱等腐蚀剂擦拭。

（2）检查紧固一次、二次引线连接件，不得有松动及表面氧化接触不良等现象，必要时清除氧化层，涂抹导电膏，达到接线端子无氧化层连接可靠。

（3）安装板不得有松动现象，必要时用工具重新紧固，达到安装牢固，运行时无松动。

（4）如需要时可做如下检测和试验。

① 绝缘电阻检测：一次绕组对二次绕组≥1 000 MΩ，一次绕组对地≥1 000 MΩ，二次绕组对地≥100 MΩ。

② 工频耐压试验：在一次绕组与二次绕组之间、一次绕组与地之间通 30 kV 工频电压，1 min 内不会被击穿。

二、电流互感器维护检修

电流互感器基本属于"免维护"设计，在正常运行时不需维护和检修。但是，在机车检修期间，应该做如下维护和检修。

（1）外观检查：表面不得有损伤，在确保表面完好的情况下，可用洁净水或普通洗洁精清洁表面并擦拭干净，达到表面清洁，无积尘或污垢。切不可用尖锐物体刮蹭硅橡胶表面，也不得用强酸强碱等腐蚀剂擦拭。

（2）检查紧固二次引线连接件，不得有松动及表面氧化、接触不良等现象，必要时清除氧化层，涂抹导电膏，确保接线端子无氧化层，保证连接可靠。

（3）检查紧固夹件及安装接线盒的螺钉，不得有松动现象，否则必须加以紧固。

三、HXD$_{1C}$ 型电力机车互感器 C3 修

1. 高压电压互感器

（1）检查高压电压互感器安装牢固，螺栓螺母防缓标记正常，水平绝缘子连接螺栓紧固，无破损及放电痕迹，使用毛巾、酒精清洁外表面。

（2）检查油位表油位，必须符合规定范围。

（3）检查吸湿器内硅胶，变色不超过 2/3。

（4）检查压力释放阀是否动作，压力释放阀不许有喷油痕迹，压力释放阀动作后必须查明原因，并取油样化验，油样合格方可交车。

（5）检查接地线，状态良好，连接紧固，一次高压端子引线绝缘不许有损坏和龟裂，断股不超过 10%。

（6）检查接线座、盖、接线，无松动、过热、氧化、烧损。

（7）高压电压互感器油取样化验。

① 根据计划对高压电压互感器油取样进行理化和气相色谱分析，必须满足以表 2-5-14、表 2-5-15 要求。

表 2-5-14　主变压器油理化检测指标参考限度值（牌号 45#变压器油）

主变压器油检测指标参考限度值

序号	项目	质量指标		检测方法
		投入运行前的油	运行油	
1	外观	透明，无杂质或悬浮物		外观目视
2	水溶性酸（pH）	≥5.4	≥4.2	GB/T 7598
3	酸值/（mgKOH/g）	≤0.03	≤0.1	GB/T 261
4	闪点（闭口）/℃	≥135		GB/T 261
5	水分/（mg/L）	≤20	≤35	GB/T 7600 或 GB/T 7601
6	介质损耗因数/（90 ℃）	≤0.010	≤0.040	GB/T 5654
7	击穿电压/kV	≥35	≥30	DL/T 429.9
8	运动黏度/（mm²/s） 40 ℃　不大于 −10 ℃　不大于 −30 ℃　不大于		11 — 1800	GB/T 265

表 2-5-15　高压电压互感器油气相色谱检测指标参考值（牌号 45#变压器油）

序号	项目	注意值/（μL/L）	试验方法
1	乙炔	≤5	GB/T 17623
2	氢气	≤150	
3	总烃	≤100	

② 高压电压互感器油取样方法。

● 打开加油口盖，将吸油胶管一端插入高压电压互感器油中，另一端用洗耳橡皮球吸出变压器油，引入取样瓶。

● 高压电压互感器油理化检测和气相色谱分析操作同主变压器油化验同样。

2. 高压、回流电流互感器

（1）检查互感器安装牢固，表面清洁，不许有损伤。

（2）检查二次引线紧固件齐全，接线端子标志清晰，不许有缺损，紧固夹件不许有松动。

知识点 2.5.7　避雷器检修工艺

一、概述

（1）本工艺规定了 Y10WT-42/105 型硅橡胶金属氧化物避雷器的中修工艺流程、工艺要求及质量标准。

（2）Y10WT-42/105 型硅橡胶金属氧化物避雷器安装于机车顶部，用于机车的过压保护。

二、基本技术要求

（1）避雷器清洁、完整，绝缘子表面光洁，有裂纹者更新。表面缺损须进行绝缘处理，缺损面积大于 $3cm^2$ 时，须通过 75kV 工频耐电压试验；累计缺损面积达到 $25cm^2$ 或非瓷质绝缘子缺损深度达到 1mm 时须更新。

（2）铁质零件不许有裂纹、锈蚀，螺纹完好，与绝缘体浇铸牢固，不许有裂缝、掉块现象。绝缘子安装须正确、牢固。

（3）导线连线紧固，软连线断股不许超过原截面的 5%。喷出口不许有缺口、开裂现象。

（4）测量避雷器对地绝缘电阻值，并进行直流参考电压（或交流参考电压）、直流泄漏电流试验，其试验值须符合限度表规定。

三、主要原形尺寸及限度

（1）额定电压 U_R：42 kV。

（2）标称放电电流：10 kA。

（3）系统标称电压：27.5 kV。

（4）系统最大持续运行电压：30 kV 直流参考电压。

（5）持续运行电流（阻性）：≤300 μA。

（6）残压（10 kA、8/20 μs）：≤105 kV。

（7）总高：550±10 mm。

（8）质量：42kg。

（9）主电路端子对地绝缘电阻值（2 500 V 兆欧表）：>5 000。

（10）直流参考电压（1 mA 下）：≥58 kV。

（11）工频参考电压（阻性 1 mA 下）：≥56 kV。

（12）直流泄漏电流（43.5 kV）：≤50 μA。

四、设备、工具及材料

兆欧表、毛刷、专用测试仪、阻性电流仪、开口扳手（16、17、18）、电器清洁剂、棉丝。

五、工艺过程

1. 清洁

用棉丝擦拭干净硅橡胶外包绝缘部分，外套干燥、光洁，无裂纹，无放电痕迹。

2. 检查

（1）检查顶盖安装螺栓紧固，密封良好，避雷器单元与上下安装座安装良好，不许有开裂等不良状态，接地片安装牢固，避雷器喷出口不得有缺口、开裂现象，否则应更新。

（2）导线连线紧固，编织线断股面积不许超过原形的 5%。

（3）避雷器外露的铁质零件应进行除锈、涂漆处理。

3. 试验（送专业试验站进行测试）

（1）用 2 500 V 兆欧表测量主电路端子对地绝缘电阻值应不小于 1 000 MΩ。

（2）用专用测试仪进行下列试验。

① 直流参考电压测定。当流过避雷器的电流达到规定的 1 mA 时，读取避雷器两端间的电压（直流脉动不大于±1.5%），不得小于 58 kV。

② 直流泄漏电流测定。对避雷器施加直流 43.5 kV 电压，读取避雷器的泄漏电流，其值不大于 50 μA。

4. 填写记录表格

填写好检修记录及合格证。

六、其他

（1）作业过程中使用工具适当，并应注意人身及部件的安全。

（2）直流参考电压测定、直流泄漏电流测定时，瓷瓶应该是干燥、清洁的。试验读取数值后应立即降低电压，切断电源。在读数时不允许长时间停留。测参考电压时不得超过 1 min，测试过程应尽可能快。

（3）天车吊运及通电试验时应遵守有关安全操作规程。

知识点 2.5.8　HXD$_{1C}$ 型机车车顶其他高压电器 C3 修检修工艺

一、高压隔离开关

（1）检查各紧固件齐全、完好，紧固状态良好，防缓标记正常。安装 M10 螺栓紧固扭矩 53 N·m，紧固标识齐全。

（2）检查各接线良好，无松动、过热、氧化、烧损，断股不大于 10%。

（3）检查隔离开关动杆与静触片的接触性能良好，并涂抹导电膏，隔离闸刀闭合后，测量主电路（闸刀接触部分两端）接触电阻值应不大于 400 μΩ。

（4）使用干净毛巾和酒精清洁绝缘子，绝缘子不许有裂痕、严重缺损等现象。

（5）检查锁闭机构完好、锁紧牢固，不许有松动现象。

（6）测量刀夹在自由状态下两弹簧片间的距离应小于等于 7.5 mm，闸刀接触部分厚度应大于等于 9 mm，闸刀与簧片接触长度应大于等于 20 mm，不符合要求进行调整或更换闸刀、簧片等相关部件。

二、高压接地开关

（1）检查各螺栓、卡子紧固，紧固标识齐全。

（2）检查各接地线良好，无松动、过热、氧化、烧损，断股不大于 10%。

（3）检查接地开关接触板与主断路器接地夹状态及接触良好，无烧损及变形，涂抹导电膏。

（4）检查旋转机构转动正常，联锁关系良好准确，接地开关上 4 把黄钥匙无断损、丢失。

（5）检查各紧固锁紧机构状态良好。

（6）检查接地开关与安全有关的拧紧转矩。

拧紧转矩见表 2-5-16。

表 2-5-16　拧紧转矩

拧紧位置	螺纹公称尺寸	拧紧转矩/（N·m）	扳手尺寸/mm
接地螺栓	M8	19.3	13
车顶安装螺栓	M10	39.4	17

三、避雷器

（1）检查避雷器各螺栓、卡子紧固或防缓标记正常，车顶法兰密封良好，无渗漏。

（2）使用白布和酒精清洁绝缘子，绝缘子不许有裂痕、缺损、爬电等现象。

（3）检查软连线、接地线外观状态良好，断股不大于 10%。

（4）检查与安全有关的拧紧转矩。

精读资料

电器基础知识二

电空传动装置可扫描下面二维码学习。

电空传动装置.pdf

触头的材料可扫描下面二维码学习。

触头的材料.pdf

电弧熄灭的方法及装置可扫描下面二维码学习。

电弧熄灭的方法及装置.pdf

模块 3　变流装置检修

本模块主要介绍 SS$_{9G}$ 型电力机车整流装置和 HX 型电力机车变流装置的功能、结构、工作原理、主要技术参数等，通过对其基本知识的学习，能对电力机车变流装置进行一般的检修与维护。

学习目标

（1）描述电力机车变流装置的功能；
（2）记住电力机车变流装置的结构；
（3）分析电力机车变流装置的工作原理；
（4）能够按照变流装置的检修工艺进行操作实践；
（5）养成精检细修的职业素养，具备规范意识、质量意识。

任务 3.1　直流传动电力机车整流装置检修

学习活动 1　任务介绍

1. 任务描述

整流装置是直流电力机车的牵引电源设备，是一种高压大电流的电源设备，必须对它进行定期维护、保养和检修，及时发现运行条件与设备要求是否一致。整流装置检修是机车检修岗位的主要任务之一，检修人员需要按照检修工艺文件（或作业指导书）完成对整流装置的检查与修理，主要包括工具准备、清洁、解体、检查、组装及试验等几个步骤，整个作业过程对检修人员的规范意识、质量意识有很高的要求。

2. 任务要求

（1）描述机车用 SS$_{9G}$ 型电力机车整流装置的功能及结构；
（2）能够分析 SS$_{9G}$ 型电力机车整流装置的工作原理；
（3）能对 SS$_{9G}$ 型电力机车整流装置进行日常检查；
（4）会测量整流装置的绝缘电阻值等主要技术参数；
（5）养成遵章守纪、规范操作的职业素养。

学习活动 2　任务准备

（1）什么是整流装置？直流传动电力机车整流装置的作用是什么？

（2）查阅相关学习资料或现场参观 SS$_{9G}$ 型电力机车整流装置，写出 SS$_{9G}$ 型电力机车整流装置的部件，将部件的名称、数量、安装位置与作用记录在表 3-1-1 中。

表 3-1-1　SS$_{9G}$ 型电力机车整流装置部件明细表

名称					
数量					
安装位置					
作用					

学习活动 3　任务实施

根据作业指导书，对 SS$_{9G}$ 型电力机车整流装置进行检查及参数测量，并填写检修记录单。

1. 工具准备

工具明细表见表 3-1-2。

表 3-1-2　工具明细表

序号	名称	数量	是否完好
1			
2			
3			
4			
⋮			

2. 安全防护准备

防护工具及检查内容见表 3-1-3。

表 3-1-3　防护工具及检查内容

防护工具	检查内容

3. 任务单

SS$_{9G}$ 型电力机车整流装置检修记录单见表 3-1-4。

表 3-1-4　SS$_{9G}$型电力机车整流装置检修记录单

检查人姓名：		班级：	质检员：

型号：

序号	检修步骤	操作内容	结果记录
1	检查与修理	1. 外观检查 ① 脉冲输出集成块插套应无松动。输入（低压）导线与输出（高压）导线之间不应相碰，或挨得太近（距离应不大于 25 mm） ② 换向电阻、换向电容器外接线应无过热、断线，快速熔断器应无断开显示 ③ 各连接螺栓及母线紧固，应无松动、过热、发黑现象 ④ 冷却通风机解体，送相关部位检修。风道继电器检修，柜顶散热器及风道应无堵塞及异物 ⑤ 母线支持绝缘子及接线端子排表面揩灰清理 2. 元件电阻检查 用万用表 1 kΩ挡测量整流管的阴极和阳极之间的电阻值，晶闸管还要用 100 Ω挡测量门极与阴极之间的电阻值，测量结果电阻小或为零则表示元件已降级或完全被击穿 对降级元件经元件反向测试仪确认。若晶闸管门极与阴极间电阻很大，可能是门极开路（断线）；而门极与阴极间电阻为零，则门极已经被烧穿 3. 触发脉冲检查 向整流柜脉冲变压器原边输入脉冲（最大移相位置），用阴极射线示波器观察晶闸管门极和阴极间的出发脉冲波形，对晶闸管逐个进行检查，要求各触发脉冲波形的幅值和宽度一致，也可用万用表直流挡测量门极与阴极之间的电压值 4. 快速熔断器参数测量 检查快速熔断器指示器有无跳出，内部有无短路；并用万用表的电阻挡测量快速熔断器的电阻值，要求电阻值与出厂值偏差不大于 20% 5. 元件电压测试 用反向测试仪对变流柜的晶闸管、整流管进行断态（反向）重复峰值电压测试。主整流管和主晶闸管测试电压 U_{RRM}（U_{DRM}）为 3 000 V 时断态（反向）重复峰值电流 I_{RRM}（I_{DRM}）不大于 50 mA（室温条件下）。磁削晶闸管测试电压 U_{RRM}（U_{DRM}）3 000 V 时断态（反向）重复峰值电流 I_{RRM}（I_{DRM}）不大于 45 mA（室温条件下） 6. 换向电阻、电容值测量 用阻容电桥测量换向电阻、电容值，应分别为 2×12 Ω（1±10%）和 1 μF（1±10%）	
2	组装	① 按解体的相反顺序组装。元件应按原排列位置组装并注意元件极性应正确。组容保护装置接线也应正确，各紧固螺栓应紧固、牢固 ② 组装时应用酒精清洗掉主电路连接处的原导电膏，并涂上新的导电膏，涂层厚度在 0.1～0.2 mm 之间 ③ 快熔指示件位置要便于观察	

序号	检修步骤	操作内容	结果记录
3	整流装置的例行试验	① 在专用试验台上进行低压电流试验（均流试验） ② 交流输入端接低压大电流电压器，交流装置输出端用 2 500 A/75 mV 的分流器短接（或接一个低电阻）。脉冲触发装置连到插座上并将出发脉冲调到最大值 ③ 开启通风机冷却，入风口处的平均风速大于等于 6 m/s ④ 调节交流电源电压，使交流装置输出额定值 1 680 A ⑤ 通电 15 min 以后，用交直流钳型电流表测量各并联支路的电流，按下列式计算各桥臂均流系数 K，应不小于 0.85 $$K = \frac{I_1 + I_2}{2} I_M$$ 式中：K 为桥臂均流系数；I_1, I_2 为并联支路电路；I_M 为并联支路中的最大电流。 ⑥ 绝缘试验：用兆欧表测量耐压试验前与耐压试验后的绝缘电阻，其值应满足禁用限度表的要求。试验前将母线端子及所有半导体元件的门极、阴极、阳极全部短接；把脉冲变压器原边接地。在控制电路与地之间加工频 50 Hz 交流电压 1 000 V，共 1 min，应无击穿闪络现象。在主电路与控制电路和地之间加工频 50Hz 交流电压 5 800 V，共 1 min，应无击穿闪络现象	

学习资源

知识点 3.1.1　SS$_{9G}$ 型电力机车整流装置

SS$_{9G}$ 型电力机车主要采用 TGZ29-2610/990 整流装置作为牵引电源设备。其牵引主电路采用不等分三段半控桥式整流电路。高速牵引时，采用晶闸管开关无级磁场削弱，以提高机车速度；低速制动时，采用他励加馈电阻制动，以提高低速时的制动力。整流装置由大功率整流、极管和品闸管及其附件组成。

一、主要功能

每台 SS$_{9G}$ 型电力机车装有两台 TGZ292610/990 整流装置，分为 I 端整流柜和 II 端整流柜。其电路、结构、组成基本一致，只是出线位置与线号不同。本装置选用铜散热器配大功率元件，采用独立通风方式。其主要功能如下。

（1）整流：将变压器送来的交流电整流为直流电，供牵引电动机用。

（2）相控无级调压。

（3）晶闸管开关无级磁场削弱。

（4）制动时续流和低速加馈制动。

（5）他励制动励磁给定与调节。

二、主要结构

整流装置由晶闸管组件、整流管组件、阻容面板、安装构架及汇流母线等组成。

1. 晶闸管组件、整流管组件

晶闸管组件、整流管组件由一个晶闸管或一个整流管与两块铜散热器、接线板、绝缘隔板、绝缘套管、垫块、蝶形弹簧、弹簧钢板钢珠、双头螺栓紧固螺母等组成。

元件压装应该有一套完整的压装设备与压装工艺，保证元件的压装平整、平衡、受力适度、均匀。为了保证元件的组装压力与受力适度、均匀，元件压装应在专业的元件压装机器上进行，避免元件受力过大而损坏元件的 PN 结片，压力不够而导致正向压降增大。压装好的元件组件必须经过断态重复峰值电压（U_{DRM}）及电流（I_{DRM}）、通态重复峰值电压（U_{RRM}）及电流（I_{RRM}）、通态门槛管压降 U_{T0}、通态斜率电阻 r_T 的试验合格后才可使用。

2. 阻容面板

阻容面板由底板、电阻、电容器、脉冲输出模块、导电片、连接导线等组成。其作用有三：一是安装保护晶闸管和整流管的换相电阻、换相电容器和晶闸管的脉冲输出模块；二是由阻容面板围成整流柜的每个通风道；三是通过阻容面板把半导体组件压紧固定在整流柜的立柱上，用螺钉通过面板将元件压向立柱导槽，拧紧螺钉后，连元件一起固定。

阻容面板上的电阻和电容在组装时要经过严格的筛选和测试分组，同一并联支路的电阻值和电容值应尽量相等，避免元件承受的断态电压临界上升率 d_u/d_t 与通态电流临界上升率 d_i/d_t 值相差太大。

3. 安装构架及汇流母线

每台机车的整流装置都由Ⅰ端整流柜和Ⅱ端整流柜组成。每个整流柜组成一个独立的三段不等分半控桥，向一个转向架三台并联工作的牵引电动机供电。SS_{9G} 型电力机车的Ⅰ端整流柜比Ⅱ端整流柜要多两个励磁可控桥臂（V19、V20），用于制动时提供两个转向架的六台牵引电动机的励磁电流。Ⅱ端整流柜的两个空位置放置两个主桥臂的备用元件、一个晶闸管、一个整流管，需要时可以在机车上取备用元件进行故障恢复处理。两个整流柜的外形尺寸和安装位置尺寸相同，但因器件不同，接线不一样，两个柜子不能互换。SS_{9G} 型电力机车整流装置元件布线图见图 3-1-1。

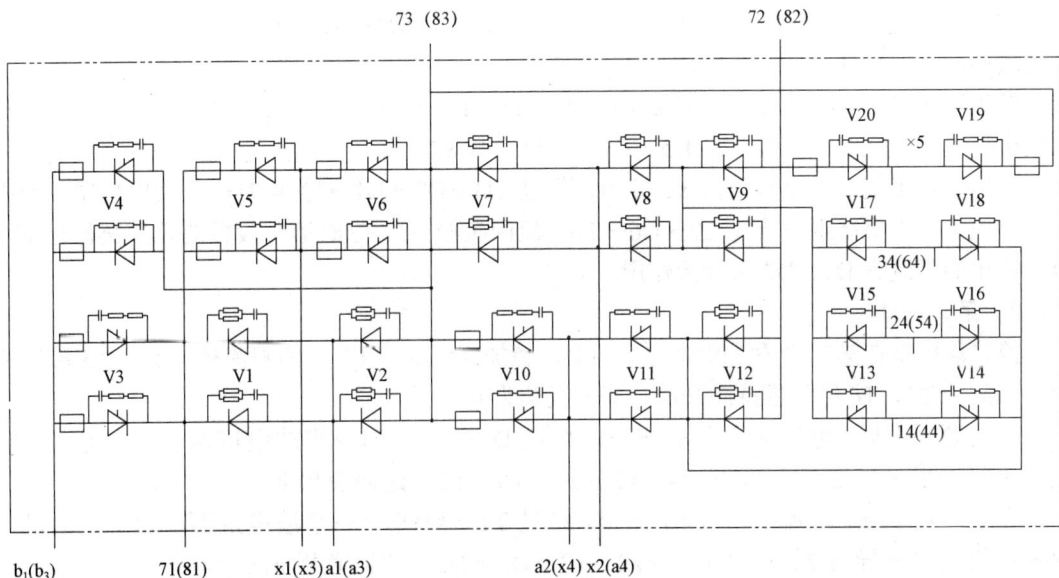

图 3-1-1　SS_{9G} 型电力机车整流装置元件布线图

三、工作原理

1. 整流调压

图 3-1-2 为 SS_{9G} 型电力机车整流调压电路简化原理图。牵引绕组 a1—b1—x1、a2—x2 电压有效值均为 686.8 V。其中，a1—b1、b1—x1 为 343.4 V，与相应的整流器构成三段不等分整流桥。

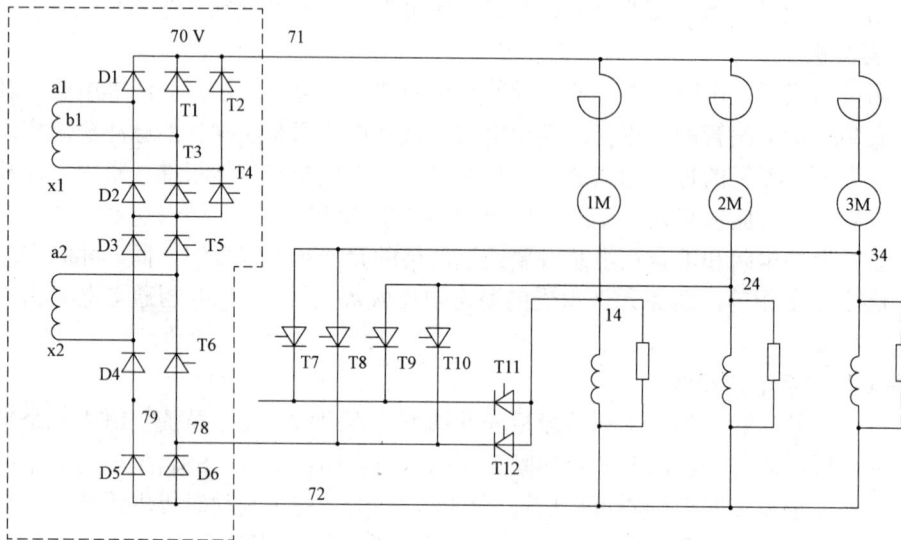

图 3-1-2　SS_{9G} 型电力机车整流调压电路简化原理图

1）第一段桥

机车在启动过程中首先进行电压调节，开通串联桥的第一个半控桥，输出 $(1/2)U_d$ 的直流电压，这个半控桥由 6 个桥臂组成，牵引绕组 a2—x2 供电的整流桥的晶闸管 T5、T6，顺序移相，整流电压由零逐渐升至 $(1/2)U_d$。整流电流由二极管 D1、D2 和 D5、D6 续流。每个桥臂均由两个半导体元件并联组成。

在电源正半周，电流从正极 a2 流出，经过 T5→D2→D1→导线 71→平波电抗器→牵引电动机电枢→主极绕组→导线 72→D5→D4，流回负极 x2。

在电源负半周，电流从正极 x2 流出，经过 D3→D2→D1→导线 71→平波电抗器→牵引电动机电枢→主极绕组→导线 72→D6→T6，流回负极 a2。这时第一段桥的元件交替导电，第一段桥的整流管 D1、D2 起续流作用。

2）第二段桥

第二段桥是在第一段桥满开放的基础上，叠加绕组 a1—b1 段的整流桥，T1、T3 顺序移相。晶闸管 T5、T6 继续维持满开放，即触发角为 0。

在电源正半周，电流从正极 a1 流出，经过 D1→导线 71→平波电抗器→牵引电动机电枢→主极绕组→导线 72→D5→D4→x2→a2→T5→T3，流回负极 b1。

在电源负半周，电流从正极 b1 流出，经过 T1→导线 71→平波电抗器→牵引电动机电枢→主极绕组→导线 72→D6→T6→a2→x2→D3→D2，流回负极 a1。

与前面不同的是 T1、D2 导通，T3、D1 截止。T1、T3 顺序移相，整流电压在 $(1/2)U_d$

至 $(3/4)U_d$ 之间调节。

　　3）第三段桥

　　当绕组 a1—b1 段整流桥将满开放时，投入绕组 b1—x1 段的整流桥，其过程与前类似。T2、T4 顺序移相，整流电压在 $(3/4)U_d$ 至 U_d 之间调节。

　　综合上述分析，在整流调压工作过程中，71 号线始终为正极母线，72 号线始终为负极母线，这样实现了把单相交流电变成直流电，同时改变了各整流桥中的晶闸管，因此可以调节输出电压的大小。

2. 无级磁场削弱

　　当电机电压达到最高值后，要求机车继续加速时，就要进行磁场削弱。SS$_{9G}$ 型电力机车采用晶闸管无级分路，来实现从满磁场到最深削弱磁场的连续平滑控制，以改善高速区的牵引功能。

　　磁场无级削弱电路也是按转向架分为两个相同但独立的部分。以前转向架为例，从电枢和磁场绕组的连接点 14、24、34 分别到第二段桥的两个桥臂中点 78 和 79，串入 3 对磁场分路晶闸管，见图 3-1-2。

　　现以牵引电动机 1M 为例来说明磁场无级削弱的工作原理。如图 3-1-3 所示，①、②为满磁场的工作情况。这时与分路晶闸管连接的整流桥处于满开放输出状态，晶闸管 T11、T12 不参与工作，正半波元件 T5、D5、D4 导通，负半波 D3、D6、T6 导通，与前述的情况相同。

　　图 3-1-3 的③、④为磁场削弱晶闸管 T11、T12 参与工作的情况。当电源正半周时，相

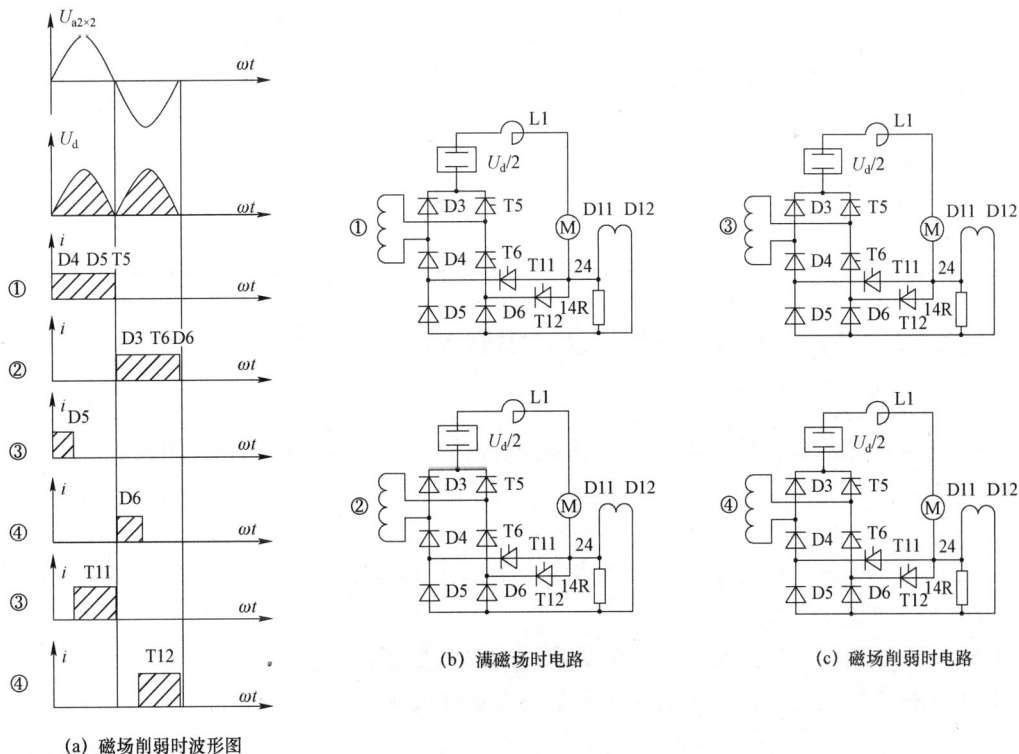

(a) 磁场削弱时波形图

(b) 满磁场时电路

(c) 磁场削弱时电路

图 3-1-3　磁场无级削弱电路原理图

当于③的工况。在 T11 未触发时，元件 T5、D5、D4 处于导通状态；在某一时刻触发晶闸管 T11，因 T11 加有正向压降，其值等于励磁绕组上的压降，D5 受反向电压作用而迅速截止，电枢电流经 T11、D4 构成回路，此时流过励磁绕组的电流被分流，励磁电流仅靠励磁绕组电感储存的电能释放来维持，由固定分路绕组 14R 构成续流电路，电流将按指数曲线下降，原来励磁绕组中的电流减少。

电压过零时，即电源为负半波的工作情况如图 3-1-3 的 ④所示。由于元件 T6、D6 的导通使元件 D5、D4 因反向电压而截止，而流经元件 T11 的电流无通路而截止，在 T12 触发后将励磁绕组再次分流。

因此，元件 T11、T12 导电时间的长短，决定了分路时间的长短。调节晶闸管 T11、T12 移相触发角，就能达到所需的磁场削弱系数。

3. 技术参数

SS$_{9G}$型电力机车整流装置的主要技术参数见表 3-1-5。

表 3-1-5　SS$_{9G}$型电力机车整流装置的主要技术参数

最大整流电流	3 915 A（4 min）
标称功率	2 584 kW
标称阈侧电压	单相交流（686.8+343.4+343.4）V
标称整流电压	直流 990 V
额定整流电流	2 610 A
主电路连接方式	不等分三段半控桥
每车整流装置数量	2 台
每柜半导体元件数	主晶闸管 12 只
	主整流管 12 只
	磁场削弱晶闸管 6 只
	他励晶闸管 2 只

知识点 3.1.2　SS$_{9G}$型电力机车整流装置中修工艺

一、技术要求

（1）不同厂家的硅元件不能混装。更换元件时，换上元件与换下元件的峰值压降之差不大于 0.02 V。

（2）硅元件与散热器重新压装，必须有符合要求的设备，按有关技术要求进行。

（3）隔板、横条、绝缘子、母线夹表面应清洁、完好，不许有烧损、碳化现象。脉冲输出集成块不许有破损，性能良好。

（4）管形电阻珐琅有过热变色及剥离超过 10%者更新。

（5）更换电阻元件时，其型号和电阻值符合图样要求。

（6）绝缘瓷件齐全，不许有断裂，局部缺损不许影响绝缘性能，且不许超过原断面的 1/5。胶木件不许有烧损、碳化现象，接线及安装螺栓不许松动。

（7）电容器安装牢固；外壳不许有变形、裂损，绝缘瓷件清洁、完好；接线良好。

（8）充油电容器不许有漏油及箱体膨胀现象。

（9）熔体型号、容量符合图样设计要求。熔断器及座（或夹片）完好，接触紧密，不许有松动。快速熔断器的指示件完好，安装紧固，便于查看。

（10）各铜排、软连线不许有裂纹、过热及电腐蚀现象。铜排局部缺损、软连线折损面积不许超过原截面积的 5%。

二、主要原形尺寸及限度

SS$_{9G}$ 型电力机车整流装置的原形尺寸及限度见表 3-1-6。

表 3-1-6　SS$_{9G}$ 型电力机车整流装置的原形尺寸及限度

序号	名称	原形	限度	
			中修	禁用
1	各臂并联支路均流系数	0.90	0.90	
2	变流装置 I、II 架之间及对地绝缘电阻（2 500 V 兆欧表）/MΩ	6	5.5	
3	晶闸管触发脉冲： 脉冲幅度值/mA 脉冲宽度/ms	400 3～4	400 3～4	
4	对地耐压试验值及 I、II 架之间耐压试验值/V	5 000	4 300	
5	主整流管：ZP3000-30（25 ℃） U_{RRM}/I_{RRM} U_{FM}	3 000 V/≤45 A 1.15 V	3 000 V/≤45 A 1.15 V	3 000 V/≥50 A
6	主晶闸管及励磁晶闸管 KP1800-30（25 ℃） $U_{RRM}(U_{DRM})/I_{RRM}(I_{DRM})$ U_{TM}/I_{GT}	3 000 V/≤45 A 1.76 V/（40～200）A	3 000 V/≤45 A 1.76 V/（40～200）A	3 000 V/≥50 A
7	磁削晶闸管 KP1300-30（25 ℃） $U_{RRM}(U_{DRM})/I_{RRM}(I_{DRM})$ U_{TM}/I_{GT}	2 800 V/≤40 A 2.10 V/（40～200）A	2 800 V/≤40 A 2.10 A/（40～200）A	2 800/≥45
8	换向电容 CBB80B，1 μF，800 V	1 μF（1±5%）	1 μF（1±10%）	
9	换向电阻 RX20，12 Ω，30 W	2×12（1±5%）	2×12（1±10%）	
10	快速熔断器内阻（25 ℃）		1 000 V/2 000 A 标称值+10%	
11	主晶闸管门极电流 U_{TM}/I_{GT}	1.76 V/（40～200）mA	1.76 V/（40～200）mA	

续表

序号	名　　称	原形	限度	
			中修	禁用
12	磁削晶闸管门极电流 U_{TM}/I_{GT}		2.10 V/（40～200）mA	

注：I_{RRM}、U_{RRM}——反向重复峰值电流、电压；

I_{DRM}、U_{DRM}——断态重复峰值电流、电压；

I_{GT}——门极触发电流（25 ℃时，最大门极触发电压 3 V）；

U_{FM}、U_{TM}——整流管正向峰值压降、晶闸管通态峰值压降。

三、设备、工具及材料

电烙铁、毛刷、压缩空气装置、超声波清洗机、示波器、反向测试仪、正向压降测试台、兆欧表、专用配电盘、晶闸管触发特性测试仪、万用表、钳形电流表、脉冲触发信号发生器、电器钳工常用工具、硅整流柜试验台、阻容电桥、DX-25 高效清洗剂、棉丝、白布、砂布、酒精、松香、焊锡丝、绝缘漆、导电膏、电气清洗剂。

四、工艺过程

1. 解体

（1）解体前用 0.2～0.3 MPa 干燥压缩空气吹扫整流柜。吹扫应在指定作业场所进行。

（2）用套筒扳手拆卸元件间的软连线（允许只拆下软连线一端）、阻容保护线及拔下晶闸管触发线。拆下快速熔断器及连接铜排，松开元件安装螺栓，取出元件，拆下快速熔断器。

（3）拆下励磁半控桥晶闸管的脉冲触发线，拆下铜排、元件安装螺栓，取下晶闸管及二极管，取下快速熔断器。

2. 清洗

（1）用电气清洗机清洗半导体散热器片间、螺栓、绝缘套管、管芯瓷环等表面，以及绝缘垫块、面板、脉冲输出集成块、电容、电阻、电阻防护罩（或用超声波清洗机清洗）。

（2）用 DX-25 高效清洗剂清洗柜体、绝缘隔板、竖板、支持绝缘子、夹板等。

（3）经上述清洗后的元件，用白布条擦拭元件瓷环表面及元件压装螺栓绝缘套管。

3. 检查与修理

1）外观检查

（1）脉冲输出集成块插套应无松动。输入（低压）导线与输出（高压）导线之间不应相碰，或挨得太近（距离应不大于 25 mm）。

（2）换向电阻、换向电容器外接线应无过热、断线，快速熔断器应无断开显示。

（3）各连接螺栓及母线紧固应无松动和过热发黑现象。

（4）冷却通风机解体，送相关部位检修。风道继电器检修，柜顶散热器及风道应无堵塞及异物。

（5）母线支持绝缘子及接线端排表面揩灰清理。

2）元件电阻检查

用万用表 1 kΩ挡测量整流管的阴极和阳极之间的电阻值，晶闸管还要用 100 Ω挡测量门极与阴极之间的电阻值，测量结果电阻小或为零则表示元件已降级或完全被击穿。

对降级元件经元件反向测试仪确认。若晶闸管门极与阴极间电阻很大，可能是门极开路（断线），而门极与阴极间电阻为零，则门极已经被烧穿。

3）触发脉冲检查

向整流柜脉冲变压器原边输入脉冲（最大移相位置），用阴极射线示波器观察晶闸管门极和阴极间的出发脉冲波形，对晶闸管逐个进行检查，要求各触发脉冲波形的幅值和宽度一致，也可用万用表直流挡测量门极与阴极之间的电压值。

4）快速熔断器参数测量

检查快速熔断器指示器有无跳出，内部有无短路；并用万用表的电阻挡测量快速熔断器的电阻值，要求电阻值与出厂值偏差不大于 20%。

5）元件电压测试

用反向测试仪对变流柜的晶闸管、整流管进行断态（反向）重复峰值电压测试。主整流管和主晶闸管测试电压 U_{RRM}（U_{DRM}）为 3 000 V 时断态（反向）重复峰值电流 I_{RRM}（I_{DRM}）不大于 50 mA（室温条件下）。磁削晶闸管测试电压 U_{RRM}（U_{DRM}）3 000 V 时断态（反向）重复峰值电流 I_{RRM}（I_{DRM}）不大于 45 mA（室温条件下）。

6）换向电阻、电容值测量

用阻容电桥测量电阻、电容值，应分别为 $2 \times 12\ \Omega$（$1 \pm 10\%$）和 $1\ \mu F$（$1 \pm 10\%$）。

4. 组装

（1）按解体的相反顺序组装。元件应按原排列位置组装并注意元件极性应正确。组容保护装置接线也应正确，各紧固螺栓应紧固、牢固。

（2）组装时应用酒精清洗掉主电路连接处的原导电膏，并涂上新的导电膏，涂层厚度在 0.1～0.2 mm 之间。

（3）快熔指示件位置要便于观察。

5. 整流装置的例行试验

（1）在专用试验台上进行低压电流试验（均流试验）。

（2）交流输入端接低压大电流电压器，交流装置输出端用 2 500 A/75 mV 的分流器短接（或接一个低电阻）。脉冲触发装置连到插座上并将出发脉冲调到最大值。

（3）开启通风机冷却，入风口处的平均风速大于等于 6 m/s。

（4）调节交流电源电压，使交流装置输出额定值 1 680 A。

（5）通电 15 min 以后，用交直流钳型电流表测量各并联支路的电流，按下列式计算各桥臂均流系数 K，应不小于 0.85。

$$K = \frac{I_1 + I_2}{2} I_M$$

式中：K 为桥臂均流系数；I_1，I_2 为并联支路电路；I_M 为并联支路中的最大电流。

（6）绝缘试验。

用兆欧表测量耐压试验前与耐压试验后的绝缘电阻，其值应满足禁用限度表的要求。试验前将母线端子及所有半导体元件的门极、阴极、阳极全部短接；把脉冲变压器原边接地。在控制电路与地之间加工频 50 Hz 交流电压 1 000 V，共 1 min，应无击穿闪路现象；在主电路与控制电路和地之间加工频 50 Hz 交流电压 5 800 V，共 1 min，应无击穿闪路现象。

6. 技术安全及注意事项

（1）工作场地应保持整洁，严禁烟火。

（2）使用天车吊运作业应遵守有关安全规则。

（3）元件测试及均流试验时应遵守有关安全操作规程。均流试验，严禁用松紧元件压装螺栓来调整。

（4）元件与散热器重新压装工作，必须有符合要求的设备，按有关要求进行。

任务 3.2　交流传动电力机车牵引变流器检修

学习活动 1　任务介绍

1. 任务描述

牵引变流器是交流传动电力机车的牵引电源设备，牵引变流器用于直流和交流之间电能的变换，并对各种牵引电动机起控制和调节作用，从而控制机车的运行。因此，必须对牵引变流器进行定期维护、保养和检修，及时发现运行条件与设备要求是否一致。牵引变流器检修是机车检修岗位的主要任务之一，检修人员需要按照 C3 修检修工艺文件（或作业指导书）完成对牵引变流器的检查与修理，整个作业过程对检修人员的规范意识、质量意识有很高的要求。

2. 任务要求

（1）描述交流传动电力机车牵引变流器的功能及结构；

（2）能够分析交流传动电力机车牵引变流器的工作原理；

（3）能对交流传动电力机车牵引变流器进行 C3 修检修；

（4）养成遵章守纪、规范操作的职业素养。

学习活动 2　任务准备

（1）什么是变流装置？交流传动电力机车牵引变流器的作用是什么？

（2）查阅相关学习资料或现场参观电力机车，写出 HXD$_3$ 型电力机车和 HXD$_{1C}$ 型电力机车牵引变流器的部件，将部件的名称、数量、安装位置与作用记录在表 3-2-1 中。

表 3-2-1　电力机车牵引变流器部件明细表

HXD$_3$ 型电力机车牵引变流器					
名称					
数量					
安装位置					
作用					

续表

HXD~1C~ 型电力机车牵引变流器

名称							
数量							
安装位置							
作用							

学习活动 3　任务实施

按照 C3 修检修工艺文件（或作业指导书），对 HXD~1C~ 型电力机车牵引变流器进行检修，并填写检修记录单。

1. 工具准备

工具明细表见表 3-2-2。

表 3-2-2　工具明细表

序号	名称	数量	是否完好
1			
2			
3			
4			
⋮			

2. 安全防护准备

防护工具及检查内容见表 3-2-3。

表 3-2-3　防护工具及检查内容

防护工具	检查内容

3. 任务单

HXD~1C~ 型电力机车牵引变流器检修记录单见表 3-2-4。

表 3-2-4　HXD$_{1C}$ 型电力机车牵引变流器检修记录单

检查人姓名：		班级：	质检员：

HXD$_{1C}$ 型电力机车牵引变流器

序号	作业内容	作业标准	结果记录
1	柜体	盖板不许有缺失，柜体两侧的插头、插座紧固状态良好，接地线齐全，紧固良好	
2	外部冷却回路	各金属软管状态良好，无渗漏	
3	高压指示灯	高压试验时，高压指示灯全亮	
4	中间直流电压、冷却水温度、压力值	高压试验时，在计算机显示屏上查阅中间直流电压、冷却水温度、压力值符合要求	
5	回流电流互感器	安装牢固，表面清洁，不许有损伤	
6	充电电阻、固定放电电阻	外观检查无过热、烧损，接线牢固可靠	
7	电容	电容连接端子不许有松动，无膨胀、漏液现象	
8	中间继电器	过压吸收片不许有烧损	
9	接触器	接触器安装螺栓紧固，无过热现象；手动检查短接接触器动作灵活，无卡滞；不许有机械损伤和金属堆积物；主触头状态良好	
10	冷却回路	冷却回路不许有渗漏，快速接头不许有松脱	
11	门盖板	密封状态良好，柜体内部清洁	
12	控制机箱	控制机箱及电子插件、电缆插头不许有松动	
13	整流器/逆变器模块	接线牢固，输入、输出铜母排连接部位不许有烧损；门极驱动板、光纤、连接器不许有松动	
14	风机隔离变压器	外观不许有变色、变形、烧损等异常现象	
15	斩波风扇	紧固状态良好，清洁风扇叶片	
16	冷却风扇	工作正常不许有异音	
17	电流传感器、水压器、温度传感器传感	各线路连接状态良好，外观不许有破损、开裂	
18	同步变压器、电流检测板、电压传感器	外观良好，插头不许有松动	
19	牵车控制箱	外观良好，门锁锁闭正常，内部接线端子无烧损，无松动	

学习资源

知识点 3.2.1　HXD$_{1C}$ 型电力机车牵引变流器

HXD$_{1C}$ 型电力机车采用 TGA9 型牵引变流器，每台 HXD$_{1C}$ 型电力机车配置两台 TGA9 型牵引变流器。每台牵引变流器作为一台完整的组装设备装在一个柜体内，柜体外观见图 3-2-1 和图 3-2-2。每台牵引变流器为一个转向架的三台牵引电机供电。为了控制所期望的电动机转矩和转速，变流器根据要求来调节电动机接线端的电流和电压波形，完成电源（主回路）和牵引电动机之间的能量传输，实行对机车牵引、再生制动的连续控制。

图 3-2-1　TGA9 型牵引变流器柜外观（正面）

图 3-2-2　TGA9 型牵引变流器柜外观（背面）

一、TGA9 型牵引变流器的整体布置

TGA9 型牵引变流器安装在机车机械间内。传动控制单元（TCU）位于牵引变流器柜内部，该设备不包含操作性或指示性部件，原则上操作性和指示性部件必须靠近驾驶员布置，因此，其操作性和指示性部件设置在司机室内。变流器内部结构图见图 3-2-3～图 3-2-6。

TGA9 型牵引变流器.mp4

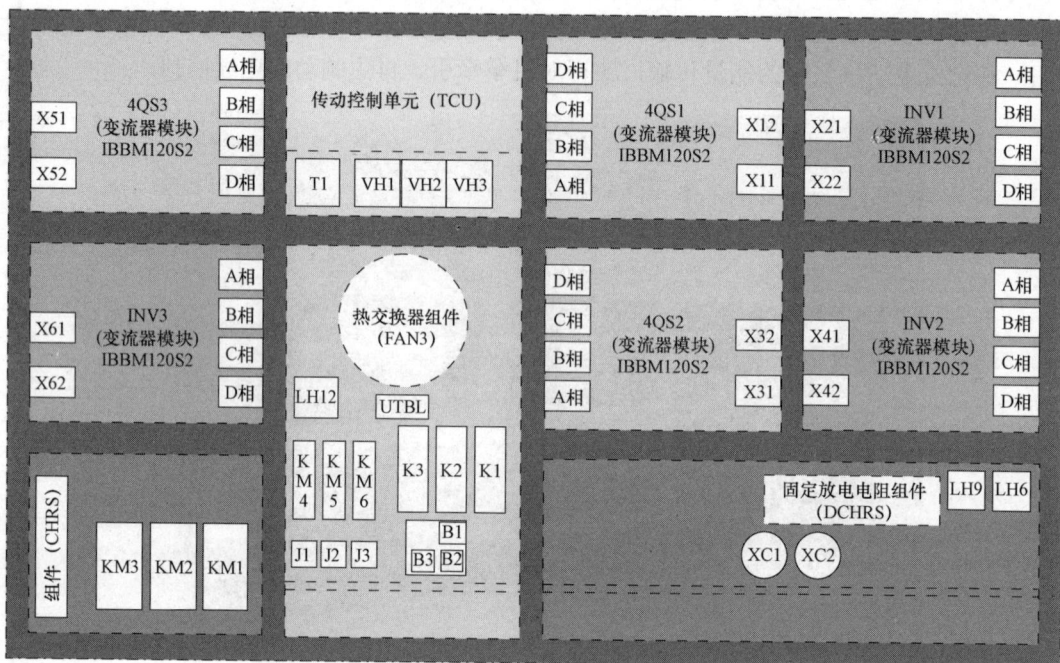

图 3-2-3　变流器内部结构图（主视图）

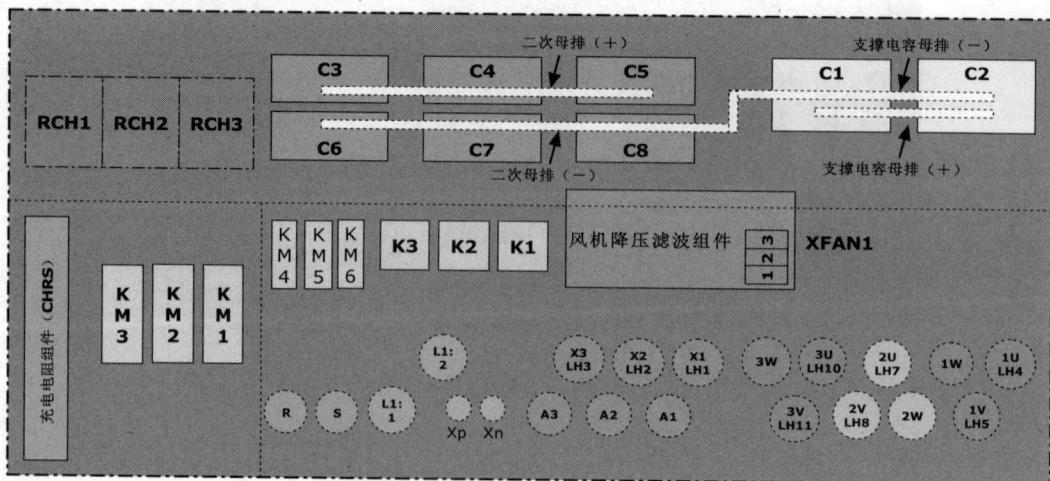

图 3-2-4　变流器内部结构图（俯视图）

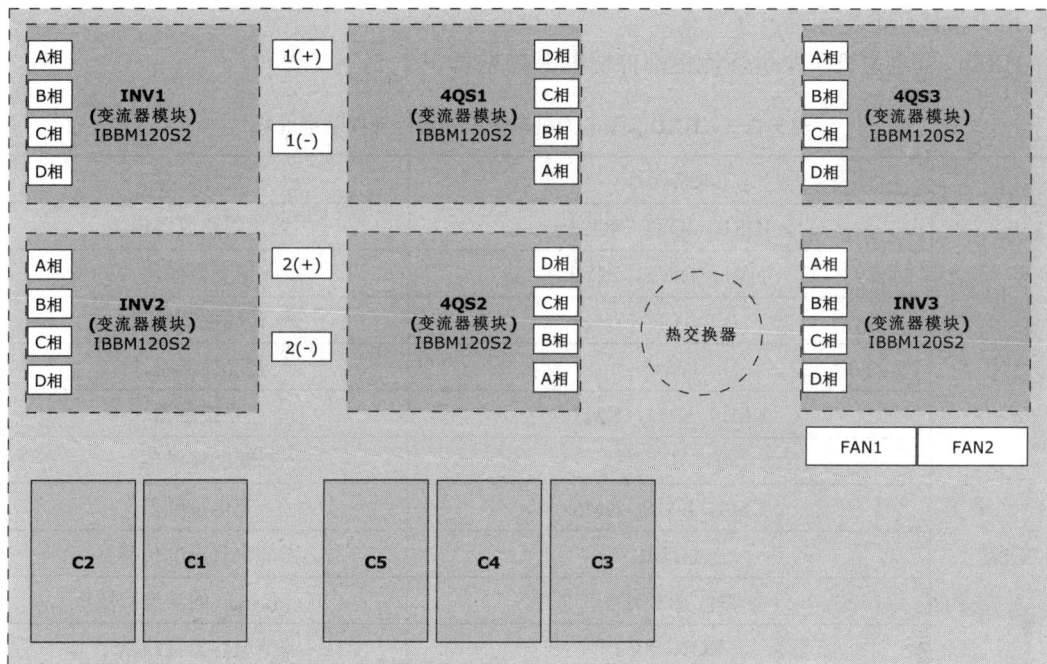

图 3-2-5 变流器内部结构图（后视图）

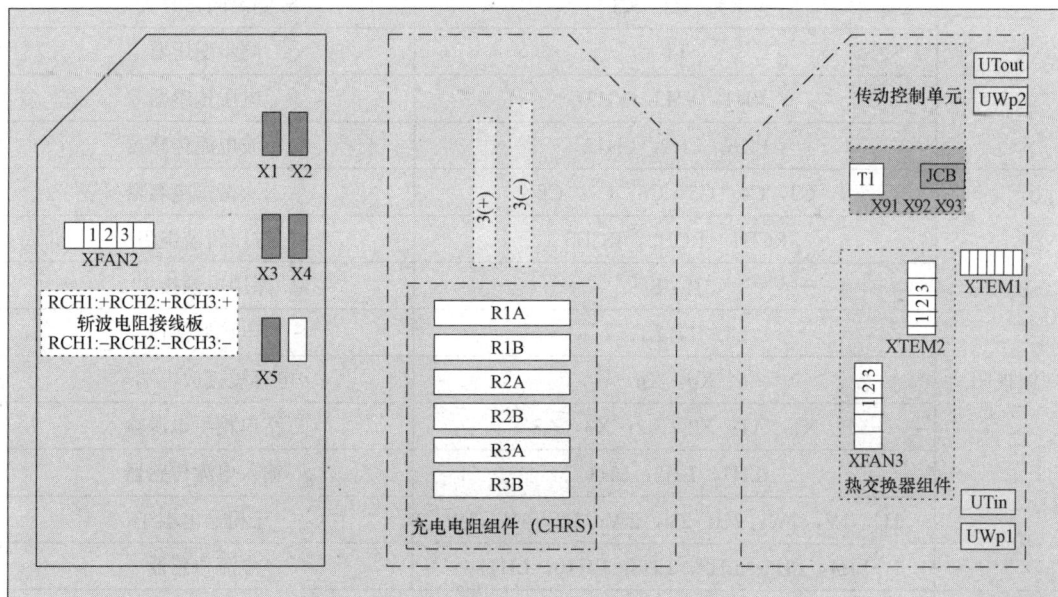

图 3-2-6 变流器内部结构图（侧视图）

　　牵引变流器为模块化结构，通过图 3-2-3～图 3-2-6 可以看到，变流器柜内部最重要电气部件的布置结构包含 6 个变流器模块（3 个整流模块和 3 个逆变模块）、传动控制单元（TCU）、接触器、充放电电阻、过压斩波电阻、电压电流传感器、冷却风机、热交换器等部件。其中，变流器模块等主要部件位于柜体前部，打开柜门可以方便地对其进行检修；变流器后部主要用于放置不需维护或很少维护的部件，如二次谐振电容器等；变流器左侧开有边门，用于检修斩波电阻。

HXD$_{1C}$型电力机车牵引变流柜部件明细汇总见表3-2-5。

表3-2-5　HXD$_{1C}$型电力机车牵引变流柜部件明细汇总

	电路代号	部件名称
主视图	4QS1，4QS2，4QS3	四象限整流器模块
	INV1，INV2，INV3	逆变器模块
	TCU	传动控制单元
	FAN3	热交换器组件
	KM1，KM2，KM3	主接触器
	J1，J2，J3	辅助接触器
	KM4，KM5，KM6	充电接触器
	UTBL	内部空气温度传感器
	B1，B2，B3	J1，J2，J3 的滤波降压板
	XC1，XC2	调节电容器接线端子
	DCHRS	固定放电电阻组件
	K1，K2，K3	隔离闸刀开关
	T1	同步变压器
	VH1，VH2，VH3	电压传感器
	LH6，LH9，LH12	斩波电流传感器
俯视图	C3，C4，C5，C6，C7，C8	二次谐振电容器
	RCH1，RCH2，RCH3	过压斩波电阻
	R，S	库用电源接口
	L1：1，L1：2	电抗器接口
	Xp，Xn	电容短接放电端子
	X1，A1；X2，A2；X3，A3	三路单相主电源输入
	LH1，LH2，LH3	输入电流传感器
	1U，1V，1W；2U，2V，2W；3U，3V，3W	三相输出端子
	LH4，LH5；LH7，LH8；LH10，LH11	电流传感器
后视图	FAN1，FAN2	斩波风扇
侧视图	JCB	电流检测板
	UT$_{in}$，UT$_{out}$	冷却水温度传感器
	UWp1，UWp2	冷却水回路压力传感器
	XTEM1，XTEM2	接线端子
	X91，X92，X93	电源滤波器组件对外接头

二、牵引变流器主要部件和单元

1. 四象限整流器模块

四象限整流器外观图片参见图 3-2-7。整流器模块（以下简称模块）集成了 8 个 3 300 V/1 200 A 的 IGBT 元件、水冷散热器、温度传感器、门控单元、门控电源、脉冲分配单元、支撑电容器、低电感母排等部件。

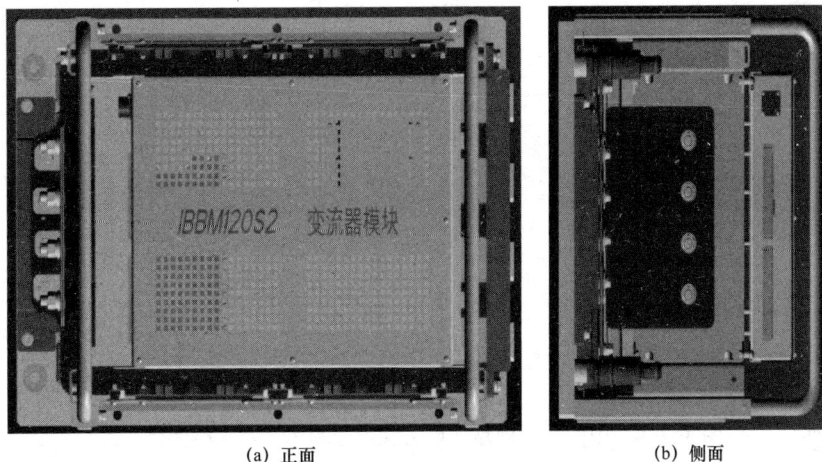

(a) 正面　　　　　　　　　　(b) 侧面

图 3-2-7　变流器模块

模块上 IGBT 元件之间及与支撑电容的连接使用低电感母排（busbar），减少了线路上的杂散电感，省去了吸收电路，使电路更为简洁可靠。脉冲分配单元与门控单元间的信号传输通过光纤实现，解决了高压隔离问题，提高了模块的抗干扰性能。

四象限整流器的用途是将来自主变压器的单相交流输入电压转换为直流电压，以供给直流支撑回路。

四象限脉冲整流器主要技术参数见表 3-2-6。

表 3-2-6　四象限脉冲整流器主要技术参数

输入电压	AC 970 V $^{+24}_{-30}$%，50 Hz
额定输入电流	1 390 A
最大输入电流	1 544 A
开关频率	450 Hz
外形尺寸（长×宽×高）	670 mm×407 mm×470 mm
IGBT 元件参数	3.3 kV/1 200 A
质量	95 kg

2. 中间直流回路

中间直流回路由支撑电容、固定放电电阻、接地故障检测电路及斩波电路组成，见图 3-2-8。

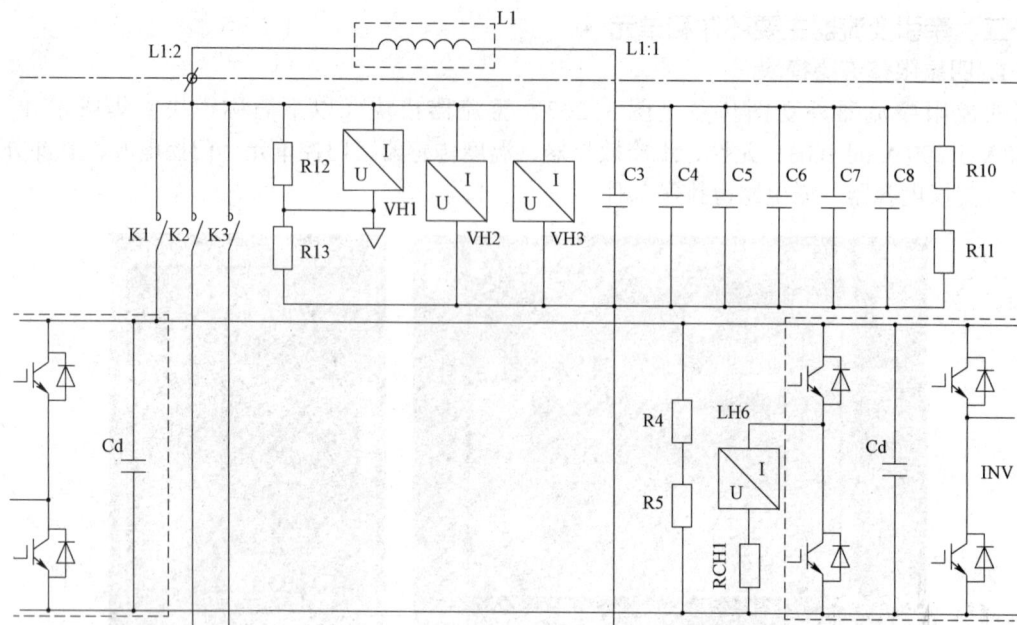

图 3-2-8 中间直流回路（以公共部分和第一路电路为例）

1）直流支撑电容组

直流支撑电容组由 6 个 4.3 mF 电容器组成，分别装配在 6 个变流器模块内，6 个变流器支撑电容共计为 25.8 mF。作为能量存储单元，其作用是对直流支撑回路的电压进行滤波和缓冲。因为在短时间内能量的输入和能量的输出不对等，因而必须在中间直流支撑回路设置支撑电容。

2）固定放电电阻

每组主电路单元单独配置固定放电电阻，并连接在直流支撑回路中，并与谐振吸收电容并联。固定放电电阻选 20 kΩ，由两个 10 kΩ 的电阻串联。变流器停机后，如果斩波快速放电回路有故障，不能泄放中间直流电能，则固定放电电阻可在 10 min 内将中间直流电能（支撑电容电压）放至安全电压以下。在一组主变流器中共有 10 个相同的 10 kΩ 电阻，各单元固定放电电阻对应图 3-2-8 中的 R4～R13。

3）接地故障检测电路

接地故障检测电路由分压电阻 R12、R13 和传动控制单元 TCU 内的检测电路（滤波电容器、准电位绝缘的运算放大器和一个比较电路）组成，如图 3-2-8 所示。R12、R13 除作为固定放电电阻外，还作为直流分压电阻，其串联中点接地，TCU 通过 VH1 电压传感器检测中点电压判断主电路是否接地。在正常工况下，传感器测得的电压值等于直流支撑电压的 1/2，即 DC 900 V，当电压出现变动，超过 DC（900±100）V 时，接地检测电路动作。

图 3-2-8 中电压传感器 VH2、VH3 用于检测中间支撑直流电压，VH1 检测的则是半电压。

4）二次谐振电路

由 6 个谐振电容器 C3～C8 并联组成谐振电容，与外部谐振吸收电抗器 L1（在主变压器内）组成串联谐振电路。通过调整谐振电路的谐振频率到两倍基频，可过滤直流支撑回路中的两倍基频输入电压的波纹分量，实现储存电能、减少二次谐波通过直流支撑回路电容器的作用。

5）斩波电路

RCH1 为过压斩波电阻，用于直流回路的过电压抑制及停机后的快速放电，由逆变模块内的一个 IGBT 功率元件控制电阻的投切。另一个 IGBT 仅利用其反向二极管部分参与保护，其 IGBT 部分未用。

3. 逆变器模块

四象限整流器和逆变器采用相同的变流器模块，可以完全互换。模块在输出接线端 U、V、W 处提供一个变频变压（VVVF）的三相交流电源。

TCU 通过机车 MVB 网络接收司机指令，将司机指令转化为机车的运行工况。通过 MVB 总线，TCU 将电传动系统与计算机网络控制系统联系起来，形成控制与通信系统。变流器原理图如图 3-2-9 所示，可以看出 TCU 在变流器系统中的地位。

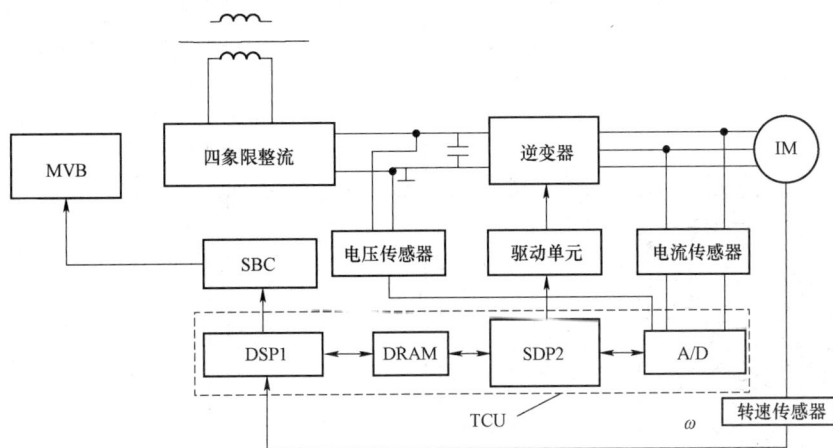

图 3-2-9　变流器系统原理图

TCU 的主要功能是完成对机车的牵引/制动特性控制、逻辑控制、故障保护，实现对四象限整流器和牵引逆变器及交流异步牵引电机的实时控制、黏着利用控制，以满足车辆动力性能、故障运行、救援能力及实现预期的运行速度等。

三、牵引变流器的工作原理

1. 电路结构

图 3-2-10 为一组变流器中的三个牵引变流器电路。两组主变流器就有 6 个牵引变流电路。6 个牵引变流电路基本相同，且独立。

牵引变流器用于控制主变压器和牵引电机之间的能量传输，进而控制牵引电机以获得所期望的转矩。本变流器为间接变流器，分为四象限整流、中间直流和牵引逆变等环节。整流环节控制能量的流向，并使主变压器原边具有较小的谐波和较高（接近 1）的功率因数；中间回路为储能环节，其作用是保持中间直流电压的稳定，实现对主变压器和牵引电机的能量解耦。另外，中间回路还设置了接地检测电路，用于对主电路接地故障的检测；逆变环节输出三相 PWM 电压，用于控制牵引电机的转矩。每个变流器中的三个 PWR 由对应的 TCU 单独控制，从而实现轴控。

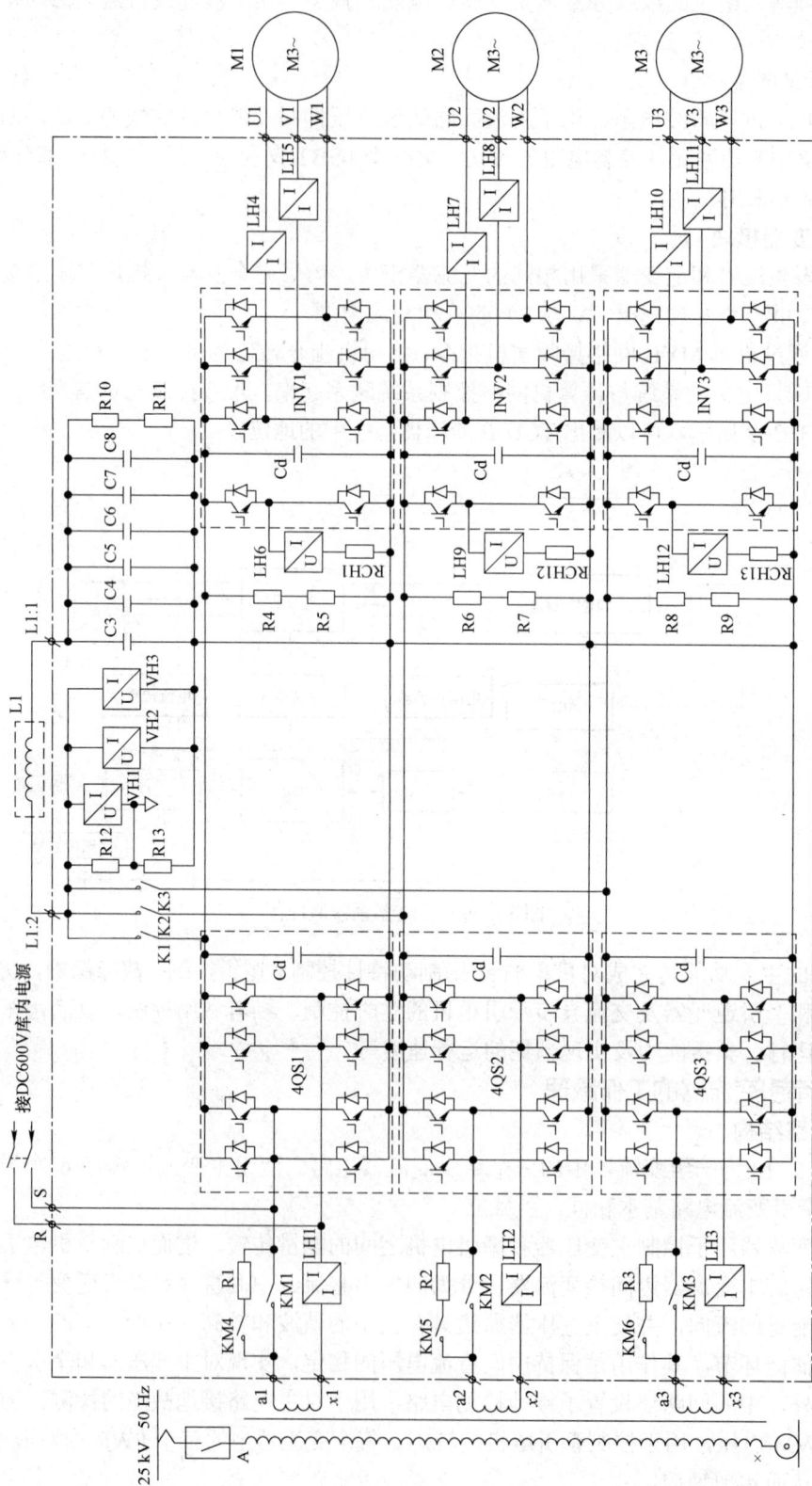

图 3-2-10　一组变流器中的三个牵引变流器电路

2. HXD₁C 型电力机车牵引变流电路工作过程

下面以一位牵引电机对应的牵引变流器电路为例（参见图 3-2-11），分析 HXD₁C 型电力机车牵引变流电路工作过程。

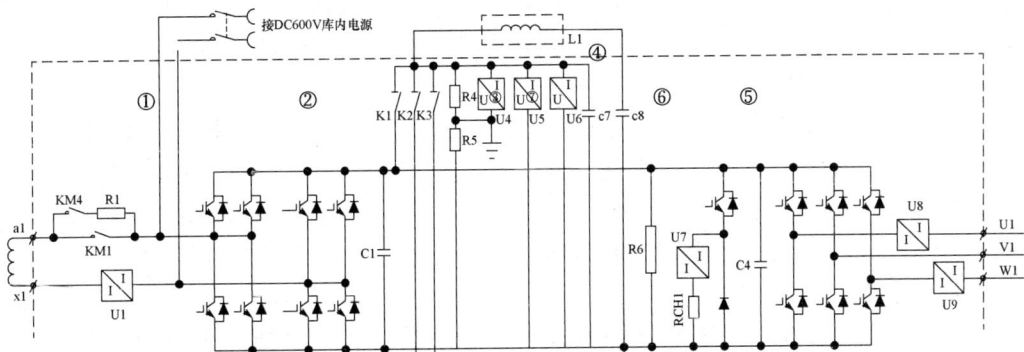

图 3-2-11　一位牵引电机对应的牵引变流器电路

1）输入电路

输入电路见图 3-2-12。在变压器每个次边绕组和四象限变流器单相输入之间，都使用了一个主接触器及一套由充电接触器和充电电阻组成的预充电电路。

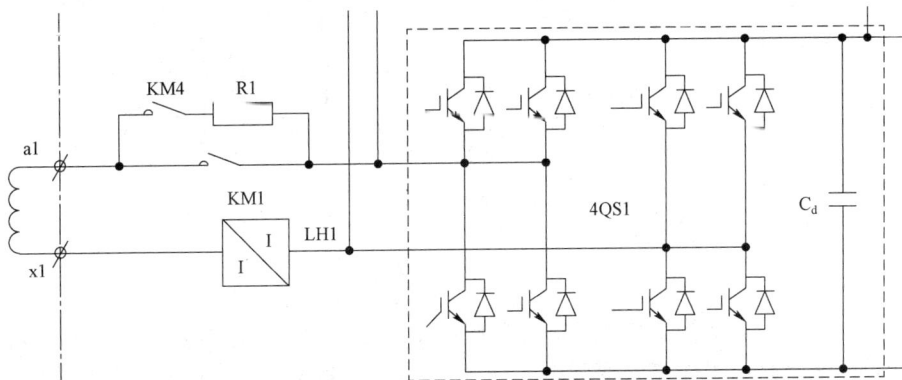

图 3-2-12　输入电路（以第一路四象限整流器为例）

当牵引变流器投入运行时，牵引变压器牵引绕组 a1-x1 输入电压首先经由 KM4、R1、四象限 PWM 整流器整流，对中间直流回路的支撑电容 C1 充电，然后闭合主接触器 KM1 继续向中间直流回路的支撑电容 C1 充电，这样就减小了大的电流冲击；否则，如果输入电压突然加载到未充电的支撑电容 C1 组上，将会导致瞬间峰值电流过大。当直流支撑电压达到大于理论最终电压值的 85% 后，主接触器才可以切换至闭合状态。

主接触器用于控制牵引变流器与主变压器之间电路的通断。例如，如果牵引变流器出现故障，可以通过分断接触器将故障牵引变流器隔离，而与变压器相连的其他变流器单元则不会受到影响。只有在无电流的状态下，该输入断路器才可以断开。当接触器处于闭合状态时，不得将其断开。

2）四象限整流电路

四象限整流电路的功能主要是将 AC 970 V 转换成恒定的 DC 1 800 V。变流器的元件由

IGBT 和整流器组成的模块构成。对于四象限整流器而言，每一个桥臂都为两个模块并联。

3）中间直流回路

如图 3-2-10 所示，电抗器 L1、C3～C8 组成二次谐振回路，用于滤除四象限 PWM 整流器输出的二次谐波电流，RCH1 为过压斩波电阻，用于直流回路的过电压抑制及停机后的快速放电，R4～R11 为固定放电电阻，用于快速放电回路故障后将电容上的电压放至安全电压以下（放电时间小于 10min）。

R12、R13 为直流分压电阻，中点接地，用于变流器主电路接地检测；LH1～LH12 为电流传感器，其中 LH1～LH3 用于检测变流器输入电流，LH4、LH5、LH7、LH8、LH10、LH11 用于检测变流器输出电流，LH6、LH9、LH12 用于检测斩波电阻上的电流；VH1～VH3 为电压传感器，分别用于检测变流器直流回路半电压和全电压。

4）逆变电路

图 3-2-13 为逆变电路，逆变电路由 U、V、W 三相逆变单元构成，当中间回路的电压达到 DC 1 800 V 时逆变器投入工作，将中间回路的直流输出转换成交流电来驱动交流牵引电动机。通过改变逆变器电路的输出电压（VV）和输出频率（VF）来控制牵引电动机的转矩和转速。

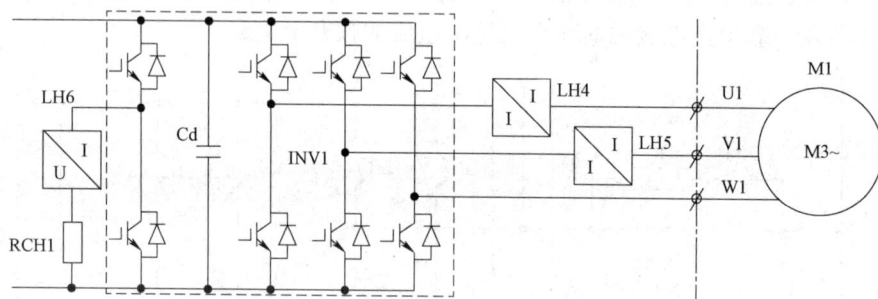

图 3-2-13　逆变电路

再生制动工况时，牵引电动机发出的三相电压经逆变器（工作在整流状态）变成直流电，四象限 PWM 整流器（工作在逆变状态）逆变成单相交流电，最后通过牵引变压器、受电弓反馈回电网。

四、变流器主要技术参数

HXD$_{1C}$ 型机车牵引变流器主要技术参数见表 3-2-7。

表 3-2-7　HXD$_{1C}$ 型机车牵引变流器主要技术参数

额定输入电压	AC 970 V
额定输入电流	3×1 390 A
额定输入频率	50 Hz
中间电压	DC 1 800 V
额定输出电压	三相，AC 1 375 V
额定输出电流	3×598 A

续表

最大输出电压	三相，AC 1 420 V
最大输出电流	3×814 A
主变流机组的效率	≥97.5%（额定工况，四象限整流器：98.5%，逆变器：99%）
控制电源	DC 110 V_{-30}^{+25}%
控制电压功率要求	1 kW
主逆变器风机辅助电源电压	三相，AC 440 V，60 Hz
主逆变器风机辅助电源功率	0.6 kV · A
主变流器机组冷却方式	强迫水循环冷却
添加剂主要成分	44%/56%（水/添加剂 Antifrogen N）（与 HXD_{1B} 相同）
冷却液进口温度	≤+55 ℃
主变流器内的冷却液容量	20 L
冷却液散热功率	80 kW
50 ℃时流速（额定）	286 l/min
50 ℃时压力损失（额定）	1.2 bar
冷却液对环境压力的最大压力	3 bar
每个变流器尺寸（长×宽×高）	3 100 mm×1 060 mm×2 000 mm
质量	2 495 kg

知识点 3.2.2　HXD_{1C} 型电力机车变流装置 C3 修检修工艺

1. 主要技术要求、原形尺寸及限度

（1）各接地线断股不超过 10%。

（2）变流柜内主要紧固力矩：各母排安装螺栓紧固力矩：15 N · m，水管侯箍紧固力矩：6 N · m。

2. 设备及工具

手电筒、毛刷、开口扳手、扭力扳手、螺丝刀、数字万用表、标记笔。

3. 主要工序及操作过程

（1）检查外部状态。

① 检查变流柜体盖板，不许有缺失，柜体两侧的插头、插座紧固状态良好，接地线齐全，紧固良好。

② 检查柜体表面清洁，各面柜门无变形，安装牢固、严密，门安全连锁装置良好。

（2）确认中间直流电压、冷却水温度、压力值显示正常。

① 查询 IDU 显示屏温度界面，主变流器 1、2 冷却水温度显示正常，主变流器 1、2 冷却水压力值为 2.3～3.0 bar 范围。

② 查询 IDU 显示屏，确认未升弓时主变流器 1、2 中间直流电压为 0，静态高压升弓合主断后主变流器 1、2 中间电压为（1 550±50）V。

（3）静态高压升弓合主断后检查高压指示灯显示正常。

（4）外观检查冷却回路不许有渗漏，用手轻拉快速接头，不许有松脱。

（5）外观检查充电电阻、固定放电电阻良好，无变形、变色、烧损现象，接线紧固，紧固标识齐全，线束绑扎良好。

（6）外观检查直流回路支撑电容，不许有鼓胀、漏液。电容连接端子不许有松动。

（7）外观检查中间继电器过压吸收片，不许有烧损，充电接触器打开灭弧罩检查主触头，不许有烧损、卡滞现象，手按辅助触头顶杆检查辅助触头动作灵活，不许有松动，安装螺丝紧固。

（8）外观检查门盖板密封条状态良好，柜体内部清洁。

（9）外观检查控制机箱及电子插件、电缆插头，不许有松动，安装螺丝齐全、紧固。

（10）外观检查隔离闸刀和电连接端子，不许有烧损、松动。

（11）外观检查整流/逆变模块接线牢固，安装螺栓齐全、紧固，紧固标识齐全，输入、输出铜母排连接部位不许有烧损。检查门极驱动板弹簧卡紧、光纤、连接器连接，不许有松动。

（12）检查同步变压器、风机隔离变压器外观，不许有变色、变形、烧损等异常现象。安装牢固，接线良好。

（13）上电检查机箱冷却风扇工作正常，不许有异音。

（14）外观检查电压传感器（小号车需开机箱下部盖板检查）、电流传感器、水压传感器、温度传感器各线路，连接状态良好，电压传感器、电流传感器外观不许有破损、开裂现象。

（15）检查支撑电容连接端子紧固件状态良好。

（16）开机箱下部盖板检查电流检测板器件外观良好，插头不许有松动。

（17）开侧柜盖板检查斩波风机（开侧柜盖板检查）和热交换风机接线排，不许有松动，高压试验时检查斩波风机和热交换风机运转正常，不许有异音。

（18）用毛刷清洁斩波风机，检查风机安装螺栓齐全，紧固状态可靠。

任务 3.3　交流传动电力机车辅助变流器检修

学习活动 1　任务介绍

1. 任务描述

辅助变流器是交流传动电力机车为通风机和压缩机等辅助机组提供三相交流电源的电源装置，在交流传动电力机车上占有重要地位。因此，必须对辅助变流器进行定期维护、保养和定期检修，及时发现运行条件与设备要求是否一致。辅助变流器检修是机车检修岗位的主要任务之一，检修人员需要按照 C3 修检修工艺文件（或作业指导书）完成对辅助变流器的检查与修理，整个作业过程对检修人员的规范意识、安全意识有很高的要求。

2. 任务要求

（1）描述交流传动电力机车辅助变流器的功能及结构；

（2）能够分析交流传动电力机车辅助变流器的工作原理；

（3）能对交流传动电力机车辅助变流器进行 C3 修检修；

（4）养成遵章守纪、规范操作的职业素养。

学习活动 2　任务准备

（1）交流传动电力机车辅助变流器的作用是什么？

（2）查阅相关学习资料或现场参观电力机车，写出 HXD$_3$ 型电力机车和 HXD$_{1C}$ 型电力机车辅助变流器的部件，将部件的名称、数量、安装位置与作用记录在表 3-3-1 和表 3-3-2 中。

表 3-3-1　HXD$_3$ 型电力机车辅助变流器部件明细汇总

名称						
数量						
安装位置						
作用						

表 3-3-2　HXD$_{1C}$ 型电力机车辅助变流器部件明细汇总

名称					
数量					
安装位置					
作用					

学习活动 3　任务实施

按照 C3 修检修工艺文件（或作业指导书），对 HXD$_{1C}$ 型电力机车辅助变流器进行检修。

1. 工具准备

工具明细表见表 3-3-3。

表 3-3-3　工具明细表

序号	名称	数量	是否完好
1			
2			
3			
4			
⋮			

2. 安全防护准备

防护工具及检查内容见表 3-3-4。

表 3-3-4　防护工具及检查内容

防护工具	检查内容

3. 任务单

按照 C3 修检修（或作业指导书），对 HXD$_{1C}$ 型电力机车辅助变流器进行检修，并填写检修记录单。HXD$_{1C}$ 型电力机车辅助变流器检修记录单见表 3-3-5。

表 3-3-5　HXD$_{1C}$ 型电力机车辅助变流器检修记录单

检查人姓名：		班级：		质检员：
HXD$_{1C}$ 型电力机车辅助变流器				
序号	作业内容	作业标准		结果记录
1	柜体	辅助变流器盖板观察窗不许有破裂、缺失；柜体侧面控制插头、插座状态良好，接地线齐全，紧固良好；清洁过滤网，置于夏季模式；门盖板密封条状态良好，柜体内部清洁		
2	接触器	外观检查电缆无松动，检查接触器触头表面无烧损或者表面无粗糙不平，触头动作灵活无卡位，灭弧罩无尘土或者无污染，辅助触头外壳无裂纹，触头工作灵活无卡位		
3	辅变控制单元（ACU）	外观及插件良好，安装及接线牢固；控制机箱及电子插件、电缆插头不许有松动		
4	电压、电流传感器	外观不许有破损、开裂，各线路连接状态良好		
5	冷却风机	冷却风机安装面板不许有裂损、松动，风机运转时不许有异音；清洁冷却风机		
6	机箱冷却风扇	机箱冷却风扇工作正常，不许有异音		
7	同步变压器、RC 滤波组件	不许有裂纹、变形、烧损等异常现象		
8	充电电阻、固定放电电阻	外观检查良好，电阻无颜色改变、破损和破裂		
9	整流/逆变模块	安装紧固，电解电容无破损或泄漏，插针和电缆无松动，电缆无老化、破损，清洁散热器上无影响散热的尘土		

学习资源

知识点 3.3.1 HXD$_{1C}$型电力机车辅助变流器

HXD$_{1C}$型电力机车辅助变流器的主要功能是将机车单相 AC 470 V 电压经整流及逆变后变成三相 AC 440 V 电压，为机车压缩机等辅助设备提供电源。每台机车都配置两台辅助变流器，其中一台为恒压恒频（CVCF），一台为变压变频（VVVF）。HXD$_{1C}$型电力机车辅助变流器外观图见图 3-3-1。

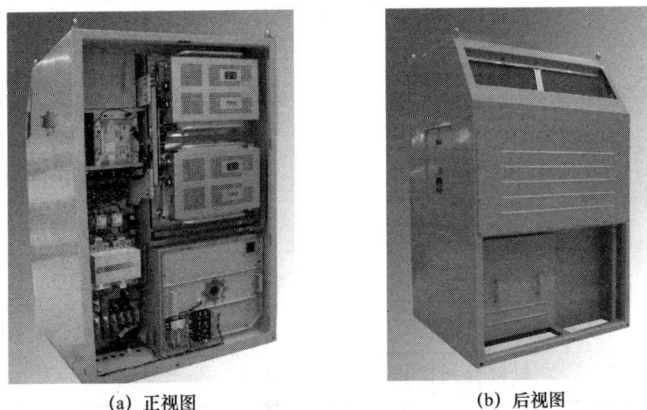

(a) 正视图   (b) 后视图

图 3-3-1 HXD$_{1C}$型电力机车辅助变流器外观图

1. 辅助变流器的内部结构

图 3-3-2 为 HXD$_{1C}$型电力机车辅助变流器 APU1 的电路图，此电路由预充电电路、四象限整流电路、中间直流电路、逆变电路等组成。

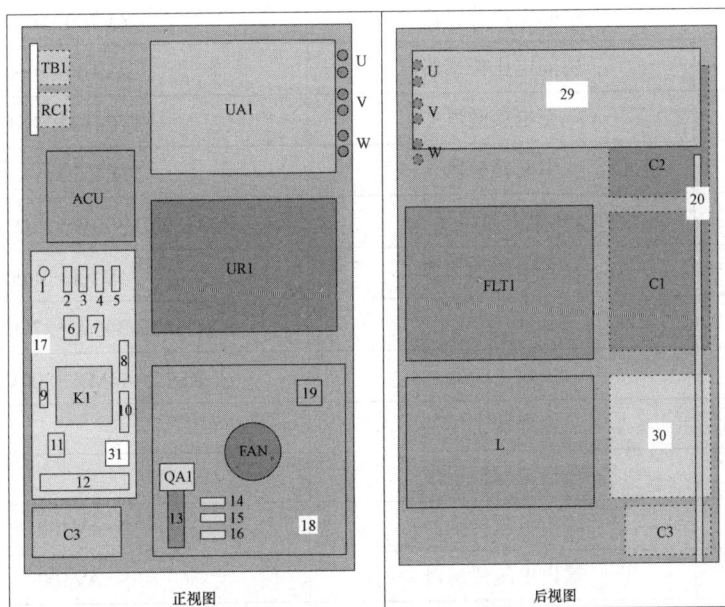

正视图   后视图

图 3-3-2 HXD$_{1C}$型电力机车辅助变流器 APU1 的电路图

通过图 3-3-2 可以看到变流器柜内部最重要电气部件的布置结构，包含一个整流模块和一个逆变模块、辅变控制箱（ACU）、接触器、充放电电阻、过压斩波电阻、电压电流传感器、冷却风机、电源滤波器等部件。HXD1c 型机车辅助变流器部件明细汇总见表 3-3-6。

TGF54 型辅助变流器的结构.mp4

表 3-3-6 HXD1c 型机车辅助变流器部件明细汇总

设备代号	名称	产品图号/型号
TB1	同步变压器	TBK1D
RC1	电源滤波组件	ZS457-064-000
ACU	辅变控制箱	TE274-040000
K1	主接触器	>500 A
C3	滤波电容组件	ES28203
UA1	逆变器模块	TE075-030000
UR1	整流器模块	TE075-020000
FAN	风机	R4D-560-AW03-05
QA1	风机自动开关	
SC1	输入电流传感器	LT1005-T
1（XT7）	接线端子	
2（SV2）	中间电压传感器	AV100-1000
3（SV3）	接地电压传感器	AV100-1000
4（SV7）	中间电压传感器	AV100-1000
5（SV8）	中间电压传感器	AV100-1000
6（K2）	充电接触器	3TF4522-1XF4
7（KM1）	中间接触器	3TF4522-1XF4
8（R2）	充电电阻单元	RXG300D/300W-27Ω（1±2%）
9（SV1）	输入电压传感器	AV100-1000
10（R1）	充电电阻单元	RXG300D/300W-27Ω（1±2%）
11（FU1）	快速熔断器	RS12-A4MK-800V/1300A
12（T3）	电源端子排	
13	风机电源端子排	
14（SV4）	输出电压传感器	AV100
15（SV5）	输出电压传感器	AV100
16（SV6）	输出电压传感器	AV100

设备代号	名称	产品图号/型号
17	电器板	
18	风机盖	
19	风机观察孔	
20	排污管	
29	滤网	
30（R5～R10）	均压电阻单元	RXG600D-400W/4.5kΩ（1±5%）
30（R3、R4）	接地保护电阻	RXQ-300W-15kΩ（1±5%）
31（SC1）	输入电流传感器	LT1005-T
C2	中间支撑电容	TE075-050000
C1	中间支撑电容	TE075-050000
L	输入电抗器	RSF28196-474-99
FLT1	滤波电感	RTF28203-325-99

2. 辅助变流器的主要部件和单元

1）电源输入部件

输入部件主要包括熔断器、充电接触器、主接触器、充电电阻、输入电压传感器、电流传感器等，来自列车主变压器的基波 AC 470 V 从动力线输入端子进入辅助变流器柜体，作为辅助变流器的输入电压。输入电路具有以下作用。

（1）当辅助变流器输入端发生某种短路故障，或者输入端过流而接触器故障时，快速熔断器 FU1 快速熔断，保护列车主变压器不会损坏，以保障牵引系统在此时仍可正常运行。

（2）输入隔离。当变流器不工作时，接触器断开，切断输入电压。

（3）限流充电。在变流器工作前，对辅助变流器中间直流电容限流充电，避免对电容的冲击。通过输入电压传感器 SV1，实现对输入电压的监视。

2）整流单元

整流单元主要包括输入电抗器（储能电感 L）和四象限整流器模块 UR1。模块 UR1 采用两电平单相桥式电压型变流电路，功率开关器件为 IGBT。其作用是：电网电压在一个范围内波动时，中间回路的直流电压保持恒定，确保电机侧逆变器的正常工作，同时在电网侧要获得一个近似正弦波的电流，减少对周围环境的电磁干扰，在牵引工况和再生制动工况下，供电接触网或牵引变压器一次侧的功率因子可接近 1。

3）中间直流环节

中间直流环节主要由中间电容组 C1、C2 构成，通过母排连接到整流器及逆变器模块上，其作用是保持恒定的直流电压，为电压型逆变器电路工作提供基本条件；同时电容上并联均压电阻 R5～R10，使每组电容上的电压基本相等。

4）逆变单元

逆变单元主要是逆变器模块 UA1，它采用两电平三相桥式电压型逆变电路，功率开关器件为 IGBT。其作用是将恒定的直流电压转换为三相交流电压，其波形为 PWM 波。

3. 工作原理

图 3-3-3 为 HXD$_{1C}$ 型电力机车辅助变流器 APU1 的电路图，此电路由输入电路、四象限整流电路、中间直流电路、逆变电路等组成。

1）输入电路

输入电路由熔断器 FU1，充电接触器 K，主接触器 K1，充电电阻 R1、R2，输入电压传感器 SV1，电流传感器等组成。当中间直流回路电压为零时，先闭合充电接触器，主变压器的辅助绕组通过充电电阻向四象限整流器提供 470 V 的单相交流电，给中间直流回路支撑电容充电。当中间直流电压建立后，闭合工作接触器，断开充电接触器，在切除充电电阻的同时，继续向中间直流回路支撑电容充电，直至中间直流回路电压达到额定值。至此，辅助变流器预充电过程完成。

2）四象限整流电路

四象限整流电路主要是将单相交流电转换成恒定的直流电。变流器的元件由 IGBT 和整流器组成的模块构成，每一个桥臂都为两个模块并联。整流器单元由模块门极驱动板、检测基板构成。检测基板将中央处理器发来的驱动信号传递给门极驱动板，并将门极驱动板的反馈信号综合处理后返送给中央处理器。门极驱动板接收到经由检测基板发来的驱动信号后，对 IGBT 进行驱动控制，并对 IGBT 的运行状况进行检测，并将检测信号发送到检测基板。

同时，本回路对整流器单元输出的直流电进行整形，以消除中间回路的波动电压，达到平滑的目的。

3）中间直流电路

中间直流电路由中间电压支撑电容、中间电压测量电路和辅助接地保护电路组成，辅助变流器采用的是电压型逆变器。为了稳定中间电路电压，并联了大量的支撑电容，同时还对辅助逆变器产生高次谐波进行滤波。

4）逆变电路

HXD$_{1C}$ 型电力机车辅助变流器的逆变器任务是将直流电压转换成三相交流电压向负载电机供电，其输出方式既可以选择变压变频（VVVF）方式，也可以选择恒压恒频（CVCF）方式，以满足不同负载的需要。辅助变流器正常工作时，将所有泵类负载如压缩机、油泵空调机组由一组辅助变流器供电，采用 CVCF 方式；而所有风机类负载如牵引风机、冷却塔通风机等，由另一组辅助变流器供电，采用 VVVF 方式。当任何一组辅助变流器出现故障时，通过计算机控制监视系统的信息传递和故障切换，可以实现由另一组辅助变流器以 CVCF 方式对全部辅助机组供电，完成了机车辅助变流系统的冗余控制，提高了机车辅助变流器系统的可靠性。

4. 技术参数

HXD$_{1C}$ 型机车辅助变流器主要技术参数见表 3-3-7。

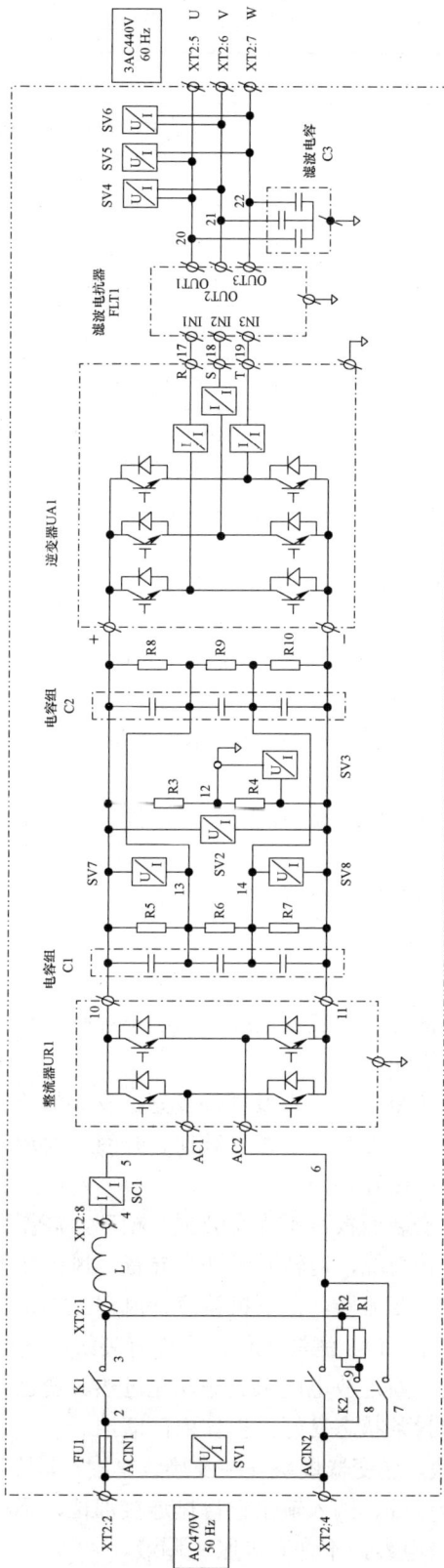

图 3-3-3　HXD$_{1C}$ 型电力机车辅助变流器 APU1 的电路图

表 3–3–7　HXD$_{1C}$ 型机车辅助变流器主要技术参数

额定容量	248 kVA
额定输入电压	单相交流：470 V（−30%～+24%）
额定输入电流	326 A
输入电压频率	50 Hz
输出电压	CVCF：440 V（−10%～+10%）
	VVVF：80～440 V（−10%～+10%）
输出频率	CVCF：60 Hz（−1～+1 Hz）
	VVVF：10～60 Hz（−1～+1 Hz）
额定输出电流	326 A

知识点 3.3.2　HXD$_{1C}$ 型电力机车辅助变流装置 C3 修检修工艺

1. 主要技术要求、原形尺寸及限度

（1）各接地线断股不超过 10%。

（2）各母排安装螺栓紧固力矩：15 N·m，水管侯箍紧固力矩：6 N·m。

2. 设备及工具

手电筒、毛刷、开口扳手、扭力扳手、螺丝刀、数字万用表、标记笔。

3. 主要工序及操作过程

（1）外观检查辅助变流器盖板观察窗，不许有破裂、缺失；检查柜体侧面控制插头、插座状态良好，接插紧固，接地线齐全，紧固良好；过滤网拆下清洁，检查冬、夏季模式，须正常。

（2）检查各接触器外观良好，安装及接线紧固，不许有松动，信号线不许有破损，无挤压现象；触头动作灵活，无卡滞。

（3）检查辅变控制单元（ACU）外观及插件良好，安装螺栓齐全，安装及接线牢固。

（4）检查电压、电流传感器外观，不许有破损、开裂、变形、烧损等异常现象。各传感器安装牢固，各线路连接状态良好。

（5）外观检查冷却风机安装面板，不许有裂损、松动，高压试验时启动辅助变流器通过打开风机观察孔检查风机运转情况，运转时不许有异音，风向朝下。

（6）高压试验时启动辅助变流器，检查机箱冷却风扇工作正常，不许有异音。

（7）外观检查同步变压器、RC 滤波组件，不许有裂纹、变形、烧损等异常现象。

（8）外观检查充电电阻、固定放电电阻良好，无过热、变色。

（9）外观检查门盖板密封条状态良好，柜体内部清洁。

（10）外观检查整流模块、逆变器模块安装及接线牢固，紧固螺栓及紧固标识齐全，外观及各连接器接插良好，复合母排、输入输出铜母排连接部位，不许有过热、烧损。

（11）外观检查三相滤波电容，不许有鼓胀、漏液。

精读资料

电器基础知识三

电器的发热与散热可扫描下面二维码学习。

电器的发热与散热.pdf

模块 4　电机与变压器检修

本模块主要介绍 SS_{9G}、HXD_{1C} 型电力机车牵引电动机、辅助机组与牵引变压器的作用、结构、工作原理、主要技术参数等，通过对其基本知识的学习和完成检修任务，具备电力机车电机与变压器检修专业技能。

学习目标

（1）描述牵引电动机、辅助机组及牵引变压器的作用；
（2）记住牵引电动机、辅助机组及牵引变压器的结构；
（3）分析牵引电动机、辅助机组及牵引变压器的工作原理；
（4）能对直流牵引电动机进行检修；
（5）能按 C3 修检修工艺对交流牵引电动机、辅助机组及牵引变压器进行检修；
（6）养成精检细修的职业素养，具备规范意识、质量意识。

任务 4.1　直流传动电力机车牵引电动机检修

学习活动 1　任务介绍

1. 任务描述

直流牵引电动机是直流传动电力机车进行电能和机械能相互转换的重要部件，其性能好坏直接影响到直流传动电力机车正常工作，因此需要定期对直流牵引电动机进行检修。直流牵引电动机检修是机车检修岗位的主要工作任务之一，检修人员需要按照检修工艺文件（或作业指导书）完成直流牵引电动机的检查与修理，主要包括解体、清扫、检查与修理、试验等几个步骤，整个作业过程对检修人员的规范意识、安全意识有很高的要求。

2. 任务要求

（1）能记住直流牵引电动机的作用及结构；
（2）能够理解直流牵引电动机的工作原理；
（3）会应用直流牵引电动机的启动、反转、调速和制动方法；
（4）能对直流牵引电动机进行检修；
（5）会测量直流牵引电动机的绕组绝缘电阻值等主要技术参数；
（6）养成遵章守纪、规范操作的职业素养，具有精益求精的工匠精神。

学习活动 2　任务准备

（1）直流电机有何作用？简述直流电动机基本工作原理。

（2）直流电机由哪些部件构成？有哪几种励磁方式？

（3）牵引电动机有哪几种传动和悬挂方式？

（4）直流牵引电动机如何启动、反转、调速、制动？

学习活动 3　任务实施

按照作业指导书，对直流牵引电动机进行日常检修。

（1）工具准备。

（2）外部检查。

（3）内部检查。

（4）绝缘电阻测量。

学习活动 4　任务评价

任务实施质量评分表和职业能力评分表分别见表 4-1-1 和表 4-1-2。

表 4-1-1　任务实施质量评分表

评分项	分值	完成要求	评分标准	得分
任务分析	10	明确任务描述及任务要求	基本了解工作任务要求，扣 3 分	
任务准备	10	回答问题清晰准确，能够紧扣主题，没有明显错误	对照标准答案，错误一项扣 5 分，扣完为止	
任务实施	70	有具体实施方案，各步骤清晰正确，过程完整，数据正确	每个错误点扣 2 分	
其他	10	检修记录单填写详细，能够反映实际工作过程	没有填或者填写太过简单，每项扣 2 分	
合计得分				

表 4-1-2　职业能力评分表

评分项	评价等级	质量要求	等级
知识评价	A/B/C	A：能够完整准确地回答任务准备的所有问题，准确率在 90% 以上 C：对基础知识掌握较差，任务准备准确率在 50% 以下	
能力评价	A/B/C	A：熟悉各个环节的实施步骤，能够独立完成任务，并有能力辅助其他同学完成规定的工作任务，工作实施快速，准确率高（在 85% 以上） C：未完成或只完成了部分任务，有问题但没有积极地向老师和其他同学请教，工作不积极，各部分的准确率在 50% 以下	
素质评价	A/B/C	A：不迟到、早退，自主学习，具有较强信息搜集能力；具有质量意识、规范意识和安全意识；具有团结协作精神；工作台整洁有序 C：有迟到、早退现象，需要老师全程监督才能学习；规范意识和安全意识不足；不能配合小组其他成员完成工作任务；工作台凌乱	

注：作答结果介于 A、C 之间的，等级评定为 B。

学习资源

知识点 4.1.1　牵引电动机的一般概念

牵引电动机是驱动机车车辆动轮轴的主电动机，因此，在设计参数选择和结构形式上不同于普通电动机，而成为电动机的一个单独类型。为了满足运输生产的需要，必须对机车牵引性能提出一定要求，例如：能产生足够大的牵引力；能方便和广泛地调节速度；有较强的过载能力；具备先进的经济技术指标等。对机车牵引性能的要求，在很大程度上就是对牵引电动机性能的要求。下面结合机车运行特点，介绍牵引电动机的传动方式和悬挂方式；牵引电动机的主要特点及牵引电动机必须满足的要求等一般概念。

一、牵引电动机的传动方式和悬挂方式

牵引电动机的安装和一般常见的电动机的安装不同，不是用地脚螺钉固定，而是用悬挂的方式安装在机车上，并通过齿轮传动装置驱动机车轮对，使机车行驶。因此，必须考虑到机车结构特点和运行要求，合理地选择传动方式和悬挂方式。同时，传动方式和悬挂方式也对牵引电动机的总体结构和外形尺寸起着制约作用。

牵引电动机的传动方式通常可分为个别传动和组合传动两种。

1. 个别传动

个别传动是目前国内外应用最广的传动方式。所谓个别传动，是指一台牵引电动机只驱动一个轮对，它是借助电机轴上的小齿轮驱动轮对轴上的大齿轮来实现机车牵引运行的。个别传动有抱轴式悬挂、架承式悬挂两种悬挂方式。

1）抱轴式悬挂

抱轴式悬挂是指牵引电动机一侧通过滑动轴承抱在机车动轮轴上，另一侧通过弹性缓冲装置悬挂在机车转向架的横梁上，如图 4-1-1 所示。这种悬挂的牵引电动机，其重量约一半是直接压在机车动轮轴上，称为簧下重量；另一半通过转向架经轴箱弹簧压在轮轴上，称为簧上重量。所以这种悬挂方式有时也称为半悬挂。

抱轴式悬挂结构简单、检修方便、成本较低。但由于这种悬挂方式牵引电动机约一半重量直接压在机车动轮轴上，呈刚性连接，使车轮与钢轨之间的动力作用直接传到牵引电动机，影响牵引电动机的正常工作。此外，齿轮传动比由于受电机轴和轮轴之间中心距离的限制，使电动机尺寸也不能任意选择，限制了机车功率和速度的提高，一般适用于速度不超过 120 km/h 的客、货两用机车。

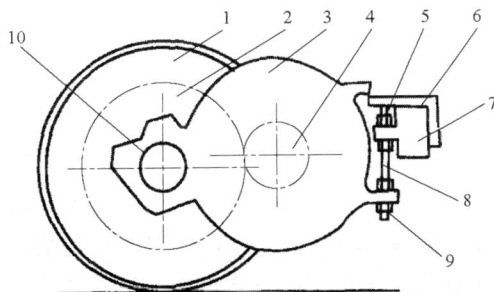

1—机车动轮；2—大齿轮；3—牵引电动机；4—小齿轮；5—橡胶件；6—安全托板；
7—枕梁；8—拉杆；9—橡胶件；10—轮轴
图 4-1-1　抱轴式悬挂示意图

2）架承式悬挂

对于构造速度较高的客运机车和电动车辆，抱轴式悬挂方式已不能适应运行要求，通常要采用架承式悬挂。所谓架承式悬挂，是指将牵引电动机完全固定在转向架上，这样，牵引电动机的全部重量都成为转向架减振弹簧以上的重量，即成为簧上重量。因此，线路动力作用对牵引电动机工作的不良影响将大为减少，克服了抱轴式悬挂的缺点。但这种悬挂方式由于牵引电动机是簧上部分，在行车过程中，牵引电动机的转轴中心线与机车动轮轴中心线会产生较大的相对移动。为此，必须改变传动结构，在牵引电动机转轴和机车动轮轴之间装置

弹性的或联轴节式的传动构件。通常不再将小齿轮（主动齿轮）直接装在电机转轴上，而是通过两个滚柱轴承装在齿轮箱上，并与装在机车动轮轴上的大齿轮相啮合。这时，牵引电动机的转轴和小齿轮之间必须采用联轴节传动。

（1）采用球面齿式联轴节的架承式悬挂。如图4-1-2所示，这种传动方式应用在我国地铁电动车辆上。由图4-1-2可见，牵引电动机全部悬挂在机车转向架上。在牵引电动机机座一侧的上方有两个悬臂，下方有一个支承，均用螺钉固定在转向架上，呈三点半边悬挂。牵引电动机转轴传动端与球面齿式联轴节相连，即电机转轴上安装球面齿轮，该球面齿轮传动联轴节内齿圈，内齿圈又传动小齿轮轴上的球面齿轮，再传动小齿轮（装在齿轮箱内），最后传动大齿轮以驱动机车行驶。

这种传动方式的优点不仅解决了机车运行中牵引电动机转轴相对于机车动轮轴有位移而影响传动的问题，同时由于小齿轮不直接装在电机转轴上，故小齿轮和它的轴可以做成一个整体，从而减少小齿轮的齿数以提高机车的速度和减轻电动机的重量。这种传动方式的缺点是由于联轴节占用了空间，使电机轴向尺寸缩短，故不适用于大功率干线机车中的牵引电动机。

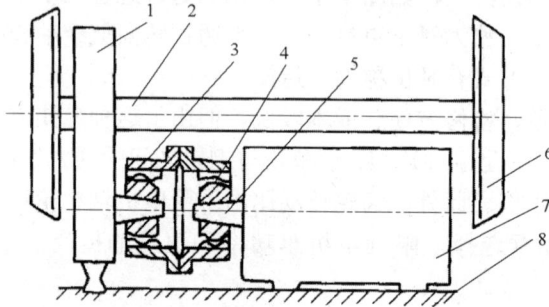

1—齿轮箱；2—动轮轴；3—内齿圈；4—球面齿轮；5—电机轴；6—动轮；7—电动机；8—转向架

图4-1-2　球面齿式联轴节的架承式悬挂

（2）采用空心轴传动的架承式悬挂。大功率牵引电动机可采用空心轴传动方式。空心轴可分为电枢空心轴和轮轴空心轴两类。

电枢空心轴传动的架承式悬挂如图4-1-3所示。这种传动方式是将电机的转轴做成空心的，该空心轴通过球面齿式联轴节与动轮轴相连，传动轴穿过空心轴的内腔，将转矩传给小齿轮（装在齿轮箱内）。由于利用了电机空心轴内腔的空间，节省了联轴节所占据的电机轴向空间，故电机可充分利用轴向长度尺寸，以提高牵引电动机的功率。

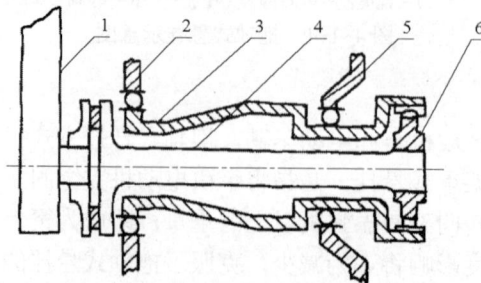

1—传动齿轮箱；2、5—电机端盖；3—电机空心轴；4—传动轴；6—球面齿式联轴节

图4-1-3　电枢空心轴传动的架承式悬挂

电枢空心轴传动方式适用于车速不超过 160 km/h 的准高速客运机车。

轮轴空心轴传动的架承式悬挂如图 4-1-4 所示。这种传动方式由套在轮轴外的空心轴及其两端的六连杆万向节组成。牵引电动机是全悬挂，安装在转向架横向中心线上，小齿轮热套在电机转轴上，大齿轮通过滚动轴承装在空心轴的轴套上。电动机产生的转矩传递到大齿轮上后，由万向节Ⅰ通过空心轴和万向节Ⅱ传递给车轮Ⅱ，在经车轴传给车轮Ⅰ，驱动机车行驶。

这种传动装置结构复杂，但传递功率大，工作可靠。由于传动齿轮箱支承在转向架构架上，簧下重量显著减轻。轮轴空心轴传动方式适用于车速在 220～250 km/h 的高速客运机车。

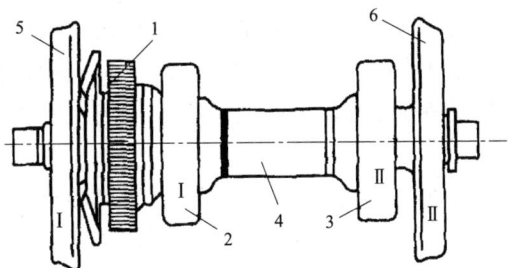

1—大齿轮；2、3—六联杆万向节；4—空心轴；5、6—动轮

图 4-1-4　轮轴空心轴传动的架承式悬挂

个别传动的主要优点是当一台牵引电动机发生故障时，可以单独切除，不会影响其他电动机工作，而且充分利用了机车下部空间，所以得到广泛应用。但是，由于各轮轴间没有直接的机械联系，个别轮对容易空转，从而使机车的黏着牵引力降低。

2. 组合传动

组合传动就是每个转向架上只安装一台牵引电动机（这种转向架称为单电机转向架），通过变速齿轮装置驱动该转向架的每一根动轮轴，如图 4-1-5 所示。组合传动装置的结构比个

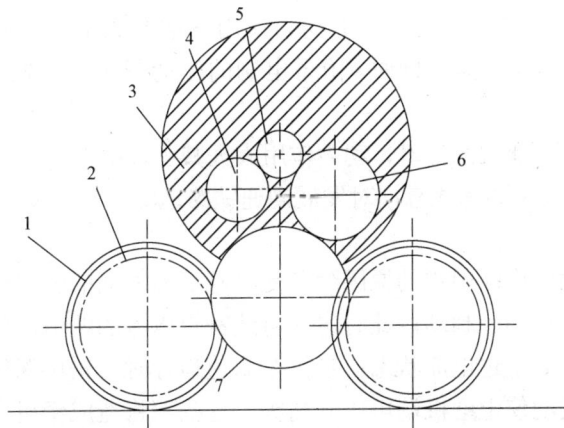

1—车轮；2—大齿轮；3—电动机；4、6—变速齿轮；5—电机轴上小齿轮；7—中间齿轮

图 4-1-5　单电机两轴转向架组合传动

别传动装置复杂，但由于组合传动有其特点而受到重视。干线电力机车随着铁路运输重载高速的不断发展，要求充分利用机车每一个轮对的黏着重量，以实现大的黏着牵引力，在这种情况下，就倾向采用组合传动。组合传动还有利于降低牵引电动机单位功率的重量，因为组合传动相当于把几个轮对上的较小功率的牵引电动机合并为一台大功率的电机，电机功率越大，其重量指标（即每 kW 功率的重量）越低，在相同容量下，电机的造价也将降低。此外，采用组合传动还可以将传动齿轮进行不同的搭配来改变传动比，这样就可实现同一台机车既可成为高速客运机车，又可作为牵引力大的低速货运机车，使机车和牵引电动机具有通用性。

二、牵引电动机的主要特点

直流和脉流牵引电动机的工作原理和普通直流电动机是一致的，其基本结构也相似。但是，牵引电动机的工作条件与直流电动机相比则有很大区别，因此牵引电动机在设计、结构、材料、绝缘、工艺等方面都要特别慎重。牵引电动机工作的主要特点如下。

1. 使用环境恶劣

牵引电动机安装在车体下面，直接受到雨、雪、潮气的影响，机车运行中掀起的尘土也容易侵入电机内部。此外，由于季节和负载的变化，还经常受到温度和湿度变化的影响。因此，电机绝缘容易受潮、受污，对其性能和寿命产生极为不良的影响。所以，牵引电动机的绝缘材料和绝缘结构应具有较好的防潮、防尘性能及良好的通风、散热条件。

2. 外形尺寸受限制

牵引电动机悬挂在车体下面，其安装空间受到很大限制，轴向尺寸受轨距限制，径向尺寸受动轮直径的限制。为了获得尽可能大的功率，要求牵引电动机结构必须紧凑，并采用较高等级的绝缘材料和性能较好的导电、导磁材料。

3. 动力作用大

机车运行通过钢轨不平顺处（如钢轨接缝、道岔等），因撞击而产生的动力作用会传递给牵引电动机，使牵引电动机承受很大的冲击和振动。试验表明：当机车速度达到 120 km/h 时，抱轴式悬挂的牵引电动机，垂直加速度可达 15 g，横向加速度可达 7 g，电枢表面的动力加速度可达 25 g。这样大的动力作用常常造成牵引电动机磁极螺栓松动、线圈连线断裂、零部件损坏等故障。同时，由于电刷的振动影响了电刷和换向器的正常接触，导致换向恶化。

当牵引电动机采用架承式悬挂时，动力作用大大减小，垂直加速度为 0.5 g，横向加速度为 0.35 g，这充分说明采用架承式悬挂对发展高速铁路运输具有重要的意义。

4. 换向困难

直、脉流牵引电动机换向困难的原因除了受机械动力方面的影响外，还有电气方面的原因，如牵引电动机经常启动、制动，此时电流可达额定电流的两倍；当机车在长大坡道上运行时，电动机将长时间处于过电流状态；当机车高速运行时，采用深的磁场削弱使气隙磁场畸变增大；电网电压波动使电动机端电压升高等，这些都将造成牵引电动机换向困难。脉流牵引电动机的电流为脉动电流，除直流分量外，还有一定的交流分量，电磁交流分量的存在将使电机换向更为困难，致使换向火花增大甚至环火。因此，在设计直、脉流牵引电动机时，必须对换向问题给予特别注意。

5. 负载分配不均匀

牵引电动机和普通电动机的另一不同之处是：在同一机车上的数台牵引电动机，不论在电的方面还是在机械方面都是连接在一起的。在电的方面，各电机之间是并联连接；在机械方面，各电机通过动轮与钢轨间的黏着作用而互相耦合在一起。因此，由于同一台机车上牵引电动机特性有差异，各动轮直径不等或个别轮对发生"空转""滑行"等原因，都有可能造成各电机的负载分配不均，有的电机处于过载运行，有的电机处于欠载运行，从而使机车牵引力不能充分发挥。

三、牵引电动机必须满足的要求

为了保证牵引电动机在上述条件下可靠工作，并且能适应机车运行的需要，牵引电动机必须满足下列要求。

（1）应有足够大的启动牵引力和较强的过载能力。

（2）具有良好的调速性能。保证机车在不同的行驶条件下，有宽广的速度调节范围，并在速度变化范围内，能充分发挥牵引电动机的功率。在正、反两个方向运行时，其特性尽可能相同。

（3）换向可靠。在大电流、高电压、高转速及磁场削弱条件下运行时，换向火花不应超过规定的火花等级。

（4）牵引电动机各个部件应具有足够的机械强度，以保证电机在最恶劣的运行条件下可靠工作。

（5）牵引电动机的绝缘必须具有很高的电气强度，并具有良好的防潮和耐热性能，以保证电机有足够的过载能力，并在其寿命期限内可靠工作。

（6）牵引电动机的结构应充分适应机车运行和检修的需要。如电机的传动与悬挂应使机车与钢轨间的动力作用尽量减小，对灰尘、潮气及雨雪的侵入有良好的防护，便于检修和更换电刷，等等。

（7）必须尽可能地降低牵引电动机单位功率的重量，使电磁材料和结构材料得到充分利用。

知识点 4.1.2　ZD115 型牵引电动机

SS_9 型电力机车所用的牵引电动机型号为 ZD115 型牵引电动机，它是带有补偿绕组的 6 极串励脉流电机。

一、ZD115 型牵引电动机基本结构

ZD115 型牵引电动机主要由定子、电枢、电刷装置等部分组成，其结构图如图 4-1-6 和图 4-1-7 所示。定子的作用是产生磁场并从机械上支撑整个电机，它的主要零部件有主极、换向极、机座、补偿绕组、端盖和轴承等。电枢是用来产生感应电势和电磁转矩以实现能量转换的主要部件，由电枢铁芯、电枢绕组、换向器和转轴等组成。电枢绕组通过换向器和电刷装置与外部电路连接。ZD115 型牵引电动机采用架承式悬挂，一端悬挂在转向架的构架上，另一端则固定在轮对的空心轴套上。

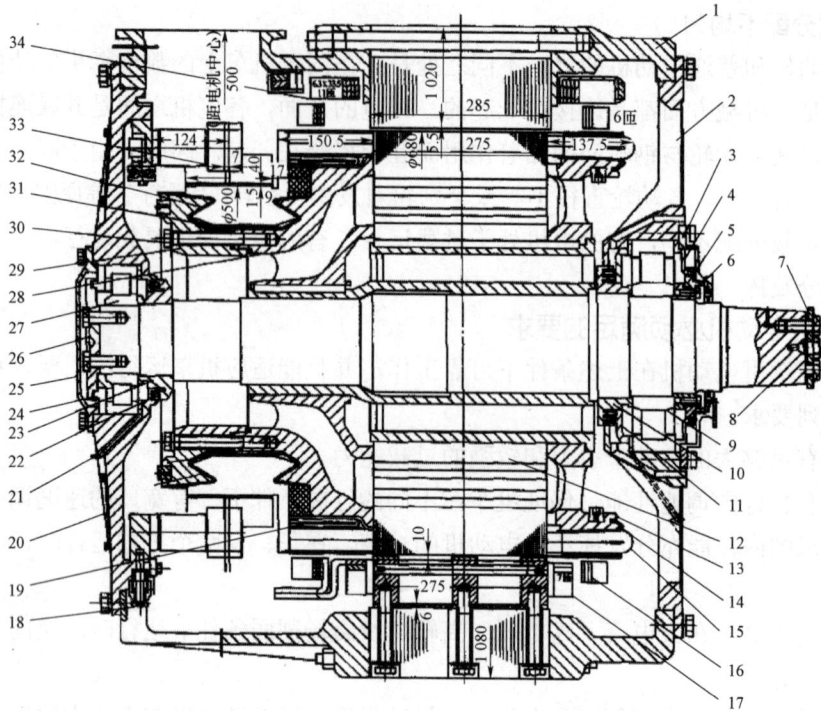

1—机座；2—后端盖；3—后轴承盖；4—挡环；5—油封；6—挡圈；7—轴端挡板；8—转轴；9—轴承；10—油封；11—内轴承盖；12—电枢铁芯；13—电枢后支架；14—后支架绝缘；15—电枢线；16—补偿绕组；17—换向极绕组；18—定位锁销；19—均压线；20—前端盖；21—油杯；22—内轴承盖；23—油封；24—挡环；25—前端轴承盖；26—轴端挡板；27—轴承；28—换向器套筒；29—换向器压圈；30—换向器螺栓；31—云母套筒；32—云母环；33—刷架；34—主极绕组

图 4-1-6   ZD115 型牵引电动机纵剖面图

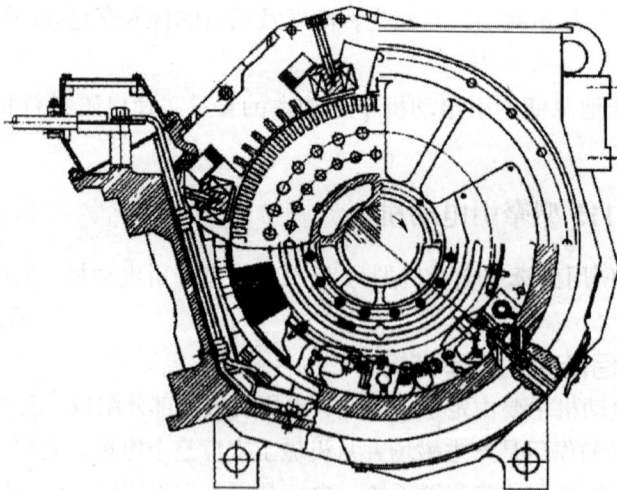

图 4-1-7   ZD115 型牵引电动机横剖面图

下面分别介绍 ZD115 型牵引电动机所有零部件的结构。

1. 定子

定子的作用是产生磁场并从机械上支撑整个电机，它的主要零部件有机座、主磁极、换向极、补偿绕组、端盖和油封结构等。

1）机座

机座既是安装电机所有零部件的外壳，又是联系各磁极的导磁磁轭。ZD115 型牵引电动机采用的是全叠片无机壳机座。机座的主要导磁部分为钢板叠片组，由前后压圈通过拉杆和筋板焊接将叠片紧固成一体。前后压圈均为铸钢件。叠片由 1 mm 厚的钢板冲制而成，如图 4-1-8 所示，冲片呈 12 边形，带有主极铁芯及补偿槽。这种全叠片无机壳机座电机的主要优点如下。

（1）能改善电机脉流换向及过渡过程的换向性能。

（2）主极铁芯与机轭连成一体，能保证主极的等分精度，从而提高定子装配质量。

（3）磁路均匀，可减小电机的速率特性差异。

（4）机座与主极线圈的配合面均为平面，因此主极线圈不需压弧，这样既可简化线圈的制造和安装工艺，又有利于改善线圈的散热条件。

机座两端装有端盖。在换向器端的上方设有进风口，右下方设有观察孔，作维护检查之用。前端盖上有一个圆柱形定位销，与机座上的孔相配合，以提高装配精度。

2）主磁极

主磁极由主极铁芯和主极线圈组成，主极铁芯与机轭连在一起。如图 4-1-8 所示，极靴部分有 6 个向心半开口补偿槽，用以安装补偿绕组。在极尖处局部削角，以减小电枢横轴反应。主极绕组与机座、补偿绕组与机座、换向极绕组与换向极铁芯采用白坯装配。主极绕组直接嵌放在机座的主极槽内，补偿绕组整体嵌放在极靴的向心槽内，主极绕组与补偿绕组由槽楔固定。换向极铁芯通过螺栓固定在机座上。绕组之间的连线通过银铜焊接以减小接触电阻。定子整体采用真空压力浸漆处理。

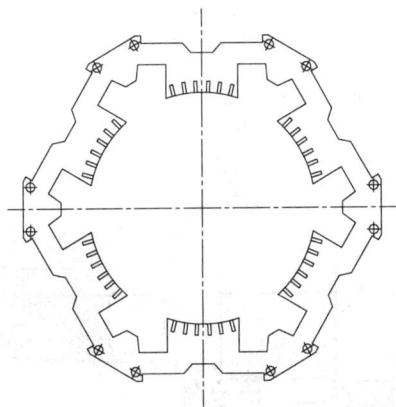

图 4-1-8　定子冲片图

3）换向极

换向极主要由换向极铁芯和换向极线圈组成。为改善脉流工况的换向性能，换向极铁芯也采用叠片结构，铁芯冲片由 0.5 mm 厚的冷轧电工钢片 W470-50 冲制，在换向极铁芯的螺栓连接部位由 3 块 45 锻钢制成的心块，心块与冲片叠压后铆压成一整体。铁芯的极靴部位设有托板，用以支承换向极线圈，托板由非导磁钢制成，用两个沉头螺钉固定在芯块上，沉头螺钉拧紧后点焊在托板上，以起到防松作用。换向极线圈用 7.1 mm×28 mm 的 TMR 铜母线扁绕而成，共 7 匝。匝间绝缘用 0.2 mm 厚的二苯醚坯布，每匝间垫 2 层。对地绝缘用 0.05 mm

厚的聚酰亚胺薄膜半叠包 2 次，0.14 mm 厚的粉云母玻璃丝带半叠包 3 次。外包绝缘用 0.2 mm 厚的无碱玻璃丝带叠包 1 次。线圈与铁芯套装后，其间的空隙用聚砜毡填满。

为改善换向，尤其是过渡过程的换向，换向极铁芯与机座间设有 6 mm 的第二气隙。第二气隙由 341 层压玻璃布板制成。

4）补偿绕组

补偿绕组放置在主极极靴部分的补偿槽内，与电枢绕组串联，用来消除电枢反应对主极气隙磁场所产生的畸变，使换向器片间电压分布均匀，从而减少发生环火的可能性。补偿绕组线圈的两边分别嵌于相邻两个主极的补偿槽内。

5）端盖和油封结构（图 4-1-9）

前后端盖将电机两端封闭，并通过轴承支承转子。两端盖均由铸钢 ZG25Mn 制成。后端盖开有 11 个扇形窗口，为冷却空气的出口；还开有 8 个通大气孔，用以消除轴承室负压。前端盖装有型号为 NH322E 的滚动轴承，后端盖装有型号为 NU332E 的轴承。轴承两侧为迷宫式油封，轴承室内填以 3 号锂基润滑脂，其数量占轴承室总量的 1/3～1/2。用注油枪通过油杯给轴承补充润滑脂。

电机转动时，由于转动部件特别是电枢绕组后端鼻部的抽风作用，使轴承室附近的气压低于外部大气压（称为负压），这种负压作用会把齿轮箱内的润滑油吸入电机的轴承室，并进一步窜入电机内部，损坏电机绝缘并会使轴承发热。为防止这种窜油现象的发生，ZD115 型牵引电动机传动端轴承采用了迷宫式油封结构。后轴承盖板 2 上设有回油槽和排油槽，若有

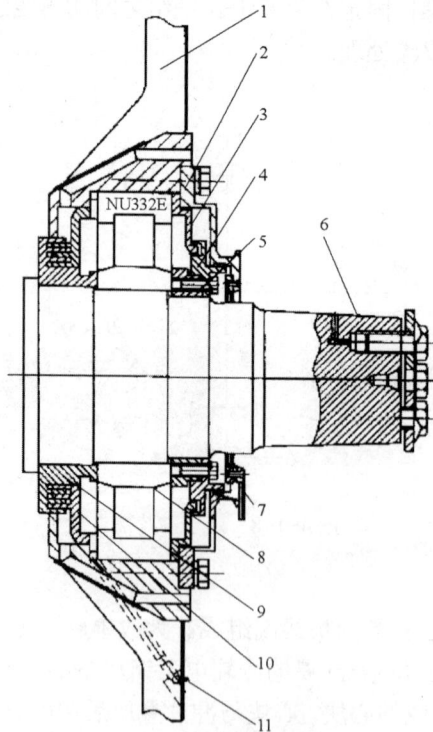

1—后端盖；2—后轴承盖板；3—挡环；4—油封；5—挡圈；6—转轴；7—回油板；
8—轴承；9—油封；10—内轴承盖；11—油杯

图 4-1-9 端盖和油封结构

少量齿轮箱油通过轴承盖板 2 与转轴 6 之间的空隙进入时，可通过回油板 7 的回油槽排至齿轮箱内。废油通过挡环 3 与油封 4 之间的间隙窜入后轴承盖板 2 与油封 4 之间的油腔，通过排油槽向外排出。

2. 电枢

电枢又称转子，是实现能量转换的主要部件，电枢外形图如图 4-1-10 所示。它由电枢支架、电枢铁芯、换向器、电枢绕组和均压线等组成。

图 4-1-10　电枢外形图

1）电枢支架

电枢支架由转轴和电枢套筒两部分组成，电枢套筒热套在转轴上。电枢支架上装有换向器、电枢铁芯、油封等零部件。转轴后端轴伸作为安装主动齿轮之用。转轴要承受电磁扭矩以及由齿轮传递转矩和电枢重量产生的弯矩，所以对其机械性能要求较高。

2）电枢铁芯

电枢铁芯由电枢冲片叠压而成，是电机磁路的一部分。铁芯圆周上均匀地开有嵌放电枢绕组的槽，转子转矩由载流的电枢绕组和主磁场相互作用而产生。

3）换向器

换向器是直流电机的重要部件，它在高速旋转时的机械稳定性及其表面氧化膜的状态对电机换向性能的影响很大。

换向器外形图如图 4-1-11 所示，它主要由换向片、云母片、V 形云母环、云母套筒、换向器套筒、换向器压圈和紧固螺栓等组成。

图 4-1-11　换向器外形图

换向器有 372 片换向片,其横截面为梯形,采用整体升高片,材料是银铜合金,其中银含量不小于 0.15%。用 372 片 1.2 mm 厚的云母片作为片间绝缘,将换向片与云母片相间排列成一圆筒形,经多次烘压,使之成为一体。在两端车削燕尾槽,用换向器压圈、换向器套筒和紧固螺栓将其压紧。换向片组与压圈和套筒之间用 V 形云母环和云母套筒进行绝缘。压圈与套筒之间设有密封垫圈,以防水汽、异物等进入换向器内部。整个换向器通过换向器套筒压装在电枢支架上。

4)电枢绕组

ZD115 型牵引电动机的电枢绕组由 93 个电枢线圈组成,是单叠绕组,其槽节距为 15 mm,换向器节距为 1 mm。每个电枢线圈有 4 个电枢元件,由 4 根 3.75 mm×7.1 mm 的薄双玻璃丝 HF 薄膜导线合并成,如图 4-1-12 所示。

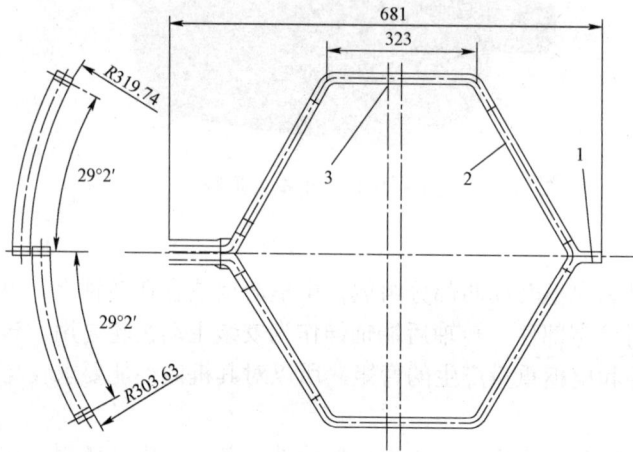

1—鼻部;2—直线部分;3—斜线部分
图 4-1-12　电枢线圈(单位:mm)

5)均压线

均压线连接换向片的等电位点,用来平衡由于磁路不平衡而在电枢绕组内部引起的环流。电枢共有 186 根均压线,其换向片节距为 124 mm。每隔 1 个换向片布置 1 根均压线,均压线连接方式如图 4-1-13 所示。均压线用 1.6 mm×4.25 mm 的单玻璃丝薄膜导线制成,嵌放在换向片升高片槽的底部。

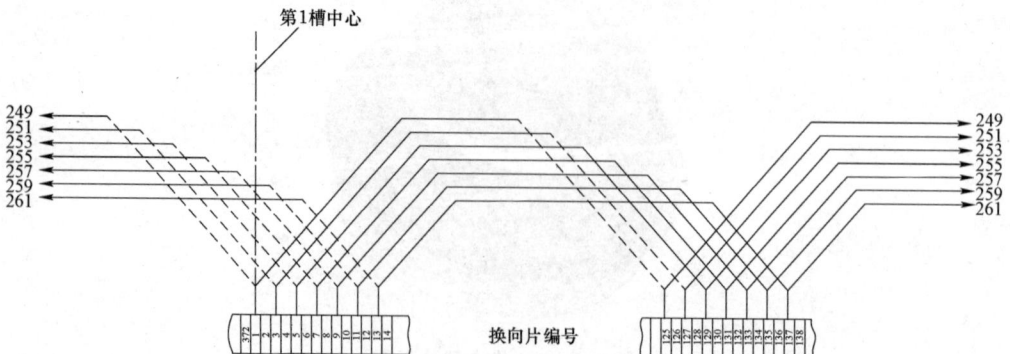

图 4-1-13　均压线连接方式

3. 电刷装置

电刷装置由刷架圈、刷握装置、锁紧装置、定位装置及连线组成，见图 4-1-14。刷架与端盖的装配见图 4-1-15。

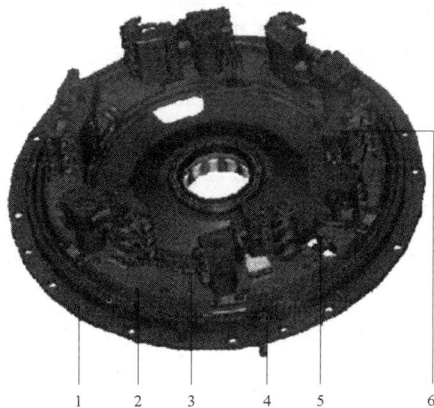

1—端盖；2—刷架圈；3—连线；4—定位装置；
5—锁紧装置；6—刷握装置

图 4-1-14   电刷装置   图 4-1-15   刷架与端盖的装配

刷架圈装在前端盖上，是由钢 20 制成的一个开口圆环，开口处装有一个具有左右旋转螺纹的双头螺栓，可以放松或收紧刷架圈。当双头螺栓使开口缩小时，刷架圈可以转动，便于更换电刷或维修电刷装置，当双头螺栓使开口张大时，可使刷架圈固定。

二、ZD115 型牵引电动机主要技术参数

ZD115 型牵引电动机主要技术参数见表 4-1-3。

表 4-1-3   ZD115 型牵引电动机主要技术参数

额定电压	990 V
额定功率	800 kW
额定电流	870 A
额定转速	1 081 r/min
最高恒功率电压	1 100 V
启动电流	1 305 A
最高转速	1 945 r/min
励磁方式	串励
冷却方式	强迫通风冷却
冷却风量	130 m^3/min
绝缘等级	
定子绕组	H 级
转子绕组	H 级

续表

悬挂方式	刚性架轴承
传动方式	六连杆空心轴传动
齿轮传动比	77/31=2.484
极数	6
电枢直径	680 mm
电枢铁芯长	275 mm
换向器直径	500 mm
电枢槽数	93
电枢槽形尺寸（长×宽）	10 mm×37 mm
每槽元件数	4
电枢导体排列方式	交叉立放
电枢绕组形式	单叠绕组
主极线圈匝数	11
主极气隙	5.5 mm
换向极线圈匝数	7
换向极第一气隙	10 mm
换向极第二气隙	6 mm
补偿绕组匝数	6
刷握数	6
每刷握电刷数	3
电刷尺寸	（2×10）mm×42 mm
电机总重	3 550 kg

知识点 4.1.3 ZD115 型直流牵引电动机中修检修工艺

一、设备、工具及材料

双钩天吊、牵引电动机翻转架、电热鼓风干燥炉、轴承清洗设备、压缩空气装置、动平衡试验机、扎线机床、换向器云母槽下刻机床、专用 C650 机床、耐电压试验设备、低压直流大电流设备、齿轮啮合工艺轮对、牵引电机试验设备、电磁感应加热器、专用油泵（或干油轮）、检修机座、电枢支架刷架圈检修工作台、TY 型绝缘测试仪、TZ 型接触电阻测试仪、TA 型匝间耐电压测试仪、电刷中性线测试仪、半导体点温计、游标卡尺、深度游标卡尺、专用长脚卡尺、百分表（带磁性表座）、测力计（弹簧标）、兆欧表、内径千分尺、外径千分尺、封环专用拔出器、轴承内套拔出机具、轴颈顶套、刷架圈螺栓专用扳手、刷架圈转动专用扳手、电枢吊升盘、电枢吊环吊杆、电枢吊用工具、端盖专用吊具、专用钢丝绳（或尼龙绳）、梅花扳手、套筒扳手、电动扳手、内六角扳手、螺丝刀、手锤、扁铲、剪刀、电工刀、油光锉、克丝钳、手电筒、塞尺、钢板尺、齿轮专用量具、喷枪、钳子、石棉手套、力矩扳手、毛刷、刷架圈定位胎具、电刷研磨机、专用垂直尺、DX–25 高效清洗剂、酒精、棉丝、砂布、干净白布、绸布及绝缘材料。

二、主要工序及操作流程

（一）解体

1. 解体前检查（按规定工艺卡记录数据）

将电机吊放于工作场地，检查电机零部件是否齐全或破损：检查换向器表面是否有烧痕、凹凸、隔片发黑、环火现象，检查电机有无窜油现象。用 1 000 V 兆欧表测量主极、换向极、补偿绕组对地绝缘电阻值。将百分表固定在机座上，测量换向器表面跳动量。检查电枢轴向窜动量。接通低压直流电，使电机转动，检查轴承状态和电机振动状态。

2. 解体过程

用手锤、扁铲伸直防缓垫圈后，用 30 mm 扳手卸下轴端固定螺栓，取下轴端挡板，并在轴端油孔内放好密封垫，用深度游标卡尺测量齿轮端面距离并记录。装好防护板和缓冲垫。在轴端油孔的螺孔内安好专用油泵，缓缓加压，直到退下小齿轮。拆下油泵、缓冲垫、防护板。拆卸进风口网罩和两端排油管，拆卸两端盖板，拆卸时不要磕碰盖板。拆卸轴端封环，装好轴端专用防护板，用专用拔出器将封环拔下，拆卸两端轴承外盖，测量轴承间隙。用扳手卸下轴承外盖，紧固螺栓，并将此拧入顶丝孔，对称均匀拧进，顶开轴承外盖。用塞尺插入轴承内圈与滚柱之间，测量轴承组装间隙并记录。在后端换向器轴承外盖仍用螺栓紧固，防止解体中滑下，拆卸前端盖。将牵引电机用天吊升降法翻转 90°，使输出端（前端）向上（也可用电机翻转架进行）。用扳手卸下端盖固定螺栓，并将其中 4 根拧入顶丝孔内，对称均匀拧进，使端盖止口分离，装上专用吊具将端盖吊下，注意在拆卸中防止端盖变形或损坏轴承，吊出电枢。在电枢轴端安上升盘，用扳手紧固，拧紧吊环，用钢丝绳将电枢徐徐吊出，注意电枢垂直、平稳，不得碰伤铁芯与线圈，将电枢置于电枢放置架上，拆下吊具。将机座翻转 180°，使后端朝上，立于基座上，拆卸端盖及轴承压盖。拆下刷架圈与换向极，接线盒的两根连线固定螺栓，用专用扳手拧动刷架圈双头螺栓，以顺利转动为宜。拆下刷架定位销，从换向器检查孔提起所有电刷，将刷辫固定螺栓卸下，取下全部电刷，用专用吊具将刷架圈吊出，注意吊出时要平稳，防止操作损伤刷握，用天车将电机翻转 90°，平放于定子检修台。用专用轴承压装工具分别将两端盖轴承外圈压出，双次中修将轴承内套拔出。

（二）清扫、检查与修理

1. 清扫

用 0.2～0.3 MPa 的干燥压缩空气吹扫电机定子、电枢，并用 DX–25 高效清洗剂、棉丝（换向器用白布加酒精）擦拭各部灰尘油垢，对单次中修定子、电枢应在专用设备中清洗、烘干，清洁度符合标准，定子表面喷涂防潮覆盖漆，双次中修定子、电枢除清洗外，还应按相关工艺进行整体浸漆并烘干。

2. 定子检查与修理

1）接线盒检查与修理

（1）接线盒应完好，紧固可靠，绝缘子及接线板清洁，绝缘套不许松动、裂损、放电灼伤，否则应更新。

（2）用 1 000 V 兆欧表测量绝缘子对地绝缘电阻值不低于 50 MΩ。

（3）检查外接电缆，不得有损坏，否则应更新。

2）检查机座及前后端盖

（1）检查机座不得有裂损，机座各螺孔状态良好，悬挂支撑部分不得有裂纹，否则应确定维修方案。

（2）检查前后端盖不得有裂纹，否则应更新，不许采用焊修方法。

（3）检查机盖、机座是否变形，止口尺寸是否符合限度要求，否则做相应处理。

3）定子检查

（1）定子内部和外部应清理干净，清洗时严禁使用有害清洗剂和高温煮沸方法，清洗后烘干。

（2）检查定子各部尺寸，应符合图纸要求；防护网及端盖风网良好，绝缘子表面光洁，检查孔盖、油管、油堵齐全，作用良好；出线盒导线夹、标记、铭牌完好。

（3）主极、换向极铁芯、垫板及绕组托架不许有裂纹、变形、磨损；补偿绕组槽楔装配牢固，各频卡子焊接牢固，不得有松动、焊缝开裂、脱落现象，校准换向极等分度与第二气隙。

（4）检查主极、换向极线圈，补偿线圈外包绝缘有无损伤，如有损伤，线圈需重新进行修包。

（5）用 1 000 V 兆欧表测量主极、换向极和补偿绕组对地及相互间绝缘值不小于 20 MΩ，直流电阻检测仪检测阻值符合规定要求。

（6）耐压试验，用规定要求的 50 Hz 正弦波电压 3 350 V 进行试验，1 min 内无闪络击穿。直流泄漏电流试验：用 TY 绝缘电阻测试仪电压 8 kV，泄漏电流不大于 80 μA。匝间检查：用高频匝间检查仪检查，主极绕组 2 500 V 换向和补偿绕组 1 500 V，时间 3 s。上述试验不合格者，须对主极绕组、换向极绕组、补偿绕组进行修理或更新，并经真空压力浸漆。

3. 电枢检查

（1）检查电枢绝缘是否有老化、烧损现象；检查无纬带表面应无裂纹、拉丝现象，否则需重新绑扎无纬带，无纬带匝数前端 114 匝，后端 108 匝，拉力 800 N，表面平行度不大于 1 mm，并进行真空压力浸漆。检查槽楔有无松动、裂纹、剥层、损伤，检查平衡块是否牢固及转轴轴身配合面状态。

（2）电枢绕组绝缘检查：用 1 000 V 兆欧表测电枢绕组对地绝缘电阻值不小于 20 MΩ。直流漏电流实验，用 TY 绝缘电阻测试仪电压 8 kV，泄漏电流不大于 80 μA。耐压试验：用 50 Hz 正弦波电压 3 350 V，时间 1 min 无闪络击穿。匝间试验：用高频匝间仪检查，1～5 片换向片 2 000 V，时间 3 s。上述试验不合格者，电枢绕组、均压线须进行修理或更新，并经浸漆处理，经浸漆处理的电枢须做动平衡试验。

（3）电枢转轴须探伤，不许有裂纹，不准焊修、加套，各配合面不许有裂纹、缺损、变形、锈蚀、松动等现象。

（4）电枢油封、平衡块、电枢后支架、换向器套筒、压圈、电枢铁芯不许有裂纹、缺损、变形、锈蚀、松动等现象。

（5）四氟套表面应清洁，表面应无起泡、脱胶和灼痕，否则应更新。

4. 换向器检查

（1）检查换向器表面状况，如粗糙度达不到要求或严重变色，则应精车处理；换向器工作面磨耗量大于 0.1 mm 或换向器凸片高度大于 0.005 mm 时，应精车处理；精车后下刻、倒角，将云母槽清理干净。

（2）将换向器升高片氩弧焊面清理干净。

（3）换向器紧固螺栓应重新拧紧。

（4）检查换向器直径，如接近 486 mm，以后的运行中应注意换向器直径，不应小于484 mm。

5. 轴承检查

（1）检查轴承径向装配间隙，如不符合要求应更新轴承（中修换向端为 0.125～0.2 mm，非换向端为 0.165～0.26 min）。

（2）检查轴承内外圈及滚子表面状态，如有严重伤痕，则更新轴承。

（3）电机轴承室重新补充油脂。

6. 刷架系统检查

（1）检查压指弹簧压力，应符合规定要求。

（2）检查刷盒孔，符合规定要求，刷盒边不应有飞边、毛刺、熔瘤，如特别严重则更新。

（3）刷盒下边至换向器表面距离，不符合要求应调整。

（4）刷架连线不应有灼痕、开裂。

（5）绝缘杆表面清洁无油污。

（6）用 1 000 V 兆欧表检查绝缘电阻值，不得低于 50 MΩ，如低于 50 MΩ 应作处理；耐压检查：用 50 Hz 正弦波电压 5 250 V 进行试验，时间 1 min，无闪络击穿。

（7）检查电刷磨耗情况：同一电机使用同一牌号电刷，两块电刷高度相差不超过 5 mm；否则，予以更新。电刷不许有脱块，刷辫连接牢固，如有松动或磨损应更换新电刷。

（三）组装

（1）将检查完毕的轴承压装在端盖轴承室内，测量轴承外圈与端盖间隙应符合规定要求，在端盖油室内涂 2/3 容积的润滑脂。

（2）将定子翻转，使后端朝上，竖立于检修机座上，将刷架圈吊入定子内，接好连线，并将电刷拔出，同时拧紧涨紧螺栓，用吊车将后端盖置于机座上，并拧紧固定螺栓，同时将轴承压盖装上。

（3）将定子翻转 180°，使输出端向上，用电枢专用吊具垂直吊入机座内，注意装入时要平稳，对换向器作防护。将前端盖吊于机座上，拧紧固定螺栓，并用吊车将电机置于水平位，拆除后端轴承压盖，测量轴承间隙，应符合规定要求，换向端 0.125～0.2 mm，非换向端 0.165～0.26 mm，测量后将两端轴承压盖装上，密封环用加热法套装在轴上，冷却后检查安装状态，应可靠。装好密封圈（中修为新品），测量轴向窜动量应为 0.29～0.51 mm。

（4）齿轮的啮合与组装，将传动齿轮擦净，用红丹粉检查齿轮与接触面应不小于 80%，否则用细金刚砂打磨，量好冷态尺寸。将齿轮加热至规定温度，热装于转轴上，测量入量应为 1.6～2.2 mm，待齿轮冷却后，将防缓垫圈和螺母装上，要求防缓垫圈折角在对角处。

（5）组装各附件，按解体反向顺序将油管等附件装上，装上接线盒。

（四）检查与试验

检查项目及技术要求见表 4-1-4。

表 4-1-4　检查项目及技术要求

序号	项目	技术要求
1	试验前的一般检查 准备空转检查 中性检查	外观符合图纸要求，组装质量好，绕组连接正确 电刷安装及换向器工作面状态正常 轴承、换向器有电刷等处无异常振动噪声和过热现象 电刷处于中性线位置
2	主极绕组 换向极及补偿绕组	0.007 84（1±8%）Ω 0.011（1±8%）Ω
3	小时升温试验	在试验台上测定的高于冷却温度的温升限值 电机部件　测量方法　温升限值 定子绕组　电阻法　180 K 电枢绕组　电阻法　160 K 换向器　电阻法　105 K 轴承　电温度计法　55 K
4	速率特性	牵引电动机在 K_n≤28%、电压 1 030 V、最大励磁（87%）和电压 1 100 V，最小励磁（42%）下，电枢电流不超过 1 300 A，转速不超过 1 600 r/min 时，测得的转速与典型速率特性曲线的转速之差不超过下列数值： 励磁率　　　　较高转速限值　　　较低转速限值 $n>1 000$　　　　$n<1 000$ 87%磁场　　　　±3.5%　　　　　±3% 42%磁场　　　　±7%　　　　　　±5% 在 1 030 V、945 A、87%磁场时，牵引电动机正、反两个转向的转速差值对此两个方向转速的算术平均值之比的百分数不超过 1%
5	超速试验及换向器跳动量的检查	每台电机在热态下应承受 2 335 r/min 为时 2 min 的超速试验，试验后应无任何影响电机正常运转的机械损伤和永久变形。牵引电动机热态时，换向器跳动量不大于 0.04 mm
6	换向试验	在热态时进行牵引工况下的换向试验： （1）1 133 V、1 450 A 分别在 87%、42%磁场削弱时允许火花等级 2 级 （2）1 133 V、945 A 分别在 87%、42%磁场削弱时允许火花等级 1½级 （3）1 210 V、1 946 r/min 分别在某种程度上 2%磁场削弱时允许火花等级 1½级
7	电枢绕组匝间绝缘介电强度试验	电机作发电机空载动作，电压 1 430 V，持续运行 3 min，电机应无匝间击穿现象
8	绝缘电阻测定	小时温升试验后绕组对机壳绝缘电阻的测定（用 1 000 V 兆欧表），整机热态绝缘电阻值须不小于 10^6 Ω
9	绝缘对机壳及绕组间绝缘介电强度试验	用 50 Hz 正弦波 4 475 V（旧电机 75%），1 min 无闪络击穿，复测整机绝缘电阻
10	电枢直流泄漏电流试验	采用 TY 绝缘电阻测试仪，新电机 10 kV，旧电机 8 kV，泄漏电流不大于 80 μA

（五）限度表

"维修限度"是指机车或部件大修时，超过或不符合此限度表者，必须予以修理或更新。表 4-1-5 是 ZD115 牵引电动机限度表。表中所列数字的单位为 mm，特殊注明者除外。

表 4-1-5   ZD115 牵引电动机限度表

序号	名称	原形	中修限度	维修限度
1	端盖与机座配合 换向器端过盈量 非换向端过盈量	0.01~0.165 0.01~0.165	最大间隙 0.05 最大间隙 0.05	最大间隙 0.05 最大间隙 0.05
2	轴承室与轴承外圈配合 换向端：最大间隙 最大过盈 非换向端：最大间隙 最大过盈	0.02 0.046 0.028 0.057	0.06 0.046 0.07 0.057	0.06 0.046 0.07 0.057
3	轴承内圈与转轴配合过盈量： 换向端 非换向端 接触电阻/Ω	0.023~0.06 0.027~0.075 90	0.023~0.06 0.027~0.075 100	0.023~0.06 0.02~0.075 100
4	轴承自由状态间隙 换向端 非换向端	0.125~0.165 0.165~0.215	0.125~0.2 0.165~0.26	0.125~0.2 0.165~0.26
5	主极与换向极间距最大值与最小值之差不大于	0.5	0.5	0.5
6	换向极第二气隙	60.1	60.1	60.1
7	定子引出线与出线孔距离不小于： 换向端 非换向端		410 45	410 45
8	定子联线及联线接头与机座距离不小于		3	3
9	定子绕组冷态直流电阻值（20 ℃）/Ω 换向极与补偿绕组/Ω	0.007 84 允差 4% 0.011 允差 4%	0.078 4 允差 8% 0.011 允差 8%	0.078 4 允差 8% 0.011 允差 8%
10	定子绕组对地绝缘电阻值不小于（1 000 V 兆欧表）/Ω	100	20	20
11	定子各绕组对地耐压： 主极、换向极及补偿绕组（V）：	4 475	3 350	3 350
12	电刷长度不小于	55	27	27
13	电刷接触面缺损不大于	0	0	10%
14	同副电刷两片长度差不大于	0	0.5	1

续表

序号	名称	原形	中修限度	维修限度
15	同刷盒电刷长度差不大于	0	0	5
16	换向器表面磨耗量不大于	0	0	0.1
17	电刷与刷盒间隙轴向 圆周方向	0.1～0.3 0.08～0.254	0.1～0.45 0.08～0.28	0.6 0.3
18	刷盒方孔两长边平行度偏差不大于	0.05	0.1	0.1
19	电刷压力/N	28.42	28.42	28.42
20	刷架对地绝缘电阻值不小于（1 000 兆欧表）/MΩ	100	50	50
21	刷架对地耐压/V	7 000	5 250	5 250
22	换向器直径不小于	500^{+2}_{0}	486	484
23	换向器退刀槽：深度 宽度不小于	$4^{+0.2}_{0}$ 90.5	34.2 8.5	34.2 8.5
24	云母槽：深度 倒角	$1.0^{+0.5}$ 0.3×45°	1.0～1.5 0.3×45°	1.0～1.5 0.3×45°
25	换向器凸片高度不大于	0	0.005	0.005
26	轴端锥面跳动量不大于	0.06	0.15	0.2
27	电枢对地绝缘电阻值不小于（1 000 V 兆欧表）/MΩ	100	20	20
28	电枢对地耐压不小于/V	4 475	3 350	3 350
29	电枢轴向窜动量	0.29～0.51	0.29～0.51	0.29～0.51
30	相邻刷握电刷中线在换向器圆周上的距离相差不大于	1	1	1
31	主极气隙	5.5	5.5	5.5
32	换向极第一气隙	10	10	10
33	补偿绕组端部与电枢距离不小于	6.5～9.5	6.5	6..5
34	刷盒底面与换向器表面距离	1.5^{+2}	1.5～3.5	1.5～3.5
35	刷盒底面换向器表面的平行度不大于	0.7	0.7	0.7
36	电刷与换向器接触面积不小于	80%	80%	80%
37	换向器表面跳动量不大于	0.04	0.05	0.06
38	小齿轮与轴配合接触面不小于	85%	80%	80%
39	刷架放电板放电距离	12.51	12.51	12.51
40	直流泄漏电流（TY 型）试验（定子）		8 000 V，80 μA	8 000 V，80 μA
41	直流泄漏电流（TY 型）试验（电枢）		6 000 V，80 μA	6 000 V，80 μA

任务 4.2　交流传动电力机车牵引电动机检修

学习活动 1　任务介绍

1. 任务描述

交流牵引电动机是交流传动电力机车进行电能和机械能相互转换的重要部件，其性能好坏直接影响到交流传动电力机车正常工作，因此需要定期对交流牵引电动机进行检修。交流牵引电动机检修是机车检修岗位的主要工作任务之一，检修人员需要按照检修工艺文件（或作业指导书）完成交流牵引电动机的检查与修理，主要包括牵引电动机外观检查、轴承温度贴片检查等，整个作业过程对检修人员的规范意识、安全意识有很高的要求。

2. 任务要求

（1）能记住三相异步牵引电动机的功能及结构；

（2）能理解三相异步牵引电动机的工作原理；

（3）会应用三相异步牵引电动机启动、反转、调速、制动方法；

（4）能对三相异步牵引电动机进行检查与补油；

（5）会检查三相异步牵引电动机轴承温度贴片；

（6）养成遵章守纪、规范操作的职业素养。

学习活动 2　任务准备

（1）交流牵引电动机基本工作原理是什么？

（2）交流牵引电动机如何启动、反转、调速、制动？

（3）交流牵引电动机变频调速基本原理是什么？

学习活动 3　任务实施

按照 C3 检修文件（或作业指导书），对交流牵引电动机进行检修，并填写记录单。

1. 工具准备

工具明细表见表 4-2-1。

表 4-2-1　工具明细表

工具明细表			
序号	名称	数量	是否完好
1			
2			
3			
4			
⋮			

2. 安全防护准备

防护工具及检查内容见表 4-2-2。

表 4-2-2　防护工具及检查内容

防护工具	检查内容

3. 任务单

交流牵引电动机检修记录单见表 4-2-3。

表 4-2-3　交流牵引电动机检修记录单

检查人姓名：		班级：	质检员：
交流牵引电动机型号：			
序号	作业内容	作业标准	结果记录
1	紧固件	各紧固件状态及其防松标记状态良好	
2	机座、铭牌	外观检查机座不许有裂纹、损伤，电机铭牌完好、清晰、牢固	
3	传感器、电缆	传感器插座紧固牢靠，电缆不许有破损，电缆护套不许有裂纹；固定夹齐全，固定可靠	
4	定子内部	从传动端出风口检查，定子内不许有灰尘、水和油脂的浸入	

序号	作业内容	作业标准	结果记录
5	出线、引线夹、接线盒	电机出线、引线夹紧固，接线盒盖密封良好	
6	通风罩	通风罩安装牢固，无破损、歪斜、变形	
7	轴承室附近	外观检查两端轴承附近区域不许有漏油，机车车载安全防护系统（6A 系统）数据分析中，轴承不许有异常	
8	轴承补脂	非传动端轴承补充润滑脂量为 100 g/次，使用 Mobilith SHC 220 润滑脂（C5 修后电机使用 UPG2 紫皇冠润滑脂）、专用设备压油。补脂时，检查油嘴不许有松动及破损，油道畅通	
9	磁性螺栓	清洁磁性螺栓	
10	排水孔检查	电机下部排水孔检查，不得有堵塞现象	
11	呼吸管检查	电机下部呼吸管检查，安装状态良好，不得有破损、堵塞现象	
12	温度贴	温度贴粘贴牢固，表面清晰，温度变化符合技术要求	
13	顶轮检测	顶轮检测，轴承不许有异常（未安装 6A 系统走行部监测子系统的 C2 及以上修程顶轮检测）	

学习活动 4　任务评价

任务实施质量评分表和职业能力评分表分别见表 4-2-4 和表 4-2-5。

表 4-2-4　任务实施质量评分表

评分项	分值	完成要求	评分标准	得分
任务分析	10	明确任务描述及任务要求	基本了解工作任务要求，扣 3 分	
任务准备	10	回答问题清晰准确，能够紧扣主题，没有明显错误	对照标准答案，错误一项扣 5 分，扣完为止	
任务实施	70	有具体实施方案，各步骤清晰正确，过程完整，数据正确	每个错误点扣 2 分	
其他	10	检修记录单填写详细，能够反映实际工作过程	没有填或者填写太过简单，每项扣 2 分	
合计得分				

表 4-2-5 职业能力评分表

评分项	评价等级	质量要求	等级
知识评价	A/B/C	A：能够完整准确地回答任务准备的所有问题，准确率在90%以上 C：对基础知识掌握较差，任务准备准确率在50%以下	
能力评价	A/B/C	A：熟悉各个环节的实施步骤，能够独立完成任务，并有能力辅助其他同学完成规定的工作任务，工作实施快速，准确率高（在85%以上） C：未完成或只完成了部分任务，有问题但没有积极地向老师和其他同学请教，工作不积极，各部分的准确率在50%以下	
素质评价	A/B/C	A：不迟到、早退，自主学习，具有较强信息搜集能力；具有质量意识、规范意识和安全意识；具有团结协作精神；工作台整洁有序 C：有迟到、早退现象，需要老师全程监督才能学习；规范意识和安全意识不足；不能配合小组其他成员完成工作任务；工作台凌乱	

注：作答结果介于 A、C 之间的，等级评定为 B。

学习资源

知识点 4.2.1 JD160A 型交流异步牵引电动机

HXD$_{1C}$ 型电力机车采用 JD160A 型交流异步牵引电动机，其外观如图 4-2-1 所示。牵引电动机是机车进行机械能和电能相互转换的重要部件。它安装在机车转向架上，通过传动装置与轮对相连。机车在牵引状态时，牵引电动机将电能转换成机械能，驱动机车运行。当机车在电气制动状态时，牵引电动机将列车的机械能转化为电能，产生列车的制动力。随着电力电子技术的发展，异步电机在控制系统的支撑下具有了与直流电机媲美的调速特性，异步电机还有比直流电机体积小、功率大、效率高、恒功范围宽、维护量小等优点，因此世界各国都在推广异步牵引电动机的运用。

图 4-2-1 JD160A 型交流异步牵引电动机外观图

一、JD160A 型牵引电动机基本结构

JD160A 型异步牵引电动机主要由定子、转子、端盖、轴承、测速装置和主动齿轮等部分组成。定子的作用是产生旋转磁场并从机械上支撑整个电机。转子是用来产生感应电势和电磁转矩以实现能量转换的主要部件。端盖用于支撑转子和实现电机内部与外部的隔离，方便电机转子的安装。轴承是连接静止的定子和旋转的转子的部件，使得转子旋转时不与定子相擦，实现电机定子和转子稳定的、转动灵活的机械连接。测速装置用于测量电机转子转速，将转速信号传送给控制系统，是实现异步牵引电动机转速调节的重要环节。

JD160A 型牵引电动机的结构和工作原理.mp4

1. 定子

定子由定子铁芯、定子绕组等零部件组成。定子铁芯采用焊接结构，即用 4 块筋板将带有轴向通风孔的定子冲片、定子端板和两端的压圈在施压状态下焊接成一个整体，铁芯长度为 400 mm。该结构定子铁芯具有体积小、散热冷却效果好、结构强度高等特点。

定子线圈采用的导体高度较小、宽度大，有效地减小了集肤效应导致的电阻增大及铜耗增加。为了降低导体刚度，利于绕组成形尺寸的稳定性和便于嵌装特点，在宽度方向采用两根并绕的方式。缆线接线盒位于定子铁芯斜上方，电机的内部引出线和外部电缆线在接线盒内通过接线相连固定。接线盒由接线盒主体、接线座、盖板等组成。接线盒主体为铸造成形的钢件，运行中尺寸稳定性好，不易变形；接线座使用 F 级不饱和聚酯玻璃纤维增强模塑料压制而成，具有良好的电气和机械性能。

2. 转子

转子由转轴、铁芯、压圈、导条、端极、端环和内油封等组成，如图 4 2 2 所示。

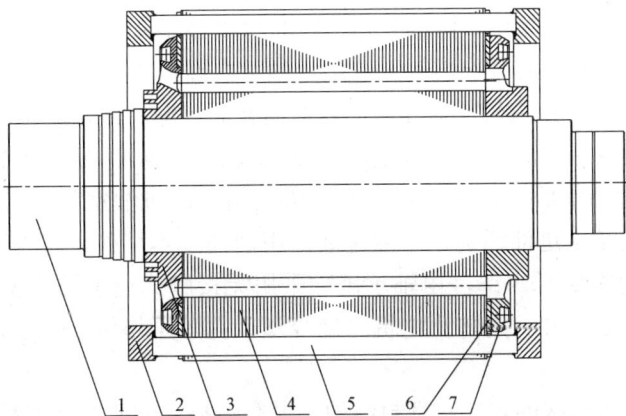

1—转轴；2—端环；3—D 端压圈；4—铁芯；5—导条；6—端板；7—N 端压圈

图 4-2-2　转子结构图

转子采用铜条鼠笼结构，特别适用于逆变器供电工况。为获得更大的额定功率和减少损耗，对转子铁芯进行了优化设计，采用宽而浅的导条，克服了集肤效应，减小了损耗，增大了最大转矩，以获得较宽的恒功运行区；转子槽形设计合理，槽漏抗大，谐波漏抗也大，总

213

漏抗大，有效地抑制了谐波电流，降低了谐波损耗。

转子铁芯由转子冲片和两端压圈预叠压后，热套至转轴上。转子冲片采用与定子冲片相同的材料。

由于本电机转速高且启动较频繁，因此转轴必须满足强度、刚度及疲劳等方面的要求。在转轴强度上本电机必须能传递不小于 9 717 N·m 的最大转矩，另外，在变流器短路（换流失败）时，在轴上会产生一个 44 000 N·m 的短路冲击转矩，转轴必须能承受这种力，为此转轴须采用高强度合金钢；同时为防止定转子相擦及电机振动，转轴的刚度须满足要求。

转轴采用锻造的优质合金钢材料，具有高的机械强度、抗疲劳性能和耐冲击性能。转轴机械性能：抗拉强度 900～1 100 MPa，屈服强度≥700 MPa，延伸率≥12%，面收缩率≥50%，冲击功≥45 J。

为了降低转子发热量，导条采用低电阻率的无氧铜；为使鼠笼结构具有高可靠性，端环采用高强度的铬锆铜，导条端部弯形后和端环采用高频针焊一次性成形焊成一体，焊接工艺具有良好的一致性，焊接可靠性高。

3. 轴承及润滑结构

电机两端均采用绝缘轴承，以防止电腐蚀损伤轴承。电腐蚀电流在电机中有两种通路。第一种通路是转轴—非传动端轴承—定子传动端轴承，第二种通路是定子中的电流通过两端轴承后经转轴和齿轮流向机车接地处。对于第一种情况，电机采用一端绝缘轴承即可隔断腐蚀电流的通路，从而防止轴承电腐蚀。由于非传动端轴承较小，制成绝缘轴承的成本相对较低，所以一般非传动端轴承采用绝缘轴承。一端轴承绝缘的结构仅适应于开关频率较低的 GTO 变流器供电的电机和小功率电机，对于由开关频率较高的采用 IGBT 元件变流器供电的大功率电机，还存在第二种通路而且腐蚀电流更大，电机必须两端都采用绝缘轴承。

轴承安装在端盖的轴承室中，两端分别用内油封和 D 端轴承盖压紧，防止轴承外圈轴向移位和旋转。轴承挡圈过盈安装在转轴上，防止轴承内圈轴向移位。密封圈安装于内油封的安装槽中，避免润滑油从 D 端轴承盖和内油封的结合面渗漏。传动端轴承采用循环油润滑，齿轮箱中的油通过齿轮箱的油道进入 D 端轴承盖的进油室，从 D 端轴承盖上部的进油孔进入轴承室和轴承，润滑轴承后，从回油通道流回齿轮箱，在进油室的上部和下部各设有一个进油孔，上部进油孔是主进油通道，下部进油口用油绳基本堵住，作为紧急润滑进油通道。为防止润滑油进入电机定子内部，内轴承盖除采用无接触式迷宫结构密封外，迷宫腔数量多，长度长，并设有回油孔。为防止电机内部冷却风的负压作用，还设置了气压平衡通道，密封效果好。

非传动端轴承采用无接触式迷宫密封结构，设有油杯，方便补充润滑脂，如图 4-2-3 所示。非传动端内侧密封迷宫间隙值大，数量多，既可保证安全运行，又可保证密封效果；外侧率均迷宫间隙值很大，而且数量少，长时间运行后，废润滑脂易于排到外轴承盖内，缓解轴承发热。轴承室体积大，可存储备用润滑脂多，延长重新润滑的周期。

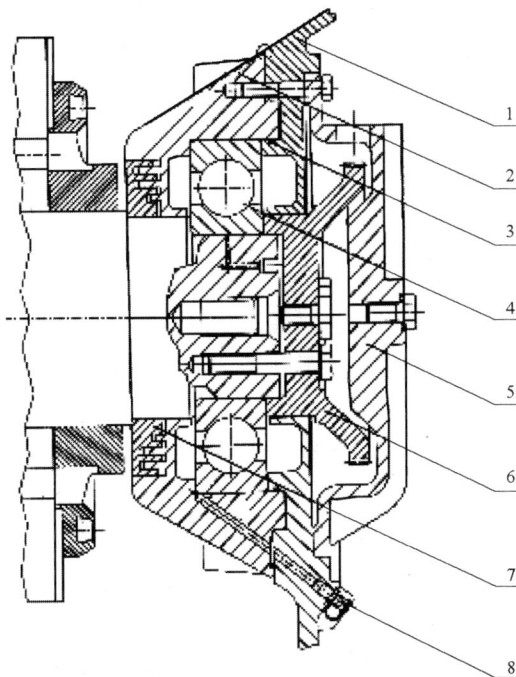

1—N 端端盖；2—端轴承内盖；3—O 形密封圈；4—轴承；5—N 端轴承外盖；6—测速齿盘；7—内油封；8—油杯

图 4-2-3   电机非传动端结构

4. 测速装置

为了检测电机的转速，在非传动端安装了测速装置，测速装置由测速齿盘和产生信号的速度传感器组成。测速齿盘采用球墨铸铁。采用了高品质速度传感器，传感器为双通道，两个通道信号相位差 90°，控制系统通过两路信号的相位差识别电机的正、反转向。转速信号用于控制系统对电机进行控制。

5. 温度监测装置

在定子铁芯齿部安装有温度传感器 Pt100，用于检测电机的温度，Pt100 信号传送给控制系统，由控制系统监控电机定子铁芯温度，以防止电机过热。

6. 主动齿轮

主动齿轮压装在电机转轴传动端的内锥孔中。

二、JD160A 型牵引电动机基本原理

1. 基本运行原理

定子通上三相交流电后，在气隙中产生旋转的磁场，该磁场切割转子导条后在转子导条中产生感应电流，带电的转子导条处于气隙旋转磁场中就要产生电动力，使转子朝定子旋转磁场的同一方向旋转。由于转子导条中的电流是因转子导条切割由定子绕组产生的气隙磁场才感应产生的，所以转子的转速只能低于气隙旋转磁场的转速，永远不可能与其同步，否则转子导条与气隙磁场同步旋转，转子导条不再切割磁场产生感应电流和产生电动力了，转子也不可能旋转了，所以称按这种原理运行的电动机为异步电动机。

2. 调速原理

HXD$_{1C}$型电力机车异步牵引电动机调速采用变频变压调速技术。异步电机转速、电动势和电磁转矩公式如下：

$$n = \frac{60f}{p}(1-s)$$

$$E = 4K_1 f N_s K_{dp1} \varPhi$$

$$T_{em} = C\varPhi I_r \cos\varphi$$

其中：n 为转速；f 为定子频率；s 为转差率；p 为电机极对数；E 为电动势；K_1 为波形系数；N_s 为每相串联匝数；K_{dp1} 为绕组系数；$\varPhi$ 为磁通；T_{em} 为电磁转矩；C 为常数；I_r 为转子电流；$\cos\varphi$ 为功率因数。

改变定子频率即可改变电机转速，随着定子频率的增加，电机转速相应增加，如果电压不增加，将导致电机磁场减弱，电机转矩将降低，电机磁场降到很低时，电机不能输出足够的转矩，不能满足负载要求；另外，低频启动时，如果电压很高，将导致电机过分饱和。因此异步电机变频时，电压也应在一定范围内保持一定比例的变化，这种调速方式称之为变频变压调速。异步牵引电动机变频调速主要采用了恒转矩变频调速（恒磁通变频调速的一个区段，磁通和电流不变）、恒磁通变频调速、恒功率变频调速等调速方式。

3. 牵引与再生制动原理

转差率在 $0 < s < 1$ 的范围内，电磁转矩与转子转向相同，它拖动转子旋转，电机从逆变器吸收电能转换为机械能，克服机车阻力驱动机车运行，处于电动机运行状态；$s=1$ 为启动运行状态。在 $s < 0$ 的范围内，转子转向与定子旋转磁场一致，转子转速 n 大于电机同步转速 n_1，电磁转矩与转子转向相反，它阻碍转子旋转，电机将机车机械能转换为电能传送给逆变器，对机车产生制动转矩，电机处于发电机运行状态，称为再生制动。

三、JD160A 型牵引电动机主要技术参数

JD160A 型异步交流牵引电动机主要技术参数见表 4-2-6。

表 4-2-6　JD160A 型异步交流牵引电动机主要技术参数

额定功率	1 225 kW
额定电压（基波）	1 375 V
额定电流（基波）	598 A
额定频率	58.1 Hz
额定转速	1 720 r/min
最大转速	3 452 r/min
额定转矩	6 800 N·m
起动转矩	不小于 9 717 N·m
最大电流	814 A

续表

恒功范围	1 720～3 452 r/min
绝缘等级	200 级*
冷却方式	强迫通风空气冷却
传动方式	单侧斜齿轮
悬挂方式	抱轴式
质量	2 580 kg

知识点 4.2.2　HXD₁C 型机车牵引电动机 C3 修检修工艺

一、基本技术要求

（1）常温下牵引电动机温度传感器温度显示值同时刻各轴位中最高温度与最低温度的差值不大于 20 ℃。

（2）定子绕组三相线电阻，折算到 20 ℃，换算成相电阻为 0.017 7 Ω（1±5%），且不超过三相平均值的±2%。

（3）牵引电动机非齿端（N 端）轴承补脂量 100 g，C1～C3 每次修程补油 100 g。

（4）牵引电动机输出端（D 端）清洗磁性螺栓；首次运行 1.5 万 km 和每运行 10 万 km 应清洗。

（5）牵引电动机主要部件扭矩。

螺栓和螺母拧紧扭矩表见表 4-2-7。

表 4-2-7　螺栓和螺母拧紧扭矩表

螺纹公称尺寸	M6	M8	M10	M12	M16	M24
拧紧扭矩/（N·m）	8	20	40	70	170	600
特殊件拧紧扭矩	观察盖板 M10 紧固螺栓，拧紧扭矩 22 N·m（1±20%）；油杯 M10，拧紧扭矩 13 N·m（1±20%）；接线坐 M12 紧固螺栓，拧紧扭矩 50 N·m（1±20%）；磁性螺塞 M30X1.5-ST-PM，拧紧扭矩 79 N·m（1±20%）					

注：拧紧扭矩的允许公差为±20%。

二、设备、工具及材料

手电筒、标记笔、开口扳手、300 mm 活动扳手、风动扳手、棘轮头子（16、24、30）、扭力扳手、注胶枪、手锤、撬棍、轴承注油设备、顶轮检测设备、兆欧表（1 000 V，2 500 V）、JYR 直流电阻测试仪（10C）、螺纹胶、端盖密封胶、201 瞬间黏合剂、温度贴片、润滑油、润滑脂、清洗剂。

三、主要工序及操作流程

（1）牵引电动机外观检查。

① 机座不许有裂纹、损伤，电机铭牌完好、清晰、牢固，软通风道安装良好，无破损。

②速度和温度传感器电缆紧固夹不许有脱落，传感器插座紧固牢靠，电缆不许有破损，电缆护套不许有裂纹，探头和连接器连接可靠。常温下同一时刻各轴位中最高温度与最低温度的差值不大于 20 ℃。

③各紧固件及其防松标记状态良好。

④疏通牵引电动机底部排水孔不许堵塞。

⑤两端轴承附近区域不许有漏油。

⑥牵引电动机大线夹板、大线悬吊、接线盒座和盖板状态良好，外部接线良好，接地线良好，呼吸管安装可靠。

（2）检查牵引电动机轴承温度贴片。

①检查牵引电动机齿端、非齿端轴承温度贴片无丢失、破损，按指定位置、方向进行粘贴，粘贴应密贴，贴片底面不许有异物和空气起泡、起鼓，温度贴片上无污物，温度显示字迹清楚，最高温度显示不超过 82 ℃，否则应对牵引电动机轴承进行顶轮检测和联合检查。

②温度贴片示值范围应为 71～110 ℃。

（3）拆下牵引电动机输出端（D 端）磁性螺栓用清洗剂清洗。磁性螺栓紧固力矩为 79 N·m（1±20%）。

（4）检查油嘴状态应良好，油道畅通。

（5）对牵引电动机非齿端（N 端）轴承补充润滑脂 100 g。对 C5 修改造后的牵引电动机 N 端轴承（黄端盖）补充润滑油 100 g。

（6）对牵引电动机轴承顶轮检测，牵引电动机转动过程中不得有异音等不良现象。

（7）下载机车车载安全防护系统（6A 系统）数据分析，轴承不许有异常。

任务 4.3   电力机车辅助机组检修

学习活动 1   任务介绍

1. 任务描述

电力机车辅助机组是为了保证机车主电路的正常工作而设计的各辅助设备，其性能好坏直接影响到电力机车主电路的工作状态，因此需要定期对辅助机组进行检修。辅助机组检修是机车检修岗位的主要工作任务之一，检修人员需要按照检修工艺文件（或作业指导书）完成辅助机组的检查与修理，主要包括牵引通风机检修、空压机电机检修、冷却塔检修等，整个作业过程对检修人员的规范意识、安全意识有很高的要求。

2. 任务要求

（1）记住各辅助电动机的功能及结构；

（2）能理解各辅助电动机的工作原理；

（3）能对各辅助电动机进行检查与修理；

（4）会测量各辅助机组对地绝缘电阻值等主要技术参数；

（5）养成遵章守纪、规范操作的职业素养。

学习活动 2　任务准备

（1）劈相机有何作用？

（2）劈相机启动过程是什么？

（3）牵引通风机有何作用？

（4）冷却塔通风机有何作用？

学习活动 3　任务实施

按照 C3 修检修工艺文件（或作业指导书），对电力机车辅助机组进行检修。

1. 工具准备

工具明细表见表 4-3-1。

表 4-3-1　工具明细表

序号	名称	数量	是否完好
1			
2			
3			
4			
⋮			

2. 安全防护准备

防护工具及检查内容见表 4-3-2。

表 4-3-2 防护工具及检查内容

防护工具	检查内容

3. 任务单

辅助机组检修记录单见表 4-3-3。

表 4-3-3 辅助机组检修记录单

检查人姓名:		班级:		质检员:

辅助机组型号:

序号	项目	编号	作业内容	作业标准	结果记录
1	牵引通风机	1	外观检查	牵引通风机外观完好，安装螺栓不许有松动，上、下法兰面密封状态良好	
		2	接线盒、接线板与引线	接线盒、接线板与引接线无松动和过热，盒内清洁	
		3	测量对地绝缘值	用 500 V 兆欧表测量，牵引通风机电机对地绝缘电阻不小于 10 MΩ	
		4	试验	工作中应无异音	
2	空压机电机	1	外观检查	空压机电机外观完好，安装螺栓不许有松动	
		2	接线盒、接线板与引线	接线盒、接线板与引接线无松动和过热，盒内清洁	
		3	测量对地绝缘值	用 500 V 兆欧表测量，牵引通风机电机对地绝缘电阻不小于 10 MΩ	
		4	试验	工作中应无异音	
3	冷却塔	1	油水管路	水路、油路不许有泄漏，水位、油位正常，水泵无异音	
		2	散热器、呼吸管	散热器表面清洁，呼吸管完好，连接紧固	
		3	干燥器	干燥器干燥剂变色不超过 2/3	
		4	接线盒、电缆线	冷却塔接线盒不许有变形，接线端子安装紧固；冷却水泵电缆线完好，接线头连接紧固，安装螺栓不许有松动	

续表

序号	项目	编号	作业内容	作业标准	结果记录
3	冷却塔	5	冷却塔通风机	冷却塔通风机安装螺栓不许有松动	
		6	冷却塔通风机试验	通风机电机轴承不许有异音	
		7	测量绝缘	用 500 V 兆欧表测量冷却塔通风机电机对地绝缘电阻不小于 10 MΩ	
		8	清洗过滤网	清洗冷却管路过滤网	

学习活动 4　任务评价

任务实施质量评分表和职业能力评分表分别见表 4-3-4 和表 4-3-5。

表 4-3-4　任务实施质量评分表

评分项	分值	完成要求	评分标准	得分
任务分析	10	明确任务描述及任务要求	基本了解工作任务要求，扣 3 分	
任务准备	10	回答问题清晰准确，能够紧扣主题，没有明显错误	对照标准答案，错误一项扣 5 分，扣完为止	
任务实施	70	有具体实施方案，各步骤清晰正确，过程完整，数据正确	每个错误点扣 2 分	
其他	10	检修记录单填写详细，能够反映实际工作过程	没有填或者填写太过简单，每项扣 2 分	
合计得分				

表 4-3-5　职业能力评分表

评分项	评价等级	质量要求	等级
知识评价	A/B/C	A：能够完整准确地回答任务准备的所有问题，准确率在 90% 以上 C：对基础知识掌握较差，任务准备准确率在 50% 以下	
能力评价	A/B/C	A：熟悉各个环节的实施步骤，能够独立完成任务，并有能力辅助其他同学完成规定的工作任务，工作实施快速，准确率高（在 85% 以上） C：未完成或只完成了部分任务，有问题但没有积极地向老师和其他同学请教，工作不积极，各部分的准确率在 50% 以下	
素质评价	A/B/C	A：不迟到、早退，自主学习，具有较强信息搜集能力；具有质量意识、规范意识和安全意识；具有团结协作精神；工作台整洁有序 C：有迟到、早退现象，需要老师全程监督才能学习；规范意识和安全意识不足；不能配合小组其他成员完成工作任务；工作台凌乱	

注：作答结果介于 A、C 之间的，等级评定为 B。

![学习资源图标] **学习资源**

知识点 4.3.1　电力机车辅助电动机的类别与工作特点

为了保证电力机车正常运行，在单相工频交流电力机车中装有许多辅助机械，这些辅助机械多采用结构简单、价格低廉的三相异步电动机驱动。用于驱动辅助机械的三相异步电动机（简称辅助电动机）结构上与普通鼠笼式异步电动机相同。

一、电力机车中交流辅助电动机的类别

直流传动电力机车辅助电路系统是采用单相交流转变成三相交流供异步电动机工作的方式，由旋转式异步劈相机或逆变器方式实现单-三相交流的转换。交流传动电力机车辅助电路系统是通过辅助变流器直接输出三相交流供异步电动机工作的方式。机车主要辅助机械均由三相异步电动机拖动（升弓辅助压缩机组除外）。

SS_9 机车安装的辅助电动机有劈相机 2 台、牵引通风机组 4 台、制动通风机组 2 台、主变压器通风机组 1 台、变压器油泵 1 台、空气压缩机组 2 台、辅助压缩机组 1 台和空调机组 2 台。HXD_{1C} 型电力机车安装的辅助电动机有牵引通风机组 6 台、油水冷却塔风机组 2 台、空气压缩机组 2 台和辅助空气压缩机组 2 台。其中，空气压缩机组是用来产生供机车与列车制动装置及气动器件所使用的压缩空气；牵引通风机组（即离心式风机及其驱动电机）用于冷却牵引电动机；制动通风机组用来冷却制动电阻；主变压器通风机组（即轴流式风机及其驱动电机）用来冷却主变压器油冷却器；变压器油泵（即潜油泵及其驱动电机的组合体）是为变压器油循环提供动力，提高变压器的散热能力。

二、电力机车中交流辅助电动机的工作特点

电力机车上工作的辅助电动机与一般场合下使用的三相异步电动机相比较，其工作条件是比较恶劣的。辅助电动机在下列条件下应能正常启动和长期工作：

① 辅助电动机应能承受机车正常运行中产生的振动和冲击。

② 在劈相机供电条件下，辅助电动机应在单相电源电压 270～460 V（相当于接触网电压为 19～29 kV）范围内波动时正常工作。

③ 辅助电动机在机车辅助回路三相线电压不对称度为 270 V 时不超过 10%，460 V 时不超过 7%的条件下应能正常可靠工作。

④ 环境空气温度：最高为 45 ℃（车体内），最低为 −40 ℃。

⑤ 月平均空气相对湿度最大为 90%（该月月平均最低温度为 25 ℃）。

⑥ 当使用于海拔在 1 400～2 500 m 的地区时，且该地区环境温度不超过 45 ℃与所需的环境空气温度降低补差值时，应能正常运行。所需的环境空气温度降低补偿值是按 1 400 m 以上海拔，每 100 m 降低温升限值的 1%计算。

辅助电动机长期在上述条件下运行，若不采取适当措施，对电动机的危害是很大的。当机车运行状态的改变或接触网网压波动时，造成辅助电动机工作电压过高或过低，电压过低时，电动机启动困难、发热严重；电压过高时，启动转矩过大，造成启动过程中的振动和冲击增大。另外，辅助电动机在三相电压不对称条件下运行时，电压负序分量也要产生负序三相电流，由于异步电动机的负序阻抗较小，所以负序电流较大，将使转子产生较大的制动转

矩，使电动机输出功率减小，过载能力降低；同时，负序电流还使电动机损耗增加，效率降低。若某相绕组中正、负序电流相位接近同相时，合成电流特别大，使该相绕组局部过热，甚至造成电动机烧损。因此，从发热观点来看，三相异步电动机是不允许在较严重的不对称电压下长期运行的，否则必须相应降低电动机的负载，以保证辅助电动机的安全运行。

知识点 4.3.2   SS$_9$ 型电力机车劈相机

除 44 号、45 号 SS$_9$ 机车上安装的是 JIB150-1 型辅助逆变电源外，其余 SS$_9$ 型电力机车上都安装 JP402A 型劈相机，劈相机的作用是将由主变压器的辅助绕组 a6-x6 供给的单相电源"劈"成三相电源，以供给辅助电路的所有三相异步电动机。劈相机的结构与三相鼠笼式异步电动机相似，但它的设计理论和计算方法与三相异步电动机不同，定子绕组按三相不对称规律嵌放在定子槽内，转子为鼠笼式。劈相机的电负荷随机车运行工况的改变而改变。当劈相机故障时，可由第二台劈相机带电阻启动后向其他辅助机组供电。

1. JP402A 型劈相机结构

JP402A 型劈相机由定子（包括定子铁芯、定子绕组和机座）、铸铝转子（包括转子铁芯、铸铝导条和端环、转轴）及端盖、轴承盖等组成。在定子和转子之间具有 1 mm 的气隙。该劈相机为自行通风防护式，其结构图见图 4-3-1。

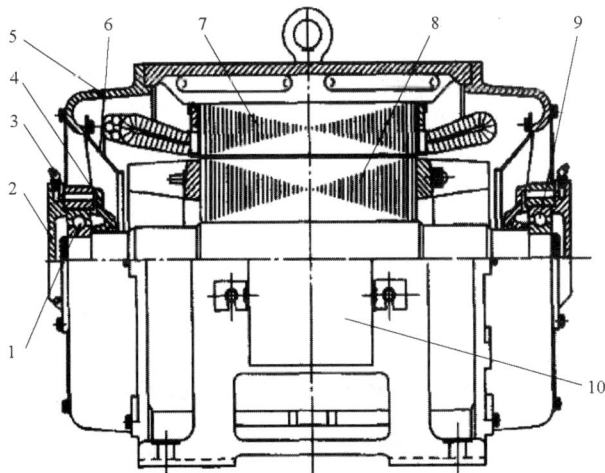

1—轴承；2—轴承外盖；3—油杯；4—轴承内盖；5—端盖；6—挡风板；
7—定子；8—转子；9—轴承；10—接线罩
图 4-3-1   JP402A 型劈相机结构图

定子铁芯和转子铁芯均采用 0.5 mm 厚 50W470 冷轧硅钢片冲制的冲片叠压而成，定子槽形状为半闭口槽，定子绕组为双层、短距、叠绕软绕组，采用 F 级绝缘，导线为 41.45QZ（G）-2/155 高强度改性聚酯漆包线。

转子为铸铝转子结构，导条、端环、风叶及平衡柱用 Al 99.5 一次铸成，并热套于转轴上，转子共 50 个槽，槽形为倒梨形半闭口槽，槽斜 15 mm。

机座、端盖及轴承盖均由 HT200 灰口铁铸成。在机座出线侧的筋上与定子铁芯间装有两个 M16×20 定位用的紧固螺钉。轴承外盖上装有 45°M10×1 接头式压注油杯，两端装有 6313Z1 低噪声单列向心球轴承。

2. JP402A 型劈相机启动及运行

当劈相机的电动相绕组 U1—V1 接到机车主变压器辅助绕组 a6—x6 端子上，在劈相机气隙中就产生一个交变的脉振磁场。由于脉振磁场的启动转矩为零，即劈相机的启动转矩为零，劈相机不能自行启动。为使劈相机有一定的启动转矩，在 SS$_9$ 型电力机车上采用电阻进行分相启动以使它在启动时能产生一个旋转磁场。劈相机电阻分相启动线路图如图 4-3-2 所示。

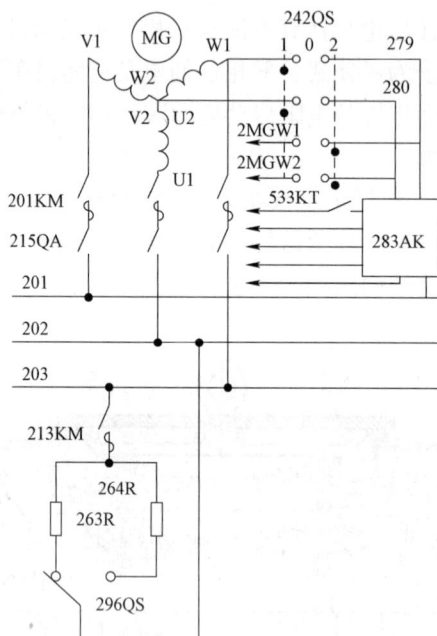

MG—劈相机；201KM—劈相机接触器；215QA—自动开关；213KM—启动电阻接触器；283AK—劈相机启动继电器；

533KT—时间继电器；296QS—启动电阻转换开关；263R—启动电阻；242QS—劈相机隔离开关

图 4-3-2　劈相机电阻分相启动线路图

劈相机启动时间不能过长，在最低网压（19 kV）下不超过 15 s；但也不能太短，以免在高网压（29 kV）下过早切除启动电阻，致使劈相机在低速大电流下单相堵转。在一般情况下，连续启动次数不超过 3 次，如仍启动不起来，则应查明原因消除故障后，方可再行启动。

劈相机启动完毕，才能逐步接通电负载。劈相机的电负载随机车运行工况而改变，当负载变动以及单相电源电压在 270～460 V 范围内波动时，劈相机端电压的对称性也要随着改变，这将直接影响辅助电机各相电流的对称性。为尽可能保持劈相机输出三相线电压的对称性，在它的 U1 与 W1 端子间共并联有 8 个 12 kVar 电容器，但这些电容器分别接在牵引通风机电动机和制动风机电动机上，只有当电动机工作时，电容器才随之接入，也就是说，电容器的数量是随着负载的改变而作相应的增减。在电动机的两相之间并联电容器以后，在合闸的瞬间，会产生较大的合闸电流，因此，对频繁启动的压缩机电动机没有并联电容器。

劈相机停止工作前应先断开各电机负载。在运行中接触网突然断电后，不允许不带启动电阻重新启动劈相机。

3. JP402A 型劈相机主要技术参数

JP402A 型劈相机主要技术参数见表 4-3-6。

表 4-3-6　JP402A 型劈相机主要技术参数

额定功率	57 kW
额定电压	输入单相 380 V
	输出三相 380 V
额定电流	输入单相 200 A
	输出三相 90 A
额定转速	1 499 r/min
极数	4
频率	50 Hz
输入功率因数	0.80
绝缘等级	F
质量	560 kg

知识点 4.3.3　HXD$_{1C}$ 型电力机车牵引通风机组

HXD$_{1C}$ 型电力机车牵引通风机组采用 THTF4.5 型牵引通风机。该通风机是一种轴向离心式通风机，安装在机车的机械室内，为机车牵引电动机提供冷却空气。

1. THTF4.5 型牵引通风机组结构

THTF4.5 牵引通风机主要由风机叶轮、三相交流异步电动机、主风筒、进风道、接头等零部件组成。牵引通风机组结构见图 4-3-3。

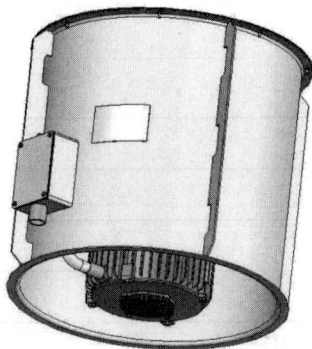

图 4-3-3　牵引通风机组结构图

该通风机采用后弯式离心叶轮，将排出的气流通过轴向导叶整流后由轴向出口输出，其主要特点有：结构简单，无蜗壳，极大地减少了通风机所占用的空间；气流方向与叶轮轴线相同，可像轴流通风机一样安装；它吸收了离心式和轴流式通风机的优点，性能曲线平坦，风压比轴流通风机高；其噪声比轴流通风机低，可满足低噪声环境要求。

通风机的驱动电机为异步交流三相电动机，防护等级为 IP55，具有良好的防水、防尘效果，轴承安装在前后端盖内，前后用轴承盖封死，与转轴连接处采用曲路环结构，可防止灰尘和水进入轴承室。

驱动电机通过螺栓安装在通风机风筒中，通过止口定位保证驱动轴与风筒内径的同心；叶轮压装在装有平键的电机轴伸上，叶轮与轴采用合理的配合以保证传递功率和安装方便；进风筒安装在通风机风筒上，进风筒为双曲线型，使气体流动损失减少，进风筒与叶轮连接处间隙较小，以减少通风机的压力损失。

2. THTF4.5 型牵引通风机组工作原理

机车顶部的冷空气经进气管道引入通风机进口，空气轴向进入叶轮，经过叶轮的加速后径向吹出。气流在主风筒的阻碍下改变方向变成轴向流出，进入通风机出风管道。

冷空气经通风机和风道进入牵引电机，将牵引电动机运转时产生的热量带至机车外。牵引通风机形成足够的压力升高，克服空气入口阻力、牵引通风机自身阻力、风道阻力和牵引电动机的阻力，并使空气流量达到散热的要求。

机车逆变器提供可变电压和频率的电源，使通风机形成可调的转速，提供可变的空气流量，满足牵引电动机在不同工作状况下的冷却要求。

3. THTF4.5 型牵引通风机组主要技术参数

THTF4.5 型牵引通风机组主要技术参数见表 4-3-7。

表 4-3-7　THTF4.5 型牵引通风机组主要技术参数

全压	3 800 Pa（1±5%）
流量	1.4 m³/s（1±5%）
额定转速	3 520 r/min（1±5%）
效率	45%（1±5%）
通风机型式	轴向离心式通风机
输送介质	空气
最大 A 声功率级	100^{+3}_{0} dB
安装形式	立式
最大功率	13 kW
额定电流	24 A
额定频率	60 Hz
绝缘等级	H
防护等级	IP55
质量	（155±3）kg

知识点 4.3.4　HXD$_{1C}$ 型电力机车冷却塔通风机组

HXD$_{1C}$ 型电力机车冷却塔通风机组采用 CAF 868/560-1 轴流通风机组，安装在六轴车大功率电力机车油水冷却塔中，为冷却塔散热器提供冷空气，以带走机车变流装置和变压器产生的热量，使机车得以正常运行。

1. 冷却塔通风机组结构

CAF 868/560-1 轴流通风机由前导风筒组、防尘板、叶轮、后导风筒组、支撑杆和三相交流异步电动机组成。冷却塔风机结构简图见图 4-3-4。

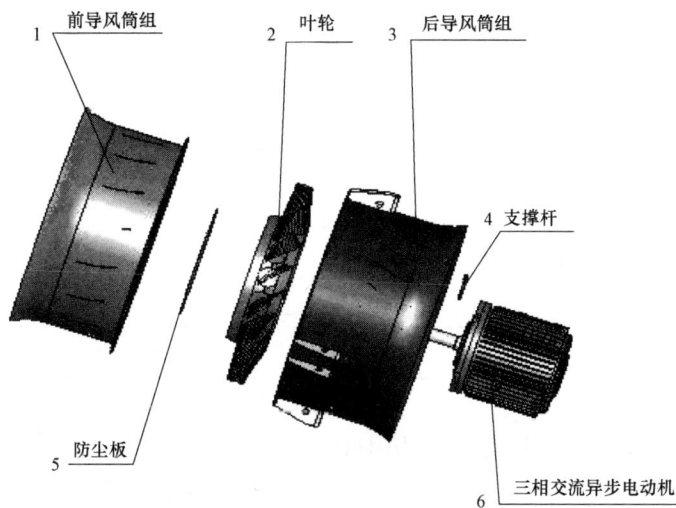

图 4-3-4　冷却塔通风机结构简图

前导风筒组由整流锥、16 块前置导叶及风筒组成，后导风筒组由支撑筒、风筒、27 块后置导叶及 4 个支撑脚等组成，叶轮由前轮毂、后轮毂、轮芯及 17 块叶片组合而成。叶轮在使用和维修过程中必须作为一个整体。

2. 冷却塔通风机组工作原理

机车顶部的冷空气经进气管道引入风机进口。空气进前导风筒组轴向进入叶轮，经过叶轮的加速后径向吹出。气流在后导风筒的阻碍下改变方向变成轴向流出，进入冷却塔散热器。

冷空气经通风机进入冷却塔散热器，将冷却塔运转时产生的热量带至机车外。冷却塔通风机形成足够的压力升高，克服空气入口阻力、冷却塔通风机自身阻力、散热器的阻力，并使空气流量达到散热的要求。

3. 冷却塔通风机组主要技术参数

冷却塔通风机组主要技术参数见表 4-3-8。

表 4-3-8　冷却塔风机组主要技术参数

通风机型号	CAF 868/560
静压升	>1 540 Pa
流量	>12 m³/s
轴功率	27 kW
声功率	112 dB（A）
叶轮直径	868 mm
质量	300 kg
电机参数	
型号	JD280
电压	440 V
频率	60 Hz
绝缘等级	H
防护等级	IP55
功率因数	0.87

知识点 4.3.5　HXD₁C 型电力机车辅助电机 C3 修检修工艺

一、基本技术要求

（1）用 500 V 兆欧表测量，牵引通风机电机、冷却塔通风机电机绕组对地绝缘电阻值不小于 10 MΩ。

（2）冷却塔除湿器干燥剂变色：不超过 1/2。

（3）冷却塔膨胀水箱冷却液位高度：显示刻度应高于主逆变器冷却液温度 10 ℃的位置。

（4）冷却塔副油箱油位高度：显示刻度应高于变压器内的油温 10 ℃。

（5）冷却塔散热器散热片倒伏及腐蚀不超过总面积的 10%。

（6）主变流器动态水压：2.2～3.0 bar。

（7）冷却水：水+乙二醇（44%/56%）。

（8）冷却液冰点：-43±3 ℃。

二、设备、工具及材料

乙二醇浓度计、手电筒、电动扳手、棘轮头子（10、13、16）、开口扳或梅花扳、300 活动扳手、兆欧表（500 V）、万用表、吸尘器、螺丝刀、毛刷、专用存水容器、取样管、风速检测仪、冰点测试仪、冷却液、吸湿干燥剂、扎带。

三、主要工序及操作流程

1. 牵引通风机

① 外观检查风道及风筒上、下安装法兰面及密封状态应良好。

② 检查安装螺栓，不许有松动。

③ 打开牵引通风机接线盒盖，检查内部应清洁，接线板与引接线不许有松动、过热等现象。

④ 用 500 V 兆欧表测量牵引通风机电机对地绝缘电阻不小于 10 MΩ。

⑤ 在运转情况下，检查牵引通风机电机轴承不许有异音。通风机旋转方向正确。

2. 冷却塔通风机

① 开盖检查通风机组前后导风筒与支架安装牢固，无裂纹。导风筒内导风叶片状态良好。

② 检查通风机组电机与风筒安装牢固，电机无过热。

③ 打开接线盒盖，检查电机接线和接线板状态，无松动、过热及变色。

④ 在运转状态下检查冷却塔通风机电机轴承，不许有异音。通风机旋转方向正确。

⑤ 用 500 V 兆欧表测量冷却塔通风机电机对地绝缘电阻不小于 10 MΩ。

3. 冷却塔

① 检查冷却塔安装螺栓、接地线安装牢固，防松弹簧垫齐全，漆标正常。

② 检查膨胀水箱冷却液液位高度，显示刻度应高于主逆变器内冷却液温度 10 ℃的位置。检查辅助油箱绝缘油油位高度，显示刻度应高于变压器内的油温 10 ℃的位置。油、水表标识清楚。

③ 检查除湿器干燥剂状态，通大气口不堵塞，干燥剂变色不超过 1/2（正常时为橙色，潮湿、失效时为墨绿色或无色）；否则必须更换。

④ 检查油、水散热器，油、水管路，水泵及法兰、油阀、水阀、快速接头、水箱、油表无泄漏。各阀在规定的开闭位。

⑤ 清洗冷却塔管路过滤网。

⑥ 打开冷却塔检查孔盖板，检查安装螺栓和橡胶密封状态；检查散热器表面应清洁，散热片倒伏及腐蚀不超过总面积的 10%。使用大功率的吸尘器吸掉散热器表面附着的脏物，用高压水枪吹洗散热器上下面污物。

⑦ 检查冷却塔接线盒密封状态，开盖检查水泵电机接线、水位开关接线状态，线号标识完好，安装紧固，接线座及接线无过热、烧损。

⑧ 检查冷却塔散热器下方金属软管、快速接头、法兰、卡箍状态，无松动，无泄漏，状态完好。

⑨ 用 500 V 兆欧表测量冷却塔水泵电机对地绝缘电阻不小于 10 MΩ。

⑩ 在运转状态下检查冷却塔水泵无异音和异常振动，查看操纵台水压显示无正常。

任务 4.4　电力机车牵引变压器检修

学习活动 1　任务介绍

1. 任务描述

牵引变压器（又称主变压器）是电力机车上重要的重要部件，其作用是将接触网上的 25 kV 的高压电降为具有多种电压的低压电，以满足机车各种电机、电器工作的需要。其运行状况直接影响到机车主电路的工作状态，因此需要定期对牵引变压器进行检修。牵引变压器检修是机车检修岗位的主要工作任务之一，检修人员需要按照检修工艺标准（或作业指导书）完成对牵引变压器的检查与修理，主要包括工具准备、外观检查、油路检查、温度检测、油样化验、色谱化验等几个步骤，整个作业过程对检修人员的规范意识、质量意识有很高的要求。

2. 任务要求

（1）记住牵引变压器的功能及结构；

（2）理解牵引变压器的工作原理；

（3）能对牵引变压器外观、油路、快速接头进行检查；

（4）能判断牵引变压器油泵、油流继电器、电阻温度计正常工作情况；

（5）会取样并化验牵引变压器油；

（6）能对牵引变压器油样进行气相色谱分析；

（7）养成遵章守纪、规范操作的职业素养。

学习活动 2　任务准备

（1）牵引变压器有何作用？

（2）牵引变压器由哪些部件构成？

（3）牵引变压器基本工作原理是什么？

学习活动 3　任务实施

按照 C3 修检修工艺文件（或作业指导书），对牵引变压器进行检修，并填写记录单。

1. 工具准备

工具明细表见表 4-4-1。

表 4-4-1　工具明细表

序号	名称	数量	是否完好
1			
2			
3			
4			
⋮			

2. 安全防护准备

防护工具及检查内容见表 4-4-2。

表 4-4-2　防护工具及检查内容

防护工具	检查内容

3. 任务单

牵引变压器检修记录单见表 4-4-3。

表 4-4-3　牵引变压器检修记录单

检查人姓名：	班级：		质检员：
牵引变压器型号：			

序号	作业内容	作业标准	结果记录
1	外观检查	检查主变压器器身无损伤，主变接地线、箱体及其他各处安装螺丝紧固，防脱销及开口销状态良好，箱体及管路各部无泄漏	
2	油路检查	检查箱沿、碟阀、出线装置、注油阀、油样活门、波纹管等是否有渗漏油现象	
3	快速接头检查	检查快速接头等是否有渗漏油现象	
4	压力释放阀	压力释放阀状态良好，不许有喷油痕迹	
5	油泵	油泵运转正常，不许有渗油、漏油现象，不许有异音	
6	油流继电器	油流继电器状态良好，安装牢固，不许有泄漏	
7	电阻温度计	电阻温度计外观状态良好，微机显示屏各温度显示正常，电阻温度计性能良好	
8	常规油样化验	对主变压器油样进行耐压试验及理化分析，闪点（闭口）、酸值、介质损耗因数（90 ℃）、击穿电压（间距 2.5 mm）、水溶性酸或碱（pH）及水分须满足 GB/T 7595—2017 的质量标准	
9	色谱化验	对主变压器油样进行气相色谱分析，须满足相关质量标准	

学习活动 4　任务评价

任务实施质量评分表和职业能力评分表见表 4-4-4 和表 4-4-5。

表 4-4-4 任务实施质量评分表

评分项	分值	完成要求	评分标准	得分
任务分析	10	明确任务描述及任务要求	基本了解工作任务要求，扣 3 分	
任务准备	10	回答问题清晰准确，能够紧扣主题，没有明显错误	对照标准答案，错误一项扣 5 分，扣完为止	
任务实施	70	有具体实施方案，各步骤清晰正确，过程完整，数据正确	每个错误点扣 2 分	
其他	10	检修记录单填写详细，能够反映实际工作过程	没有填或者填写太过简单，每项扣 2 分	
合计得分				

表 4-4-5 职业能力评分表

评分项	评价等级	质量要求	等级
知识评价	A/B/C	A：能够完整准确地回答任务准备的所有问题，准确率在 90%以上 C：对基础知识掌握较差，任务准备准确率在 50%以下	
能力评价	A/B/C	A：熟悉各个环节的实施步骤，能够独立完成任务，并有能力辅助其他同学完成规定的工作任务，工作实施快速，准确率高（在 85%以上） C：未完成或只完成了部分任务，有问题但没有积极地向老师和其他同学请教，工作不积极，各部分的准确率在 50%以下	
素质评价	A/B/C	A：不迟到、早退，自主学习，具有较强信息搜集能力；具有质量意识、规范意识和安全意识；具有团结协作精神；工作台整洁有序 C：有迟到早退现象，需要老师全程监督才能学习；规范意识和安全意识不足；不能配合小组其他成员完成工作任务；工作台凌乱	

注：作答结果介于 A、C 之间的，等级评定为 B。

📁 学习资源

知识点 4.4.1 HXD₁C 型电力机车牵引变压器

　　HXD$_{1C}$ 型电力机车采用 TBQ35-8900/25 型牵引变压器。机车牵引变压器是用来把接触网上取得的 25 kV 高压电变换为各种类型的低压电，以满足机车上牵引电机和各种辅助电气的工作需要。牵引变压器为芯式单相变压器，卧式结构。采用车体下悬挂安装方式。变压器油箱内设置了 1 个牵引变压器和 2 个谐振滤波电抗器，冷却介质为 45#变压器油，采用双循环油路进行冷却，实现了一体化安装，具有体积小、质量轻的特点。HXD$_{1C}$ 型机车牵引变压器外观见图 4-4-1。

图 4-4-1　HXD₁C 型机车牵引变压器外观

一、TBQ35-8900/25 型牵引变压器结构

　　TBQ35-8900/25 型牵引变压器主要由铁芯、线圈绕组、油箱、油保护装置等部分组成，其外形图见图 4-4-2。牵引变压器吊挂在机车中部地板下变压器安装梁上，冷却设备（冷却塔）安装在车内，它们之间用油管连接起来。储油柜安装在冷却柜内，它与变压器通过快速接头用软管连通。除高

TBQ35-8900 型牵
引变压器的结构.mp4

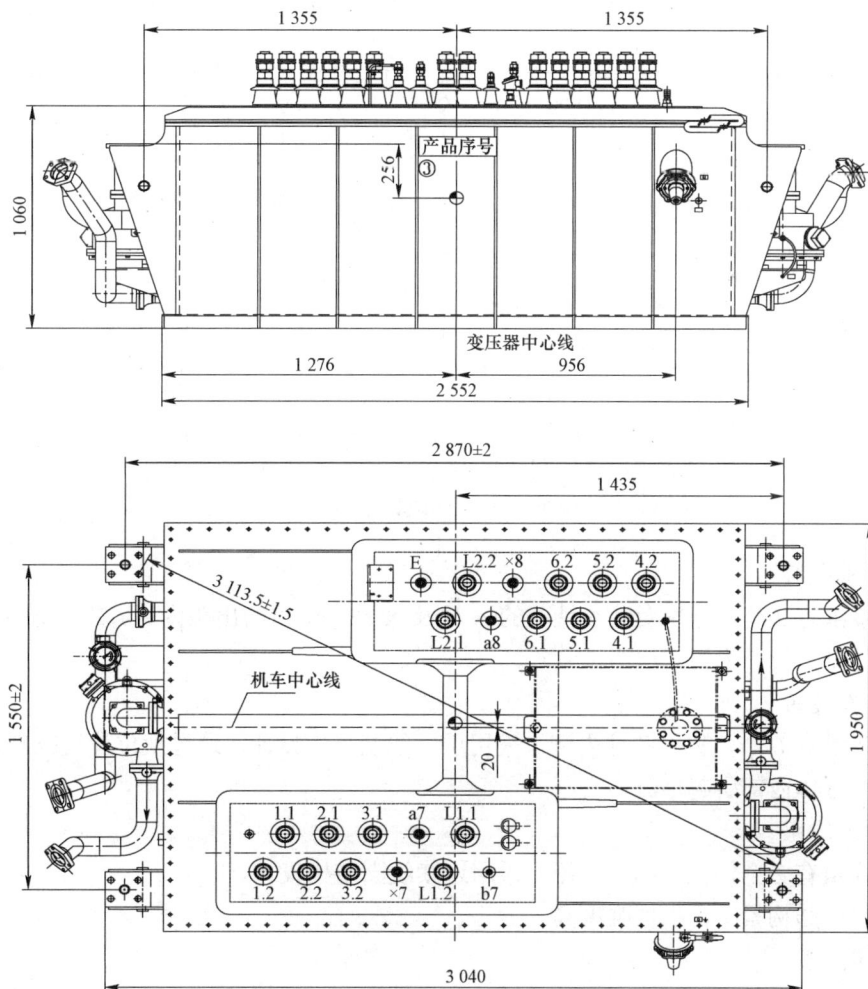

图 4-4-2　牵引变压器外形图（单位：mm）

压端子安装在油箱端部外，其余套管都在箱盖上。TBQ35-8900/25 型牵引变压器为卧式结构，变压器器身与 2 个谐振滤波电抗器共油箱。变压器器身由铁芯和绕组构成，绕组采用同心式线圈结构，铁芯整体包扎。

1. 铁芯

铁芯为单相型，由两个支撑绕组的两根芯柱和两个铁轭组成。铁芯采用冷轧取向硅钢片，表面进行过绝缘涂层处理。为了尽量减小铁芯损耗并降低噪声，选用优质硅钢片，对叠片采取了精确冲孔和叠压。

变压器两根芯柱采用整体包扎。在铁芯两旁设置钢夹板。芯柱和钢板用玻璃纤维带绑扎，然后在干燥炉中进行硬化处理。

两根芯柱用铁轭连接。铁轭用不锈钢螺栓连接到夹件上。螺杆夹紧结构和夹件用绝缘材料隔开。

变压器器身部分与油箱之间紧固得牢固，从而能承受机车运行时的横向及纵向加速冲击。

2. 线圈绕组

牵引变压器设计为两根芯柱，多绕组心式结构，有三种绕组，见图 4-4-3。

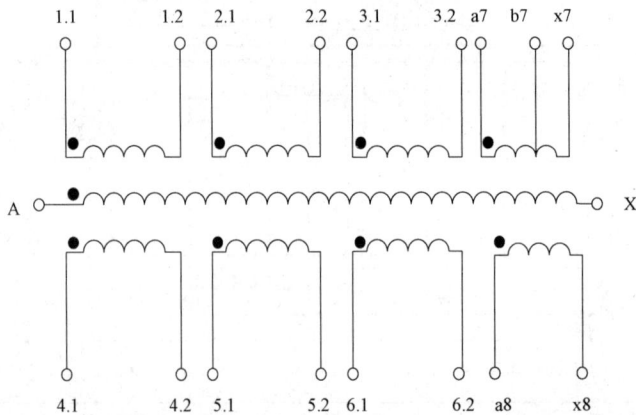

图 4-4-3　牵引变压器绕组

1）高压绕组

高压绕组有 2 个，分别套装在铁芯的 A 柱及 X 柱，绕组的出头为 A、X，高压绕组位于牵引绕组外侧，设计为饼式绕组。

2）牵引绕组

牵引绕组有 6 个，位于芯柱内侧，采用层式线圈结构设计，通过换位导线绕制以避免由漏磁电势在导体内部引起环流。

3）辅助绕组

辅助绕组有 2 个，位于芯柱外侧，采用连续线圈结构设计。

所有绕组结构紧凑，机械强度高。

3. 油箱

变压器的器身装在充满变压器油的油箱中，油箱壁是用钢板焊接而成的。油箱壁上焊有

4 个安装座，每个安装座上有 4 个安装孔，用螺栓把变压器吊在车体上的变压器安装梁上。箱壁四周焊有一些加强筋板，油箱壁的油样阀作注油、滤油、放油及取油样用，箱底设有放油塞，用作放净箱底残存的变压器油。

4. 油保护装置

1）储油柜

储油柜安装在车体内，通过快速接头和软管与油箱连通。储油柜的主要作用是：一是减小变压器油与空气接触的面积，减缓变压器油的老化过程；二是当油箱中变压器油受热膨胀时，多余的那部分变压器油进入储油柜中，并存储在储油柜里，当油箱中的变压器油变冷收缩时，储油柜里的油就通过联管进入油箱，使油箱内部任何时候都充满变压器油。

2）油表

油表在储油柜上，油表旁边有刻度：+40 ℃、+20 ℃、−30 ℃，这些刻度是指牵引变压器未工作，在环境温度分别为+40 ℃、+20 ℃、−30 ℃时储油柜里的油具有的油位，根据油位指示调整变压器油量。

3）吸湿器

吸湿器装在储油柜上，用金属管与储油柜上部空间连接起来。当储油柜油面上升时，柜内油位上部空间的部分空气必须排往大气中；当储油柜内的油位下降时，柜内油位上部的空气不足，需要从大气中吸进空气，以免形成负压。这就要求在储油柜与大气中建立一个通道，为减少空气中水分和灰尘等杂质对变压器的污染。为此，需安装空气过滤装置，即吸湿器。

吸湿器的玻璃筒中装有经过浸氯化钴处理的能吸收水分的硅胶。它在干燥状态下呈蓝色，吸湿后变红色，经烘干后硅胶又呈蓝色，可以继续使用。

4）Pt100 电阻温度计

Pt100 电阻温度计装在箱盖上，共两支，用来测量变压器油箱中顶层油温，并以电信号送到机车控制系统，在司机室显示屏上可显示油温。

5）油流继电器

油流继电器装在油管中，用来检测油循环是否正常。当潜油泵正常运行时，油流继电器的常开接点闭合，可显示油流正常信号。另外，还可观察玻璃面板内的指针摆动位置，判断油循环是否正常。

6）压力释放阀

压力释放阀装在油箱壁上。变压器在运行中，因外电路或变压器内部有故障而出现大短路电流时，过高的热量会使变压器油迅速汽化，从而使变压器内部压力升高。

二、TBQ35−8900/25 型牵引变压器主要技术参数

主要技术参数见表 4-4-6。

表 4-4-6　主要技术参数

	高压绕组	8 900 kV·A
额定功率	牵引绕组	6×1 383 kV·A
	辅助绕组	2×300 kV·A

续表

额定电压	高压绕组	25 000 V
	牵引绕组	6×970 V
	辅助绕组	2×470 V
额定电流	高压绕组	356 A
	牵引绕组	1 426 A
	辅助绕组	638 A
空载电流		0.4%
空载损耗		3 kW
负载损耗（85℃）		213 kW
额定频率		50 Hz
外形尺寸（长×宽×高）		3 040 mm×1 950 mm×1 320 mm
变压器总重		11 400 kg
变压器油重		2 550 kg
冷却方式		强迫油循环冷风（ODAF）
冷却介质		矿物油（45#变压器油）

知识点 4.4.2 HXD$_{1C}$ 型电力机车主变压器 C3 修检修工艺

一、TBQ35-8900/25 型主变压器主要技术参数

主要技术参数见表 4-4-7。

表 4-4-7 主要技术参数

额定功率	高压	8 900 kV·A
	牵引	6×1 383 kV·A
	辅助	2×300 kV·A
额定电压	高压	25 000 V
	牵引	6×970 V
	辅助	2×470 V
额定频率		50 Hz
外形尺寸（长×宽×高）		3 040 mm×1 950 mm×1 320 mm

续表

变压器总重	11 400 kg
变压器油重	2 550 kg
冷却方式	强迫油循环冷风（ODAF）
冷却介质	矿物油（45#变压器油）

二、设备、工具及材料

滤油机、海立奇测定仪、酸值测定仪、闭口闪点测定仪、微量水分测定仪、自动介质损耗及体积电阻率测定仪、绝缘油介电强度测定仪、兆欧表（500 V、1 000 V、2 500 V）、数字万用表、JYR 直流电阻测试仪（10C）、手电筒、毛刷、梅花扳手、开口扳手、扭力扳手、棘轮扳手、内六角扳手、管子钳、各专用扳手、螺丝刀、取样快速接头、取样瓶、注射器、洗耳橡皮球、橡胶管、毛巾、绸布、无绒白布、酒精、标记笔。

三、主要工序及操作流程

（1）检查器身各部外观良好，无损伤，固定销、安装螺栓紧固，不许有松动。

（2）检查所有密封件、箱体、放油阀及管路，不许有泄漏。

（3）检查各出线套管、蝶阀、金属软管、快速接头、卡子、连接法兰，无漏油，各蝶阀良好，阀在规定开放状态。接地线连接可靠。其他连接件不许有松动。

（4）检查主变压器原边 A 端子及 T 形接头状态良好，无裂纹、烧损、变色、放电等现象，端头防护胶套无松脱。用毛巾、中性清洗剂（或 95%浓度酒精）清洁 A 端子及 T 形头及绝缘胶皮。

（5）检查主变压器油泵电机安装状态，不漏油。开盖检查油泵接线盒，接线应无松动、过热、氧化，接线盒密封良好。

（6）检查油流继电器外观清洁，状态良好，安装牢固，不许有泄漏。表指针灵活，无卡滞。

（7）检查压力释放阀状态（无漏油、喷油、破损，压力释放阀红点未弹出，联锁线及插头良好）。擦洗清洁压力释放阀表面。若压力释放阀红点弹出须分析查明原因，测量变压器的绝缘电阻、直流电阻，取变压器油做油样化验分析。原因不明时须更换合格的压力释放阀新品。

（8）检查电阻温度计性能良好。

（9）高压试验主变压器、油泵运转正常，不许有渗油、漏油现象，不许有异音。查看操纵台显示油流和温度正常。

（10）主变压器油取样化验。

① 根据计划对主变压器油取样进行理化和气相色谱分析，须满足表 4-4-8 和表 4-4-9 要求。

表 4-4-8　主变压器油理化检测指标参考限度值（45#变压器油）

序号	项目	质量指标	
	主要变压器油检测指标参考限度值		
		投入运行前的油	运行油
1	外观	透明、无杂质或悬浮物	
2	水溶性酸（pH）	≥5.4	≥4.2
3	酸值/（mgKOH/g）	≤0.03	≤0.1
4	闪点（闭口）/℃	≥135	
5	水分/（mg/L）	≤20	≤35
6	介质损耗因数/（90 ℃）	≤0.010	≤0.040
7	击穿电压/kV	≥35	≥30

表 4-4-9　主变压器气相色谱检测指标参考值（牌号 45#变压器油）

序号	项目	注意值
1	乙炔/（μL／L）	≤5
2	氢气/（μL／L）	≤150
3	一氧化碳	一般 $V_{CO_2}/V_{CO} > 7$ 时，可能存在设备固体绝缘材料老
4	二氧化碳	化；当 $V_{CO_2}/V_{CO} > 3$ 时，故障可能涉及固体绝缘材料（高于 200 ℃）
5	总烃/（μL／L）	≤150

②主变压器取样方法。

应使用取样快速接头从冷却塔下部取样阀处取油样，理化分析取样 500 mL，气相色谱分析取样约 60 mL。取样化验器具由化验室提供。

理化分析操作：首先，用干净无绒白布擦净取样口，接上取样快速插头后应放油将管路冲洗干净，将排出废油用废油容器收集，废油不应直接排至现场；然后用取样瓶取样，取样瓶口尽量接近取样管，避免带入空气及水分；取样结束及时盖上瓶盖，同时关闭取样阀。取样瓶外壁应保持清洁，样品应避光保存。

气相色谱分析操作：在取完理化分析样品后立即用注射器取样。取样时要求全密封取样。不能让油中溶解水分及气体逸散，也不能混入空气或油中产生气泡；当油样达到约 60 mL 时，应立即在注射器头部盖上小胶帽；同时将其放置在专用油样盒内，并应避光、防震、防潮。

精读资料

直流电机基础知识

直流电机是电能和机械能相互转换的旋转电机之一。将机械能转换为直流电能的是直流发电机；将直流电能转换为机械能的是直流电动机。

与交流电机相比较，直流电机结构复杂、运行维护困难、成本高。但直流电机具有宽广的调速范围，较强的过载能力和较大的启动转矩等突出优点，仍广泛应用于对启动和调速要求较高的生产机械中，如电力机车、内燃机车、工矿机车、城市电车、电梯、轧钢机等的拖动电机。由于电力电子技术的迅猛发展，作为直流电源的直流发电机已逐步被晶闸管整流装置所替代。

下面介绍直流电机的工作原理、基本结构及直流电机的基本方程，为后续分析直流牵引电动机启动、换向、调速、电气制动奠定基础。

直流电机基础知识可扫描下面二维码学习。

直流电机的基本结构.pdf　　直流电机的工作原理.pdf　　直流电机的励磁方式.pdf　　直流电机的基本方程.pdf

直流牵引电动机的启动、反转、调速和制动可扫描以下二维码学习。

直流牵引电动机的启动.pdf　改变直流牵引电动机的旋转方向.pdf　直流牵引电动机的调速.pdf　直流牵引电动机的制动.pdf

异步电动机基础知识

异步电动机也称感应电动机，在国民经济的各行各业中应用极为广泛。与其他电动机相比，异步电动机具有结构简单，制造容易、维护方便、运行可靠、效率较高等许多优点。异步电动机的缺点是其调速性能差、功率因数低。

异步电动机是一种交流电机，它可以是单相的，也可以是三相的。但它的转速和电网频率没有同步电机那样严格不变的关系。下面将分别介绍三相异步电动机的基本结构、工作原理、三相异步电动机的启动、反转、调速和制动。

三相异步电动机基础知识可扫描下面二维码学习。

三相异步电动机的基本结构.pdf　　三相异步电动机的工作原理.pdf　　三相异步电动机的启动、反转、调速和制动.pdf

变压器基础知识

在工农业生产及社会生活的各个方面，存在千差万别的用电设备，不同的用电设备常常需要接在各种不同等级电压的电源上。例如，家用电器一般接在电压为 220 V 的电源上；三相异步电动机一般接在电压为 380 V 的电源上；我国电力机车接在电压为 25 kV 的接触网上。为了供电、输电、配电的需要，必须使用一种电气设备把发电厂内交流发电机发出的交流电压变换成不同等级的电压。这种电气设备就是变压器。变压器是在法拉第电磁感应原理的基础上设计制造的一种静止的电气设备，它可以将输入的一种等级电压的交流电能变换成同频率的另一种等级电压的交流电能输出。

| 变压器的基本结构.pdf | 变压器的工作原理.pdf | 其他用途的变压器.pdf |

参 考 文 献

[1] 陈燕萍，童巧新，王志亮. 电力机车电器的检修与维护. 成都：西南交通大学出版社，2016.

[2] 何晓丽. 电力机车电器. 北京：中国铁道出版社，2023.

[3] 张龙. 电力机车电机. 北京：中国铁道出版社，2008.

[4] 余卫斌. 韶山$_9$型电力机车. 北京：中国铁道出版社，2006.

[5] 乔宝莲. 电力机车电器. 北京：中国铁道出版社，2008.

[6] 谢家的，祁冠峰. 电力机车电器. 北京：中国铁道出版社，2008.

[7] 张琳. 牵引电器. 成都：西南交通大学出版社，2008.

[8] 张曙光. HXD_3型电力机车. 北京：中国铁道出版社，2009.

[9] 铁路职工岗位培训教材编审委员会. 机车电工. 北京：中国铁道出版社，2012.

[10] 广州铁路集团公司. HXD_{1C}型电力机车 C3 修检修工艺，2017.

二维码索引

序号	资源名称	资源二维码
1	AF185 型电磁接触器检修.mp4	
2	AF185 型电磁接触器的结构和工作原理.mp4	
3	M3919b 型司控器的结构与工作原理.mp4	
4	电器触头的基础知识.pdf	
5	电磁传动装置.pdf	
6	电弧产生与熄灭过程.pdf	
7	实操视频：TCK7F 电空接触器检查与试验.mp4	
8	实操视频：转换开关检查与试验.mp4	
9	BVAC.N99 型真空主断路器的结构和工作原理.mp4	
10	实操视频：受电弓整备检查.mp4	

序号	资源名称	资源二维码
11	TSG15B 型受电弓的结构和工作原理.mp4	
12	实操视频：受电弓检查与试验.mp4	
13	机车车顶其他高压设备检查.mp4	
14	电空传动装置.pdf	
15	触头的材料.pdf	
16	电弧熄灭的方法及装置.pdf	
17	TGA9 型牵引变流器的结构.mp4	
18	TGF54 型辅助变流器的结构.mp4	
19	电器的发热与散热.pdf	
20	JD160A 型牵引电动机的结构和工作原理.mp4	
21	TBQ35-8900 型牵引变压器的结构.mp4	

续表

序号	资源名称	资源二维码
22	直流电机的基本结构.pdf	
23	直流电机的工作原理.pdf	
24	直流电机的励磁方式.pdf	
25	直流电机的基本方程.pdf	
26	直流牵引电动机的启动.pdf	
27	改变直流牵引电动机的旋转方向.pdf	
28	直流牵引电动机的调速.pdf	
29	直流牵引电动机的制动.pdf	
30	三相异步电动机的基本结构.pdf	
31	三相异步电动机的工作原理.pdf	
32	三相异步电动机的启动、反转、调速和制动.pdf	

续表

序号	资源名称	资源二维码
33	变压器的基本结构.pdf	
34	变压器的工作原理.pdf	
35	其他用途的变压器.pdf	